Manutenção Centrada na Confiabilidade

Manual de Implementação

Manutenção Centrada na Confiabilidade

Manual de Implementação

3ª Reimpressão

QUALITYMARK

Direção Editorial	Produção Editorial
SAIDUL RAHMAN MAHOMED editor@qualitymark.com.br	**EQUIPE QUALITYMARK**

Capa	Editoração Eletrônica
WILSON COTRIM	**EDEL**

1ª Edição: **2005**
1ª Reimpressão: **2009**
2ª Reimpressão: **2012**
3ª Reimpressão: **2014**

CIP-BRASIL. CATALOGAÇÃO NA PUBLICAÇÃO
SINDICATO NACIONAL DOS EDITORES DE LIVROS, RJ

S632m

Siqueira, Iony Patriota
Manutenção centrada na confiabilidade : manual de implementação / Iony Patriota de Siqueira. – Rio de Janeiro : Qualitymark Editora, 2014.
408 p. ; 23 cm.

Apêndice
Inclui bibliografia
ISBN 978-85-7303-880-4

1. Manutenção. I. Título.

05-1866 CDD: 620.0046
CDU: 62-7

2014
IMPRESSO NO BRASIL

Qualitymark Editora Ltda.
Rua Teixeira Júnior, 441 – São Cristovão
20921-405 – Rio de Janeiro – RJ
Tel.: (21) 3295-9800

QualityPhone: 0800-0263311
www.qualitymark.com.br
E-mail: quality@qualitymark.com.br
Fax: (21) 3295-9824

Dedicatória

Este trabalho não existiria sem a ajuda e incentivo de minha esposa Gislaine, e filhas, Lívia e Lígia, que sempre me proporcionaram um clima de amor e tranqüilidade propício a atividades criativas.

A elas dedico este trabalho.

Agradecimentos

Muitos profissionais de manutenção e alunos, originários de empresas de consultoria, informática, transporte, autopeças, serviços, telecomunicações, eletro-eletrônicas, siderurgia, metalurgia, extrativistas, químicas, petroquímicas, alimentícias, prediais, hospitalares, energia, mineração, papel, celulose, têxteis, correios, e até religiosas, contribuíram com suas sugestões e críticas, além de servirem de "*cobaias*" em sala de aula e em suas empresas para o teste e aperfeiçoamento deste manual. A todos nossos agradecimentos.

O autor agradece ainda ao apoio financeiro do *Programa de Capacitação de Recursos Humanos para Atividades Estratégicas* (RHAE) do CNPq (Processo 6103446/95-4), através da Universidade de São Paulo (USP), que viabilizou a divulgação deste estudo na *Conference Internationale des Grands Reseaux Electriques a Haute Tension* (CIGRÉ), em Paris; ao *Programa Brasileiro de Software para Exportação* (SOFTEX), pelo suporte financeiro para desenvolvimento de *software* de modelagem e simulação, e para participação na *International Conference on Intelligent User Interfaces* e *Workshop on Real-Time Intelligent User Interfaces for Decision Support and Information Visualization*, promovidos pela *Association for Computer Machinery* (ACM), em San Diego, e na *Virtual Worlds and Simulation Conference*, promovidos pela *Society of Computer Simulation International* (SCS), em San Francisco; e à Companhia Hidro Elétrica do São Francisco (CHESF), por possibilitar sua apresentação na *International Conference on Probabilistic Methods Applied to Power Systems*, USA, e no *Seminário Internacional de Mantenimiento Y Servicios Asociados En Sistemas Eléctricos,* na Colômbia, além de fornecer dados estatísticos sobre suas instalações.

Apresentação

Este trabalho evoluiu das notas de aula da cadeira de Manutenção Centrada na Confiabilidade (MCC), ministrada pelo autor como docente do curso de pós-graduação (*latus sensus*) em Gestão da Manutenção, do Departamento de Engenharia de Produção da Universidade Federal de Pernambuco. O material tem sido utilizado também em cursos abertos, seminários e palestras proferidas pelo autor em congressos nacionais e internacionais, cursos fechados (*in company*) e *workshops* para empresas industriais e grupos empresariais de grande porte, ou promovidos por empresas de consultoria em manutenção.

Além de discorrer sobre esta metodologia, o manual apresenta o cálculo de freqüência ideal de todas as atividades da MCC, utilizando métodos estatísticos de otimização matemática. Alguns destes métodos foram objeto de pesquisa do autor como associado ao GPSID, Grupo de Pesquisa em Sistemas de Informação e Decisão, da UFPE, e como pré-requisito às suas teses de mestrado e doutorado sobre otimização da periodicidade da manutenção.

Todo esforço foi feito para garantir que não haja erros no texto. Caso você encontre um erro neste manual, envie-nos uma errata. Assim, você pode evitar a frustração de outro leitor, e estará nos ajudando a fornecer informação de maior qualidade aos usuários futuros.

Associado ao conjunto de formulários que o acompanha, o material pode ser utilizado por grupos de auto-estudo, ou como manual de implementação e documentação da MCC, descrito em várias estudos de caso, bem como modelo de organização e documentação do processo de análise de requisitos de manutenção, segundo a série de normas ISO 9000.

Recife, Pernambuco.
Iony Patriota de Siqueira

Sumário

Lista de Tabelas

Lista de Figuras

Lista de Equações

Introdução

Entre as tecnologias contemporâneas de manutenção, a MCC (Manutenção Centrada na Confiabilidade) tem expandido sua aplicação a praticamente todos os ramos de atividade humana, onde haja necessidade de manter o funcionamento de ativos físicos ou processos. Originária da indústria aeronáutica americana, e adotada pelas indústrias nuclear e elétrica mundiais, é hoje aplicada em muitos outros setores modernos da economia, inclusive o terciário e de serviço.

Constitui o objetivo deste manual apresentar um modelo de implementação da metodologia MCC, consistente com os padrões internacionais vigentes da IEC, ISO e SAE, e com os requisitos documentais e organizacionais das normas ISO 9000. Embora muitos exemplos sejam oriundos das indústrias mecânica, elétrica, química e civil, o manual é independente de tecnologia, podendo ser usado como guia de implementação da MCC em qualquer empreendimento, industrial ou de serviço.

Na **Primeira Parte, Introdução**, composta dos Capítulos 1 a 2 são descritos os conceitos básicos, evolução histórica, e seqüência de etapas da MCC. Constitui material suficiente para apresentação inicial do processo em palestras e reuniões com a alta gerência de empresas que planejam implantar a MCC.

A **Segunda Parte, Análise**, Capítulos 3 a 6, descreve a ferramenta de Análise de Modos de Falha e Efeitos (FMEA), incorporada nesta metodologia. Pode ser usada como referência por projetistas e mantenedores de instalações, para registro permanente dos modos de falha previstos em projeto e encontrados na manutenção.

Na **Terceira Parte, Decisão**, Capítulos 7 a 10, detalha-se o processo decisório usado pela MCC para selecionar atividades de manutenção. Os registros gerados formam uma base documental suficiente para certificação e auditoria da engenharia de manutenção.

Finalmente, a **Quarta Parte, Implementação**, Capítulos 11 e 12, dedica-se ao processo de implantação da MCC em uma organização, com as técnicas estatísticas de otimização da periodicidade da manutenção, dimensionamento de recursos necessários, e critérios de avaliação e acompanhamento do processo. O Capítulo 12 pode ser usado para estruturar o Manual da Qualidade na manutenção, segundo as normas ISO 9000.

Os **Apêndices** contém modelos de formulários e listas de verificação para a correta aplicação da metodologia. O Apêndice A reúne as planilhas sugeridas para cada etapa do método, que podem ser usadas para registrar e divulgar o processo, segundo as normas ISO 9000. O Apêndice B contém um *check-list* completo para auditar e aferir o nível de qualidade e conformidade da manutenção em uma empresa, segundo a norma SAE JA1011. Constituem também modelos para a gestão e difusão do conhecimento da engenharia de manutenção nas empresas, bem como padrões de documentação para Manuais de Qualidade e Auditoria, segundo as normas ISO 10013 ("*Diretrizes para o Desenvolvimento de Manuais da Qualidade*") e ISO 10011 ("*Diretrizes para Auditoria de Sistemas de Qualidade*"), respectivamente.

O manual exige apenas conhecimentos conceituais de matemática e estatística, com exceção dos Capítulos 5 e 11. Estes capítulos pressupõem do aluno ou leitor uma certa maturidade em métodos matemáticos e estocásticos, ao nível das disciplinas de Cálculo e Estatística dos cursos de graduação em nível superior. Nada impede, entretanto, que a metodologia seja aplicada na íntegra, utilizando os cálculos destes capítulos, adiando suas demonstrações para uma etapa posterior.

Pelo caráter estrutural da metodologia MCC, sugere-se que os capítulos sejam estudados em forma seqüencial, já que cada etapa se baseia em resultados anteriores. A ordem dos capítulos corresponde exatamente à seqüência de etapas de implementação da MCC em uma instalação, podendo ser utilizada como guia nas empresas que a adotem. Esta técnica é exemplificada nos cursos ministrados pelo autor, onde uma instalação piloto é utilizada como exemplo. Se a empresa já possui competência na metodologia, pode utilizar diretamente os Apêndices como ferramentas de auditoria e implementação da MCC.

O autor tem utilizado este material em palestras e *workshops*, e como livro texto em cursos de especialização e extensão universitária, com 8, 16, 24, 32 e 40 horas de aula, complementadas por estudos de caso já realizados ou desenvolvidos pelos próprios alunos, em suas empresas. Os casos consistem na aplicação da metodologia a instalações complexas, o suficiente para que cada sistema seja alocado a um grupo de alunos. Os grupos funcionam como equipes de análise da MCC, analisando os sistemas, usando os formulários MCC do Apêndice A, ou softwares especializados fornecidos pelo autor. Em cursos de especialização, os alunos são exigidos a trabalhar as Questões de Revisão, no final de cada capítulo, em grupo ou individualmente.

PRIMEIRA PARTE

INTRODUÇÃO

História da MCC
Visão Geral

1

História da MCC

A origem da Manutenção Centrada na Confiabilidade[1] (MCC) está relacionada aos processos tecnológicos e sociais que se desenvolveram após a Segunda Guerra Mundial. No campo tecnológico, foram decisivas as pesquisas iniciadas pela indústria bélica americana, seguidas pela automação industrial em escala mundial, viabilizadas pela evolução da informática e telecomunicações, presentes em todos os aspectos da sociedade atual.

No campo social, este movimento resultou na dependência da sociedade contemporânea em relação aos métodos automáticos de produção. Sua dimensão atingiu níveis suficientes para afetar o meio ambiente e a própria segurança física dos seres humanos. Em paralelo, evoluiu a consciência mundial da importância da preservação dos recursos naturais, aliado a uma necessidade ascendente de garantia de segurança física. Na atualidade, exige-se que os processos de projeto e manutenção dos meios de produção não só atendam estes anseios, mas que sejam estruturados de forma transparente e auditável, permitindo à sociedade exercer seu papel de promotora e fiscalizadora.

Estes anseios originaram exigências prioritárias sobre a forma de projetar e manter os processos industriais, motivando o surgimento da metodologia da Manutenção Centrada na Confiabilidade. Este capítulo apresenta uma síntese dos fatos relevantes que conduziram à evolução da MCC, associando-os aos contextos históricos pertinentes.

---

[1] Reliability-Centered Maintenance (RCM).

1.1 História da Manutenção

A história da manutenção pode ser aproximadamente dividida em três gerações distintas, assim denominadas:

- **Primeira Geração** – Mecanização;
- **Segunda Geração** – Industrialização;
- **Terceira Geração** – Automatização.

A Figura 1-1 ilustra a evolução temporal destas gerações, após a Segunda Guerra Mundial.

Figura 1-1 — Evolução da Manutenção

Cada geração é caracterizada por um estágio diferente de evolução tecnológica dos meios de produção, e pela introdução de novos conceitos e paradigmas nas atividades de manutenção.

Primeira geração

A primeira geração estende-se aproximadamente de 1940 a 1950, com o final da Segunda Guerra Mundial. Neste período, a mecanização da indústria era ainda incipiente, utilizando equipamentos simples e sobredimensionados para as funções onde eram aplicados. Em conseqüência, a sociedade da época pouco dependia de seu desempenho, exigindo apenas que fossem restaurados quando apresentassem defeitos, os quais eram minimizados pelo sobredimensionamento. A atividade de manutenção, na forma planejada, praticamente inexistia, limitando-se a tarefas preventivas de serviço, tais como limpeza e lubrificação de máquinas, e tarefas corretivas para reparação de falhas.

Segunda geração

Encerrada a Segunda Guerra Mundial, inicia-se, aproximadamente em 1950, a segunda geração da história da manutenção, que se estenderia até o ano de 1975. Resultado do esforço de industrialização pós-guerra, esta geração acompanhou a disseminação das linhas de produção contínuas, gerando dependência crescente da sociedade em relação aos produtos e processos industriais. Nesta época registra-se a primeira onda de escassez de mão-de-obra especializada, decorrente da velocidade de implantação da automação. Isto resultou em um custo crescente de correção das falhas, em especial devido à produção e consumo interrompidos, aumentando as expectativas da sociedade sobre o desempenho da indústria. Maior disponibilidade e vida útil, a um baixo custo, tornou-se o objetivo básico de avaliação dos equipamentos no ambiente industrial.

Estes fatos motivaram um esforço científico de pesquisa e desenvolvimento de técnicas de manutenção preventivas, orientadas para a minimização dos impactos de falhas nos processos e meios de produção. Deste esforço, resultou o surgimento das técnicas de manutenção preditivas (1950), bem como a disseminação do processo de revisão periódica de equipamentos, notadamente na indústria aeronáutica. Tais técnicas complementavam as atividades de limpeza e lubrificação, bem como tarefas corretivas, herdadas da primeira geração da manutenção. Em meados da década de 70, estas técnicas foram organizadas e integradas pela Manutenção Produtiva Total (*TPM — Total Productive Maintenance*), no rastro das técnicas de Qualidade Total, como resultado do esforço desenvolvimentista japonês, dando origem às metodologias de terceira geração.

Terceira geração

A terceira geração da manutenção evoluiu da incapacidade destas técnicas frente às exigências da automação ocorrida na indústria a partir de 1975.

Simultaneamente, o consumo em larga escala de produtos industrializados elevou o nível de dependência da sociedade aos processos industriais. A elevação de custos, de mão-de-obra e de capital, associados à concorrência em escala mundial, conduziram à prática do dimensionamento de equipamentos no limite da necessidade dos processos, tornando mais estreitas suas faixas operacionais, aumentando a importância da manutenção. Nas indústrias de manufatura, os efeitos resultantes de indisponibilidades se agravaram pela adoção quase universal do sistema "*just-in-time*", onde estoques reduzidos de produtos inacabados significavam que pequenas interrupções eram mais prováveis de interromper toda uma linha de produção.

Nesta geração, além dos requisitos de maior disponibilidade, confiabilidade, e vida útil, a sociedade passou a exigir melhor qualidade e garantia de desempenho dos produtos. Serviços essenciais tais como saúde, telecomunicações, energia, saneamento, transporte público, etc., passaram a depender totalmente de processos automáticos. Falhas nestes sistemas produzem efeitos sociais muito além da simples avaliação econômica de seus custos. Coincidentemente, evoluiu na humanidade a consciência da importância da preservação do meio ambiente, e da garantia de segurança para usuários de processos e produtos industriais, gerando as condições que motivaram o surgimento da metodologia MCC.

1.2 Cronologia da MCC

O primeiro evento geralmente atribuído à origem da Manutenção Centrada na Confiabilidade refere-se à necessidade de certificação da linha de aeronaves Boeing 747 (o Jumbo), pela FAA (*Federal Aviation Authority*) nos Estados Unidos. Este avião marcou a introdução de níveis de automação jamais vistos na aviação comercial, com a triplicação do número de assentos em relação à maior aeronave existente (Douglas DC-8 ou Boeing 707). O uso de metodologias tradicionais de manutenção de segunda geração, em máquinas desta complexidade, simplesmente iria inviabilizar o atendimento às exigências (*Type Certification*) das autoridades aeronáuticas americanas. Isto motivou a criação de uma Força-Tarefa na United Airlines, em 1968, conhecida pela sigla de MSG-1[2] (*Maintenance Steering Group*), liderada pelo então Vice-Presidente para Planejamento de Manutenção, Thomas D. Matteson, composta pelos engenheiros Bill Mentzer, F. Stanley Nowlan e Haword F. Heap, encar-

[2] *ATA, MSG-1 — Maintenance Evaluation and Program Developtment,* Air Transport Association of America. Washington, DC, USA.

regada de rever a aplicabilidade dos métodos existentes a estas aeronaves. O relatório desta comissão, hoje um clássico da literatura sobre manutenção, introduziu os conceitos de uma nova metodologia, denominada posteriormente de ***Reliability-Centered Maintenance*** (RCM), ou **Manutenção Centrada na Confiabilidade** (MCC), descrita no livro pioneiro de Nowlan e Heap[3] em 1978, atendendo à solicitação do Departamento de Defesa americano. A aplicação do método garantiu a certificação para operação comercial do primeiro Boeing 747-100, pela FAA, no dia 30 de dezembro de 1969.

À força-tarefa MSG-1 seguiram-se dois outros grupos, o MSG-2[4] em 1970 e MSG-3[5] em 1980, subordinados ao Subcomitê de Confiabilidade e Manutenabilidade da ATA (*Air Transport Association of America*), sob contratos com o Departamento de Defesa americano (DoD), para certificação dos novos modelos de aeronaves comerciais, entre elas o Douglas DC-10, Leeds L-1011, Concorde, Airbus, Boeing 737, 747, 757 e 767, tornando-se então, por determinação do DoD, a metodologia obrigatória para uso em novas aeronaves. O relatório MSG-3, como seu próprio título indica, inclui a visão conjunta dos fabricantes e operadores de aeronaves, além da autoridade regulatória. Após sucessivas revisões, em 1988 e 1993, a versão atual desta norma, publicada em 2002, influencia o próprio projeto de novas aeronaves comerciais, contribuindo para a melhoria da manutenção, a exemplo do Boeing 777, 100% compatível com o padrão MSG-3 e com apenas 10% de itens verificados periodicamente em relação ao modelo 747-400[6].

O relatório MSG-3 exige ainda que a organização, para conduzir o desenvolvimento da manutenção programada de uma aeronave, seja composta de representantes dos operadores, dos compradores, dos principais fabricantes dos sistemas e estruturas e da Autoridade Regulatória da aviação. Posteriormente, a marinha americana também tornou obrigatória a MCC para todas as modificações em sistemas navais existentes ou que apresentassem benefícios potenciais, iniciando sua normalização e expansão para outras áreas militares e civis, além da aeronáutica, após sua aplicação com sucesso nas aeronaves P-3 e S-6 em 1972. Logo após, em 1974, a Força Aérea americana iniciou sua adoção, através da aeronave F-4J, tornando-a mandatória para novos equipamentos.

---

[3] Nowlan, F.S. Heap, H.F. *Reliability-Centered Maintenance*. Federal Aviation Authority, USA.

[4] *ATA, MSG-2 — Airline/Manufacturer Maintenance Program Planning Document,* Air Transport Association of America. Washington, DC, USA.

[5] *ATA, MSG-3 — Operator/Manufacturer Scheduled Maintenance Development,* Air Transport Association of America. Washington, DC, USA.

[6] Dubois, T. *Airbus vs Boeing: Modern Aircraft Maintenance*. Aviation Maintenance, June 2003.

1.3 Normalização da MCC

A rápida disseminação da MCC motivou o desenvolvimento de versões ligeiramente diferentes da versão original dos relatórios MSG-3. A indtrodução das questões ambientais motivou Moubray a propor modificações na lógica MCC, chamando esta versão de RCM2®. Visando reduzir o esforço dispendido na aplicação, o EPRI (através de sua subsidiária EPRIGEN) propôs uma versão simplificada da MCC, denominada de SRCM (*Streamlined RCM*). Mais recentemente, Smith e Hinchelifffe[7] propuseram novas versões, baseadas respectivamente no método clássico (*Abbreviated Classical RCM*) e na experiência (*ECM® — Experience-Centered Maintenance*). Estas propostas revelam uma disputa comercial por marcas registradas, motivando a necessidade de normalização da metodologia.

O esforço internacional de normalização da MCC iniciou-se com a publicação, em março de 1999, da norma IEC 60300-3-11, "*Gestion de la sureté de fonctionnement — Partie 3-11: Guide d'application — Maintenance basée sur la fiabilité*", com recomendações para o desenvolvimento de um programa de manutenção preventiva inicial, para equipamentos e estruturas, seguindo as linhas básicas do relatório ATA MSG-3.

Logo em seguida, em agosto do mesmo ano, ocorreu a publicação da norma internacional SAE JA1011, "*Evaluation Criteria for Reliability-Centered Maintenance (RCM) Processes*", contendo os critérios mínimos que um processo deve apresentar para que seja chamado de "RCM" ou "MCC", na visão da SAE. Esta norma decorreu de uma solicitação do governo americano à SAE, em 1995, para substituição da norma correspondente da força aérea.

Mais recentemente, em janeiro de 2002, estes critérios foram detalhados com a publicação da norma SAE JA1012, "*A Guide to the Reliability-Centered Maintenance (RCM) Standard*", que interpreta cada item da norma SAE JA1011.

Simultaneamente, o relatório ATA MSG-3 continua sendo referência na elaboração dos programas de manutenção da indústria aeronáutica, tendo sido revisado em março de 2002, pela FAA.

Por serem orientados à normalização, estes documentos não são manuais de procedimentos para implementação da MCC. Outras fontes, dispersas na literatura, precisam ser consultadas para nortear aplicações práticas em ambientes específicos.

---

[7] Smith, A.M., Hincheliffe, G.R. *RCM — Gateway to World Class Maintenance*. Elsevier, New York, USA.

1.4 Aplicações da MCC

Os benefícios da MCC foram logo percebidos pela indústria elétrica e nuclear, devido às similaridades dos requisitos de segurança com a indústria aeronáutica. Já em 1981, dez anos após as interações iniciais da United Airlines com a Marinha Americana, a RCM foi adotada na manutenção de submarinos nucleares com mísseis balísticos, em especial os da série *Trident*. Neste mesmo ano, Anthony M. Smith, então na General Electric, e Tom Matteson da United Airlines, iniciaram, através do EPRI (*Electric Power Research Institute*), centro de pesquisa da indústria elétrica americano, os estudos de viabilidade de aplicação da MCC em usinas elétricas nucleares, após o grande acidente na Usina Nuclear Three Mile Island, no estado da Pennsylvania. Tais estudos motivaram o EPRI, em 1984, a recomendar sua aplicação na geração nuclear. Isto motivou, em 1985, a empresa Florida Power & Light a testar sua efetividade através de um projeto piloto na Usina Turkey Point, sob o patrocínio do EPRI e liderança de Anthony M. Smith e Tom Matteson, seguido, em 1986, por outro projeto piloto na Usina Nuclear McGuire da Duke Power. Estas experiências consolidaram a metodologia, hoje adotada em mais de 400 usinas nucleares e regulamentada pela NRC (*National Regulatory Commission*) nos Estados Unidos, servindo de base para outro livro clássico da MCC[8], de autoria de A. M. Smith, publicado em 1993, que extendia a MCC a setores além da aeronáutica. O livro de Smith, hoje esgotado, foi atualizado pelo autor em 2004[9], em co-autoria com Glenn R. Hincheliffe, que liderou a aplicação da MCC na Florida Power & Light (FPL), tendo A. M. Smith como consultor. A aplicação da MCC na FPL contribuiu para que esta ganhasse, em 1989, o Prêmio Demming da Qualidade Total da Japanese Union of Scientists and Engineers.

Os resultados favoráveis destes testes motivaram sua adoção crescente pelo setor elétrico mundial, expandindo-se para outros setores produtivos, entre eles a construção civil, a indústria química, de refino e extração de petróleo, indústrias de gás, instalações de bombeamento, siderurgia, celulose, papel, alimentação, mineração, transporte e até hospitais. Recentemente noticiou-se sua aplicação na prevenção da ocorrência do chamado *bug* do milênio da informática.

A generalidade dos conceitos e técnicas da MCC são aplicáveis, atualmente, a qualquer sistema, independente da tecnologia, onde seja necessário manter a funcionalidade de processos ou ativos físicos.

---

[8] Smith, A.M. *Reliability-Centered Maintenance*. McGraw Hill, New York, USA.

[9] Smith, A.M., Hincheliffe, G.R. *RCM — Gateway to World Class Maintenance*. Elsevier, New York, USA.

1.5 Resumo

Este capítulo apresentou uma introdução à História da Manutenção Centrada na Confiabilidade, incluindo:

- Gerações da Manutenção;
- Cronologia da MCC;
- Situação Atual.

Quando comparada a outras tecnologias, a MCC pode se considerar ainda em estágio de desenvolvimento, incorporando novas técnicas de manutenção e monitoramento e, principalmente, absorvendo os métodos modernos de otimização estatística, desenvolvidas pela Engenharia de Produção.

O próximo capítulo apresentará uma visão geral da metodologia, antes do estudo detalhado de cada etapa, o que será feito a partir da Segunda Parte deste manual.

1.6 Questões de Revisão

1. Que tipos de atividades de manutenção eram preponderantes na primeira geração da história da manutenção?
2. Que motivos conduziram à introdução de dois novos tipos de atividades na segunda geração da história da manutenção?
3. Que requisitos passaram a ser exigidos na terceira geração da história da manutenção?
4. Que fato motivou o desenvolvimento da Manutenção Centrada na Confiabilidade?
5. Que setores industriais modernos utilizam atualmente a MCC?

2

Visão Geral

Uma das características da MCC é fornecer um método estruturado para selecionar as atividades de manutenção, para qualquer processo produtivo. O método é formado por um conjunto de passos bem definidos, os quais precisam ser seguidos em forma seqüencial para responder às questões formuladas pela MCC e garantir os resultados desejados.

Este capítulo introduz um resumo dos tipos mais usuais de manutenção, seguindo-se com a apresentação das sete questões básicas que a MCC procura responder. O capítulo encerra-se com uma visão geral das etapas e seqüência de implementação da metodologia.

2.1 Classificação da Manutenção

Tradicionalmente as atividades de manutenção têm sido classificadas de acordo com a forma de programação e o objetivo das tarefas executadas. A Figura 2-1 ilustra como estas classes são subdivididas, sobre estes aspectos.

Quanto à programação

Com relação à programação, são comuns as classes de **Manutenção Programada** e **Não-programada** para designar, respectivamente, as atividades executadas obedecendo a critérios de tempo e condições pré-definidas e as executadas em função da necessidade. As Manutenções Programadas podem

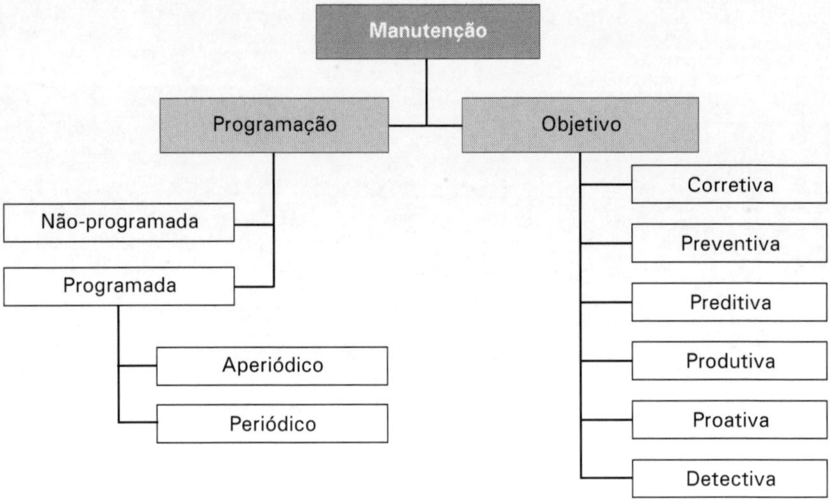

Figura 2-1 — Classificação da Manutenção

ser **Periódicas**, se realizadas a intervalos fixos de tempo, ou **Aperiódicas**, quando realizadas a intervalos variáveis, ou dependendo de oportunidades.

Quanto aos objetivos

Os tipos de manutenção são também classificados de acordo com a atitude dos usuários em relação às falhas. Seis categorias são normalmente identificadas, sob este aspecto:

- Manutenção Reativa ou Corretiva;
- Manutenção Preventiva;
- Manutenção Preditiva;
- Manutenção Proativa;
- Manutenção Produtiva;
- Manutenção Detectiva.

A **Manutenção Corretiva** ou **Reativa** destina-se a corrigir falhas que já tenham ocorrido, enquanto a **Manutenção Preventiva** tem o propósito de prevenir e evitar as conseqüências das falhas. A **Manutenção Preditiva** busca a previsão ou antecipação da falha; medindo parâmetros que indiquem a evolução de uma falha a tempo de serem corrigidas. Similarmente, a **Manutenção Detectiva** procura identificar falhas que já tenham ocorrido, mas que não sejam percebidas. A **Manutenção Produtiva** objetiva garantir a melhor utilização e maior produtividade dos equipamentos. Finalmente, na **Manutenção Proativa**, a experiência é utilizada para otimizar o processo e o projeto de novos equipamentos, em uma atitude proativa de melhoria contínua.

Tecnologias de manutenção

Complementando estas formas básicas de manutenção, novas técnicas de tratamento de falhas surgiram e foram rapidamente absorvidas pela engenharia de manutenção. Muitas delas são relacionadas ao monitoramento da condição funcional dos equipamentos, sem a necessidade de desmonte ou desativação do item para inspeção.

No campo metodológico, as pesquisas nas áreas de confiabilidade e mantenabilidade, bem como dos mecanismos e da Física de falhas em equipamentos, deram origem às técnicas de Análise de Modos de Falha, Efeitos e Criticidade (FMEA/FMECA), e outras ferramentas tais como as Árvores de Falha (*FTA — Failure Tree Analysis*) e Análise Probabilística de Riscos (*PRA — Probabilistic Risk Assessment*), hoje utilizadas largamente, em especial na indústria bélica americana. A popularização destas técnicas foi facilitada pela disseminação da informática pessoal, possibilitando o desenvolvimento dos sistemas especialistas e de apoio à decisão orientados para manutenção.

A disponibilidade de métodos analíticos modernos trouxe maior segurança à atividade de manutenção, mas introduziu novos desafios ao profissional desta área. Cabe a ele selecionar a técnica mais apropriada para tratar cada tipo de falha. Além desta missão, a ele compete o atendimento às exigências dos proprietários da instalação, dos clientes e consumidores, e da sociedade em geral, da forma mais econômica, e com o capital humano disponível.

Problemas de manutenção

A missão da manutenção torna-se mais complexa quando confrontada com métodos tradicionais de gestão. À insuficiência de atitudes proativas comuns nesta área, soma-se a execução desnecessária de atividades preventivas ou insuficiência de técnicas preditivas. A ausência de tratamento das causas fundamentais das falhas conduz à freqüente repetição dos problemas e de erros humanos, com conseqüências diretas na produção ou qualidade do produto de um processo. A falta de institucionalização das práticas corretas, com justificação insuficiente para as tarefas, resulta em programas de manutenção às vezes desnecessários e não auditáveis, com aceitação cega das recomendações de fornecedores. Neste cenário, é comum encontrar-se variação nas técnicas adotadas entre instalações similares sem qualquer justificativa plausível.

Revisões periódicas

Outra prática comum na indústria consiste na realização de revisões periódicas (*overhaul*) de grandes equipamentos, presumindo que garantam a confiabilidade e, portanto, sua segurança. Pesquisas realizadas pela indústria aeronáutica americana, na década de 60, precursoras do desenvolvimento da MCC, concluíram que este método produzia pouco ou nenhum efeito na confiabilidade e segurança final dos processos ou linhas de produção. A razão para isto estava no pressuposto de que todos os equipamentos obedeciam a um mesmo mecanismo de falha, representado pela famosa curva da banheira (Figura 2-2). Segundo esta teoria, todo item apresentava inicialmente uma taxa de falha decrescente, estabilizando-se na maior parte do tempo, vindo a crescer apenas após o final da vida útil. Este crescimento justificaria a revisão geral em toda a instalação.

Figura 2-2 — Curva da Banheira

Em especial, determinou-se que mudanças nos limites utilizados para realização das revisões tinham pouco ou nenhum efeito na segurança e confiabilidade da instalação. Além disso, os limites iniciais de revisão não eram baseados em processos analíticos, gerando altos custos para poucos resultados. Especificamente, estes estudos concluíram também que muitos modos de falha não tinham um tempo certo para acontecerem, e que as revisões introduziam, por si só, muitas falhas características de mortalidade infantil. Este número chegava a 68% das falhas, segundo os dados analisados por Nowlan e Heap.[10]

Mitos da manutenção

Tais resultados motivaram a identificação e queda de muitos mitos existentes na manutenção, utilizados para classificar os gestores e seus tabus, exemplificados a seguir:

- **Achologista**: *"Acho que deve ser assim";*
- **Prevenido**: *"Revisão para todos os males";*
- **Experiente**: *"Já vem sendo feito assim...";*
- **Copiador**: *"Item igual, manutenção igual";*
- **Brutamonte**: *"Quanto mais melhor";*
- **Economista:** *"Quanto menos melhor";*
- **Legalista**: *"Se é legal é bom";*
- **Avesso ao Risco**: *"Se é possível, deve ser feito";*
- **Seguro**: *"Tudo para garantir o prêmio";*
- **Medroso:** *"É melhor não mudar!";*
- **Obediente**: *"O fornecedor é quem manda".*

Sobre este último mito ou tabu, o relatório MSG-3 da ATA estabelece explicitamente que "*todas as recomendações de vendedores disponíveis devem ser totalmente consideradas, discutidas pelos grupos de manutenção, e aceitas apenas se forem aplicáveis e efetivas, de acordo com o critério MSG-3*".

Assim, além de questionar processos estabelecidos, novos conceitos foram surgindo, entre eles a adoção dos métodos de inspeção (em substituição à revisão), os quais procuram identificar condições de falhas potenciais, se possível sem intervenção, tentando explorar ao máximo a vida útil do item, aplicável aos modos de falha susceptíveis a esta técnica. Em muitos casos, concluiu-se que seria desejável deixar o item operar até a falha, quando as conseqüências fossem aceitáveis ou mais favoráveis, do que intervir no processo para manutenção. Estas idéias podem ser resumidas no conceito fundamental e objetivo da MCC: aplicar a manutenção mais adequada a cada modo de falha.

[10] Ibid 3.

Objetivos da manutenção

Além de introduzir estes conceitos, a MCC procura estabelecer definições precisas dos objetivos da manutenção. Segundo Smith[11], a manutenção tem como objetivo "*preservar as capacidades funcionais de equipamentos e sistemas em operação*". Moubray[12] diz que o objetivo da manutenção é "*assegurar que itens físicos continuem a fazer o que seus usuários desejam que eles façam*". Resultado do esforço de padronização da MCC, a norma SAE JA1011[13] estabelece que a manutenção deve garantir que "*itens físicos continuem a desempenhar suas funções planejadas*". Segundo esta norma, cabe à MCC "*determinar os requisitos de manutenção para modos de falha que possam causar falhas funcionais de quaisquer itens físicos em seu ambiente operacional*".

Estas definições evidenciam uma mudança essencial proposta pela MCC nos objetivos da manutenção. Se antes a manutenção buscava preservar o equipamento, desativando-o, atuando em todos os itens e realizando tudo que era possível ser feito, a MCC propõe, segundo a norma IEC 60300-3-11[14] e o relatório ATA MSG-3[15]:

- Preservar as funções dos equipamentos, com a segurança requerida;
- Restaurar sua confiabilidade e segurança projetada, após a deterioração;
- Otimizar a disponibilidade;
- Minimizar o custo do ciclo de vida (LCC — *Life Cycle Cost*);
- Atuar conforme os modos de falha;
- Realizar apenas as atividades que precisam ser feitas;
- Agir em função dos efeitos e conseqüências da falha; e
- Documentar as razões para escolha das atividades.

A Tabela 1 compara as características principais da MCC com a manutenção tradicional.

[11] Smith, A. M. *Reliability-Centered Maintenance*. McGraw Hill, New York.

[12] Moubray, J. *Reliability-Centered Maintenance*. Butterworth, Heinemann, Oxford.

[13] SAE International. *Evaluation Criteria for Reliability-Centered Maintenance (RCM) Standard*. SAE JA1011, Warrendale, PA, USA, 1999.

[14] IEC 60300-3-11. *Gestion de la sureté de fonctionnement — Partie 3-11: Guide d'application — Maintenance basée sur la fiabilité*. Commission Electrotechnique Internationale, Geneva, Switzerland.

[15] Ibid 5.

Tabela 1 — Comparação da Manutenção Tradicional com a MCC

Característica	Manutenção Tradicional	MCC
Foco	Equipamento	Função
Objetivo	Manter o equipamento	Preservar a função
Atuação	Componente	Sistema
Atividades	O que pode ser feito	O que deve ser feito
Dados	Pouca ênfase	Muita ênfase
Documentação	Reduzida	Obrigatória e Sistemática
Metodologia	Empírica	Estruturada
Combate	Deterioração do equipamento	Conseqüências das falhas
Normalização	Não	Sim
Priorização	Inexistente	Por função

Estas características e objetivos devem ser perseguidos através de um programa de manutenção que, simultaneamente, colete informações necessárias para a melhoria da confiabilidade das funções desejadas. Destaque-se, entretanto, que não cabe a este plano ou às funções da manutenção corrigir deficiências nos níveis inerentes de confiabilidade e segurança dos equipamentos e estruturas, mas apenas minimizar sua deterioração e restaurar aos níveis inerentes ao projeto, alertando às equipes de projeto quando estes níveis não mais atenderem aos requisitos dos usuários.

Conseqüências de falhas

Esta última proposta resume o ponto central da filosofia da MCC, segundo a qual uma estratégia efetiva de manutenção concentra-se em evitar ou reduzir as conseqüências significantes de falhas. Ao concentrar o foco nas conseqüências das falhas, a MCC prioriza mais o atendimento às necessidades do processo ou aplicação, em detrimento das necessidades próprias ou individuais dos itens. O estudo dos modos de falha, próprios dos equipamentos, continua sendo necessário como forma efetiva de melhor combater as conseqüências das falhas.

Segundo a MCC, conseqüências significantes são aquelas que afetam um dos seguintes aspectos do ambiente operacional:

- Segurança de pessoal;
- Qualidade do meio ambiente;
- Operação do processo; ou a
- Economia do processo.

Para reduzir os efeitos adversos das falhas, a MCC adota como objetivos e técnicas principais:

- Preservar as funções dos sistemas;
- Identificar modos de falha que possam interromper as funções;
- Priorizar as necessidades das funções;
- Selecionar apenas as tarefas preventivas que sejam aplicáveis e efetivas;
- Determinar periodicidades ótimas para estas atividades.

Em suma, as funções assumem papel preponderante na MCC, como forma de atendimento das necessidades dos usuários, em substituição aos requisitos específicos de cada equipamento. Para atingir estes objetivos, a MCC estabelece como ponto de partida uma série de questões, cujas respostas devem anteceder à definição das atividades de manutenção.

2.2 Questões Básicas

Objetivando estabelecer métodos adequados de manutenção, a MCC procura obter respostas corretas e precisas a um conjunto de sete questões, colocadas em uma ordem seqüencial específica, aplicáveis ao sistema objeto da manutenção:

1. Quais as **funções** a preservar?
2. Quais as **falhas** funcionais?
3. Quais os **modos** de falha?
4. Quais os **efeitos** das falhas?
5. Quais as **conseqüências** das falhas?
6. Quais as **tarefas** aplicáveis e efetivas?
7. Quais as **alternativas** restantes?

Nestas questões, pressupõe-se que a freqüência de execução das tarefas seja definida durante a resposta à sexta pergunta, ou seja, na definição das tarefas aplicáveis e efetivas. Na prática, costuma-se acrescentar uma questão adicional, objetivando o cálculo da melhor freqüência das atividades, após a escolha de todas as tarefas de manutenção, ou seja:

8. Quais as **freqüências** ideais das tarefas?

Para responder cada questão, a MCC utiliza muitos métodos e ferramentas de um conjunto aberto de soluções, algumas tradicionais, outras recentes e modernas, segundo uma seqüência estruturada e bem documentada, possível de ser auditada.

2.3 Seqüência de Implementação

A metodologia MCC adota uma seqüência estruturada, composta de sete etapas, assim denominadas:

1. Seleção do Sistema e Coleta de Informações;
2. Análise de Modos de Falha e Efeitos;
3. Seleção de Funções Significantes;
4. Seleção de Atividades Aplicáveis;
5. Avaliação da Efetividade das Atividades;
6. Seleção das Atividades Aplicáveis e Efetivas;
7. Definição da Periodicidade das Atividades.

Em cada etapa são utilizadas ferramentas de modelagem ou análise de sistemas destinadas a responder e, principalmente, documentar os critérios e respostas a cada questão da MCC. Estas etapas estão detalhadas no Diagrama de Processo da Figura 2-3, que ilustra os produtos e relacionamentos entre os diversos processos de análise. Este diagrama será usado como guia de implementação da MCC no restante deste manual.

Primeira etapa

A primeira etapa, **Seleção do Sistema e Coleta de Informações**, objetiva identificar e documentar o sistema ou processo que será submetido à análise. Em geral, utiliza-se o projeto de engenharia como documento de entrada. Os seguintes produtos são gerados ou analisados normalmente nesta etapa:

- Descrição textual do sistema;
- Definição do contexto operacional;
- Caracterização das fronteiras e interfaces entre os subsistemas;
- Diagrama organizacional da hierarquia dos subsistemas e componentes;

- Diagrama funcional do sistema;
- Diagrama lógico funcional do sistema.

Além dos resultados documentais, a geração ou estudo destes produtos promove um entendimento do funcionamento da instalação, necessário à segunda etapa da metodologia.

Segunda etapa

Na segunda etapa, **Análise de Modos de Falha e Efeitos**, são identificadas e documentadas todas as funções e seus modos de falha, assim como os efeitos adversos produzidos por elas. Utilizando a metodologia FMEA (*Failure Mode and Effects Analysis*), são documentados os seguintes aspectos da instalação:

- Funções desempenhadas pelo sistema;
- Falhas associadas a cada função;
- Modos como as falhas se originam;
- Efeitos provocados pelas falhas;
- Severidade de cada efeito.

Para isto, são utilizados normalmente as ferramentas de Árvores de Falha e de Eventos, derivadas dos Diagramas Lógicos e Funcionais do sistema (Figura 2-3), usualmente desenvolvidos na primeira etapa da MCC, registrando o resultado no formulário padronizado FMEA.

Terceira etapa

A terceira etapa, **Seleção de Funções Significantes**, utiliza um processo estruturado para analisar cada função identificada na etapa anterior, e determinar se uma falha tem efeito significante, levando em conta os impactos nos aspectos pilares da MCC: segurança, meio ambiente, operação e economia do processo. O estudo de severidade dos efeitos das falhas, resultante da etapa anterior (Figura 2-3), serve de entrada para uma análise de riscos e conseqüências, dos quais se deriva uma priorização segundo o grau de significância. Como produto final, esta etapa documenta a relação de funções significantes, que se-

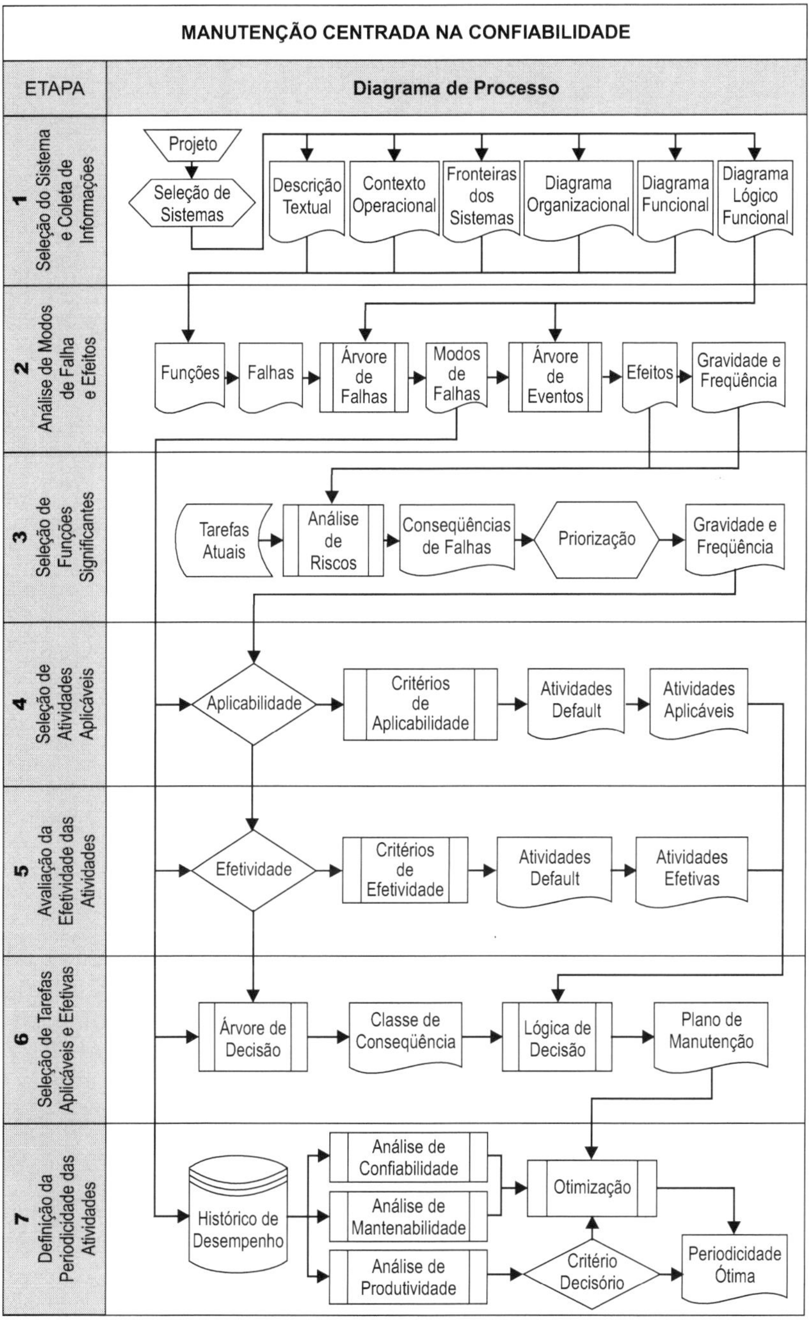

Figura 2-3 — Diagrama de Processo da MCC

rão submetidas às etapas subseqüentes da metodologia. As demais funções (não significantes) serão documentadas apenas até esta etapa.

Quarta etapa

Na quarta etapa, **Seleção de Atividades Aplicáveis**, determinam-se as tarefas de manutenção preventiva que sejam tecnicamente aplicáveis, para prevenir ou corrigir cada modo de falha, ou amenizar suas conseqüências. Como resultado deste processo, uma das seguintes opções é determinada:

- Manutenção preventiva é aplicável;
- Manutenção preventiva não é aplicável; ou
- Outra ação alternativa (*default*) é sugerida.

A MCC estabelece critérios precisos para definição da ação *default* que será sugerida, caso nenhuma atividade preventiva seja aplicável. A manutenção preventiva, se aplicável, será específica da tecnologia utilizada, e dos meios instrumentais disponíveis.

Quinta etapa

A quinta etapa, **Avaliação da Efetividade das Atividades**, constitui-se em um processo estruturado para determinar se uma tarefa de manutenção preventiva é efetiva para reduzir, a um nível aceitável, as conseqüências previstas para uma falha. Como resultado deste processo, uma das seguintes opções é escolhida:

- Manutenção preventiva é recomendada;
- Manutenção preventiva é desnecessária; ou
- Outra ação alternativa (*default*) sugerida.

Note-se que uma atividade pode ser considerada aplicável, na quarta etapa, a um determinado modo de falha, em termos técnicos, mas não efetiva, em termos econômicos e operacionais, proibindo sua utilização nesta etapa. A MCC estabelece critérios explícitos de efetividade para todas as atividades, bem como para escolha de atividades *default*, caso nenhuma se enquadre no critério de efetividade.

Sexta etapa

Na sexta etapa, **Seleção das Tarefas Aplicáveis e Efetivas**, utiliza-se um processo estruturado para determinar a melhor tarefa, baseada em:

- Resultados do Processo;
- Impactos Operacionais;
- Segurança Física; e
- Impactos Ambientais.

Dois sub-processos são utilizados nesta etapa (Figura 2-3). Primeiro, uma Árvore de Decisão é usada para classificar a conseqüência de cada modo de falha. Em seguida, esta classificação é usada por uma Lógica de Decisão para gerar o Plano de Manutenção contendo as atividades aplicáveis e efetivas para cada modo de falha. Os resultados do processo, em geral, serão medidos por uma variável econômica, ou qualquer outro indicador escolhido pela entidade proprietária da instalação. Como produto deste processo, obtém-se a lista das tarefas escolhidas para compor o Programa de Manutenção de cada item analisado.

Sétima etapa

Finalmente, na sétima etapa, **Definição da Periodicidade das Atividades**, estabelecem-se os métodos e critérios para definição da periodicidade ou freqüência de execução das atividades selecionadas, assim como o planejamento e estruturação do processo de implantação da metodologia na empresa. Quatro subprocessos são utilizados nesta etapa (Figura 2-3):

- **Análise de Confiabilidade** – determinação das estatísticas descritivas de confiabilidade da população de componentes;
- **Análise de Mantenabilidade** – determinação das estatísticas descritivas de mantenabilidade da população de componentes;
- **Análise de Produtividade** – determinação das estatísticas descritivas de resultados gerados pela manutenção e falha dos componentes; e
- **Otimização** – cálculo do intervalo ótimo de cada atividade do plano de manutenção.

As estatísticas são obtidas preferencialmente por amostragem no histórico de desempenho dos equipamentos ou bases de dados similares, ou por estimativas baseadas no conhecimento *a priori* de especialistas. Como produtos são gerados os Planos e Programas de Trabalho para implantação da metodologia MCC, com a periodicidade de cada atividade. Quando disponível, estas atividades são alimentadas no Sistema de Informação utilizado para Gestão da Manutenção adotado na empresa.

2.4 Resumo

Este capítulo introduziu uma visão geral do processo e das etapas que compõem a Manutenção Centrada na Confiabilidade, incluindo:

- Novas técnicas e problemas de manutenção;
- Crítica aos mitos da manutenção;
- Definição dos objetivos da MCC;
- As sete questões da MCC;
- As sete etapas da MCC.

A Segunda Parte deste manual descreverá a Análise de Modos de Falha e Efeitos da MCC, iniciando-se pelo estudo e documentação das funções desempenhadas pelos sistemas, processos e ativos físicos das instalações.

2.5 Questões de Revisão

1. Quais as categorias de atitudes dos usuários em relação à manutenção?
2. Que tecnologias e metodologias complementam as atividades de manutenção?
3. Que deficiências são atribuídas à prática de revisões periódicas (*overhaul*) em todos os itens de uma instalação?
4. Que mitos e tabus foram questionados pelas metodologias contemporâneas de manutenção?
5. Quais os objetivos básicos da manutenção centrada na confiabilidade?
6. Quais as conseqüências significantes de falhas analisadas pela MCC?
7. Quais as sete questões básicas que a MCC procura responder?
8. Quais as sete etapas que compõem a metodologia MCC?

SEGUNDA PARTE

ANÁLISE

Funções
Falhas
Modos de Falha
Efeitos de Falha

3

Funções

Historicamente, a atividade de manutenção evoluiu da simples reposição para a conservação de equipamentos. Esta era a filosofia dominante, inclusive, durante a mecanização da manufatura e industrialização dos meios de produção. O advento da automação em larga escala conduziu à evolução das metodologias de terceira geração, onde o foco da manutenção deslocou-se dos equipamentos para as funções desempenhadas por eles.

A preservação das funções desempenhadas por sistemas e processos industriais, na visão de seus usuários ou proprietários, constitui o objetivo principal das metodologias contemporâneas de manutenção. Ponto de partida da MCC, este capítulo apresenta os conceitos e processos utilizados para identificação, definição, classificação e documentação das funções desempenhadas pelos sistemas, como pré-requisito ao estudo das falhas e formas de prevenção.

3.1 Identificação de Sistemas

Funções são desempenhadas por sistemas, os quais devem ser selecionados e identificados antes da caracterização das funções. Segundo o Dicionário Aurélio[16], o termo sistema designa o "*conjunto de elementos materiais ou ideais, entre os quais se possa encontrar ou definir alguma relação*". Nos sistemas industriais, esta relação é estabelecida com o objetivo de se atender a uma ou mais funções características do sistema. As funções se confundem, então, com a própria finalidade da existência dos sistemas.

---

[16] *Dicionário Aurélio da Língua Portuguesa*. Segunda Edição, Editora Nova Fronteira.

Seleção de sistemas

Para selecionar os sistemas que serão submetidos à análise MCC, a norma IEC 60300-3-11 sugere que se leve em conta sua significância para a segurança, disponibilidade e economia do processo. Métodos qualitativos e quantitativos podem ser utilizados, baseados nas funções desenvolvidas por cada sistema e em indicadores de criticidade e de desempenho pertinentes ao processo. É indispensável, ainda segundo esta norma, que sejam documentados os métodos de seleção, os critérios utilizados e os resultados obtidos, iniciando-se pela identificação dos sistemas.

Identificação de sistemas

A identificação dos sistemas integra assim a primeira etapa da metodologia MCC, correspondente à Seleção do Sistema e Coleta de Informação, conforme ilustrado no Diagrama de Processos da Figura 2-3, com o objetivo de caracterizar as funções desempenhadas. Para esta etapa, não existem normas rígidas e aplicáveis a todos os casos. Entretanto, a prática revela algumas regras empíricas que ajudam na identificação dos sistemas inerentes a uma instalação, de forma a facilitar as etapas seguintes da análise:

- **Identifique os circuitos fechados.**
  Circuitos fechados, sejam eles de fluidos tais como óleo, combustível, ar, água, etc., ou qualquer outro meio circulante, normalmente identificam componentes que funcionam interligados na forma de um sistema.

- **Inclua os circuitos abertos.**
  Circuitos abertos, sejam eles de fluidos tais como óleo, combustível, ar, água, etc., nos quais o fluido entra e sai da instalação, também normalmente identificam componentes interligados em um sistema. Exemplos típicos são os sistemas de refrigeração a ar em motores a explosão, e a água em sistemas de propulsão de navios, etc.

- **Evite duplicação de componentes.**
  Garanta que cada componente pertença exatamente a um único sistema, e portanto só será analisado uma única vez.

- **Considere os fluidos como componentes.**
  Muitas falhas de sistemas se originam de comportamentos anormais dos fluidos utilizados, tais como contaminação, sujeira, densidade, etc.

- **Antecipe agrupamentos por especialidades.**
  Isto facilitará a avaliação pelo grupo interdisciplinar de análise da MCC.

- **Defina fronteiras exatas entre os sistemas.**
  As fronteiras, além de delimitarem os sistemas, servem para identificar as interfaces entre eles, as quais estão normalmente associadas às suas funções principais.

A identificação deve produzir uma documentação que registre as informações sobre todos os sistemas da instalação.

Documentação

Para documentar a identificação e funcionamento dos sistemas, o analista pode utilizar diversas ferramentas. A lista a seguir contém aquelas mais utilizadas pela MCC:

- Formulário de Documentação;
- Descrição Textual;
- Diagrama Esquemático;
- Diagrama de Blocos;
- Diagrama Organizacional;
- Diagrama Funcional;
- Diagrama Lógico Funcional;
- Descrição de Fronteiras.

Com exceção dos formulários da MCC, as demais ferramentas já são usadas rotineiramente na engenharia.

Formulário de documentação do sistema

A Figura 3-1 ilustra um exemplo de formulário sugerido para Documentação do Sistema. Um exemplar faz parte do Apêndice A deste manual.

Documentação do Sistema

Unidade	Código	Facilitador	Data	Folha
Item	Código	Auditor	Data	De

Tipo:

Figura 3-1 — Formulário de Documentação do Sistema

A parte superior do formulário é composta de campos de identificação e codificação do sistema e dos analistas de MCC, relacionados na Tabela 2. Todos os formulários utilizados neste manual possuem estes cabeçalhos padronizados, como sugestão de normalização na empresa.

Tabela 2 — Campos de Identificação de Formulário

Campo	Título	Descrição
1	Unidade	Preencher com a denominação da unidade ou instalação sob análise. Adotar uma denominação mais próxima possível do nome usado pela área de produção ou do projeto original.
2	Código	Adotar um código de identificação para a unidade. Usar um código que seja o mais próximo possível do que for usado pela área de produção ou do projeto original.
3	Facilitador	Identificar o nome do facilitador que conduziu a análise. Caso não exista, identificar o responsável pela análise.
4	Data	Informar a data em que foi concluída a análise. Esta data deve coincidir com a data de aprovação do facilitador.

(Continua)

Campo	Título	Descrição
5	Folha	Numerar seqüencialmente as folhas do formulário, iniciando pelo numeral 1.
6	Item	Preencher com a denominação do item ou sistema sob análise, a mais próxima possível do nome usado pela área de produção ou do projeto original.
7	Código	Adotar um código de identificação para o item que seja o mais próximo possível do que for usado pela área de produção ou do projeto original.
8	Auditor	Identificar o nome do auditor da tarefa. Caso não exista, identificar o responsável pela aprovação do resultado.
9	Data	Informar a data em que foi concluída a auditoria. Esta data deve ser a de aprovação final da tarefa.
10	De	Informar o número total de páginas deste formulário.

Note-se a necessidade da identificação do facilitador e auditor da MCC como elemento condutor e verificador, respectivamente, da análise realizada. A maior parte do formulário é composta por um campo livre, em branco, adequado para documentar uma descrição textual ou gráfica do sistema, ou simplesmente uma lista de desenhos de engenharia ou arquitetura do sistema, sobre a qual se baseará a análise. A espécie de informação deste campo deverá ser identificada na faixa superior, com o título *Tipo*. Estes padrões de documentação, principalmente os campos de identificação, deverão ser uniformes para todas as instalações da empresa, e descritos no Plano de Implantação da MCC, que será comentado no Capítulo 12. O Apêndice A deste manual contém um conjunto completo de formulários, do qual este faz parte, suficientes para aplicação e documentação da metodologia MCC. Cada formulário será descrito no capítulo correspondente da etapa da MCC.

Descrição textual

Uma descrição textual do sistema normalmente é encontrada na documentação fornecida pelo fabricante dos equipamentos, contendo as funções principais e secundárias, correlacionadas com os subsistemas do sistema principal. Na falta desta informação, descrições sumárias podem ser preparadas por especialistas no processo. Estas descrições podem se resumir a um parágrafo, como no exemplo da Figura 3-2, para o sistema de mistura de uma máquina de café.

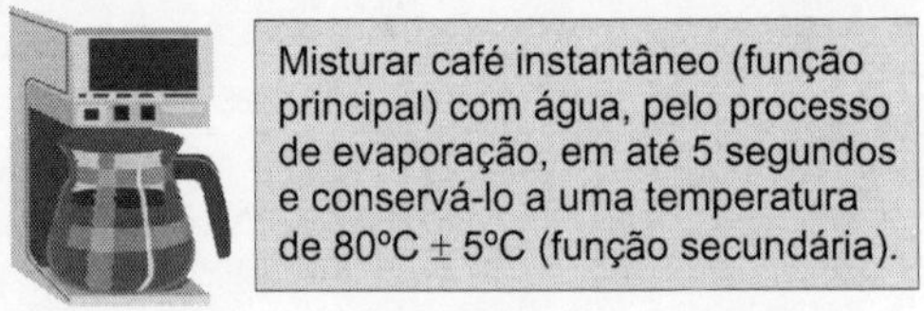

Figura 3-2 — Descrição Textual de Máquina de Café

Diagrama esquemático

Outras vezes, torna-se indispensável um Diagrama Esquemático, que mostre a interligação física entre os componentes do sistema, conforme a figura seguinte.

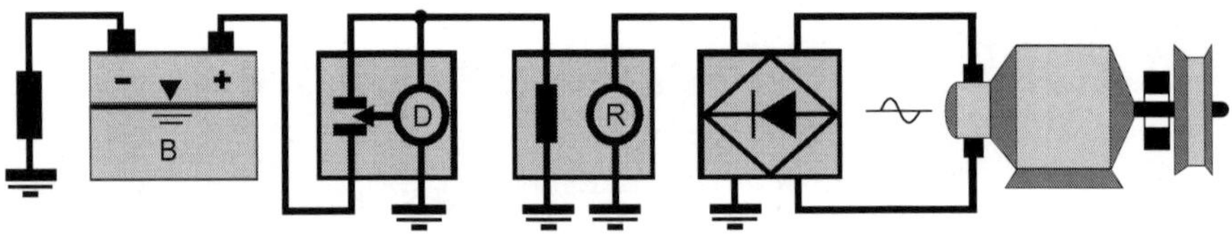

Figura 3-3 — Diagrama Esquemático de Sistema Elétrico

Este diagrama mostra a interligação dos componentes do Sistema Elétrico típico de um motor de combustão interna, constituído, da esquerda para direita, de bateria (B), disjuntor (D), regulador (R), retificador e alternador. Diversos outros estilos de diagramação são possíveis, de acordo com a tecnologia e especialidade do processo. Muitos destes estilos são padronizados por normas internacionais.

Diagramas de blocos

Nos sistemas mais complexos, pode-se utilizar um Diagrama de Blocos para complementar o Diagrama Esquemático, fornecendo uma divisão do sistema em blocos ou subsistemas, onde cada bloco desempenha um conjunto de funções do sistema principal. A Figura 3-4 ilustra um exemplo deste tipo de diagrama para um motor a explosão ou de combustão interna.

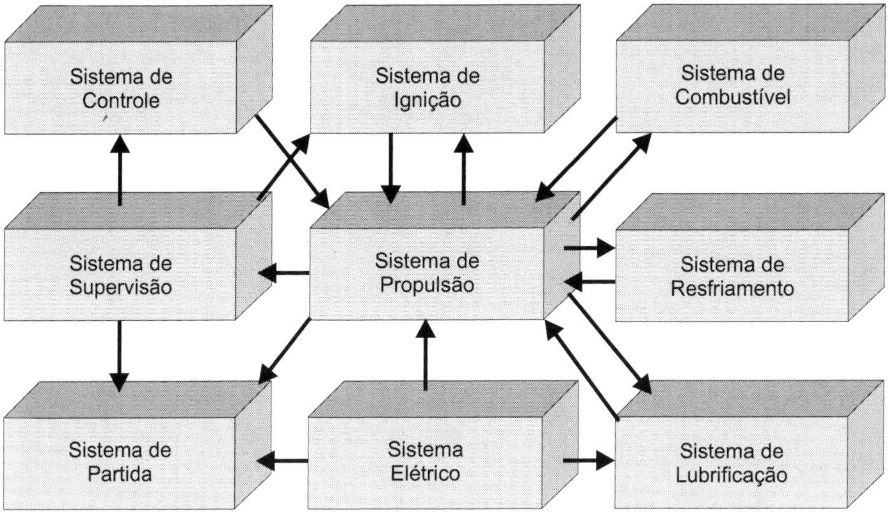

Figura 3-4 — Diagrama Organizacional de Motor a Explosão

Estes diagramas, em geral, são elaborados como parte do material de instrução fornecido com o sistema, ou construídos por especialistas durante o estudo do equipamento. Constituem, assim, importante elemento de documentação de sistemas complexos. Em geral, a interligação entre os subsistemas ocorre pelos fluxos de entrada e saída de cada bloco.

Diagrama organizacional

Sistemas de grande porte são, em geral, compostos por subsistemas, formando uma hierarquia de composição com vários níveis. Uma forma prática de documentar o funcionamento destes sistemas é através de um Diagrama Organizacional. Estes diagramas ilustram a estrutura hierárquica do sistema, caracterizada por um nível superior, composto por níveis progressivamente mais baixos. A hierarquia é representada por um diagrama de blocos, em forma de árvore, onde o nó raiz representa a função ou nível principal do sistema, e cada ramo descreve um nível mais baixo de detalhe, até o nível de componentes. A Tabela 3 ilustra uma estratificação típica dos níveis de detalhe comumente adotados em Diagramas Organizacionais de instalações industriais.

Tabela 3 — Estratificação de Instalações Industriais

Nível	Descrição
Componente	Menor parte que pode ser dividido um item
Subsistema	Grupo de componentes que desempenham uma função
Sistema	Agrupamento lógico de funções ou subsistemas
Instalação	Agrupamento lógico de sistemas para gerar um produto

Diagramas organizacionais tem sido aplicados na modelagem de sistemas complexos, tais como o helicóptero de caça mostrado na Figura 3-5. Note-se que o bloco no topo da árvore corresponde à aeronave inteira; o nível imediatamente inferior corresponde aos sistemas principais da aeronave, os quais são detalhados em subsistemas no nível seguinte, e assim sucessivamente, até o nível mais baixo, onde se encontram os componentes.

A mesma técnica pode ser aplicada a sistemas simples, tais como uma máquina de café. Para cada caso, muda apenas o nível de complexidade e dimensão do sistema. Os componentes serão mais simples que os componentes finais do modelo da aeronave, mas o critério continua o mesmo.

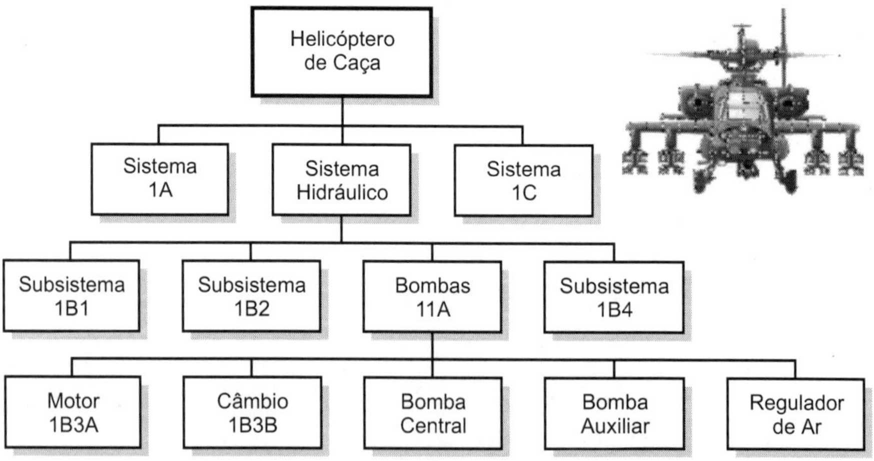

Figura 3-5 — Estrutura Organizacional de Helicóptero de Caça

Diagramas funcionais

Diagramas funcionais são complementares aos diagramas organizacionais na documentação e entendimento do funcionamento de um sistema.

Estes diagramas são representações do funcionamento de parte da instalação, através das funções ou subsistemas componentes, onde cada função contribui para a consecução da missão principal. Essencialmente, são diagramas de blocos de funções e subsistemas interligados por fluxos de entrada e saída, que descrevem as relações de causalidade e seqüencialidade do sistema principal. Como regra geral, sugere-se incluir as funções em lugar dos equipamentos associados, enfatizando a documentação das interfaces entre subsistemas.

A Figura seguinte exemplifica o diagrama funcional de um sistema de lubrificação de um motor a explosão. Quatro funções são documentadas, referentes à Acumulação de fluido lubrificante, Circulação do fluido, Purificação e Lubrificação. O fluido movimenta-se de forma circular nestes quatro subsistemas.

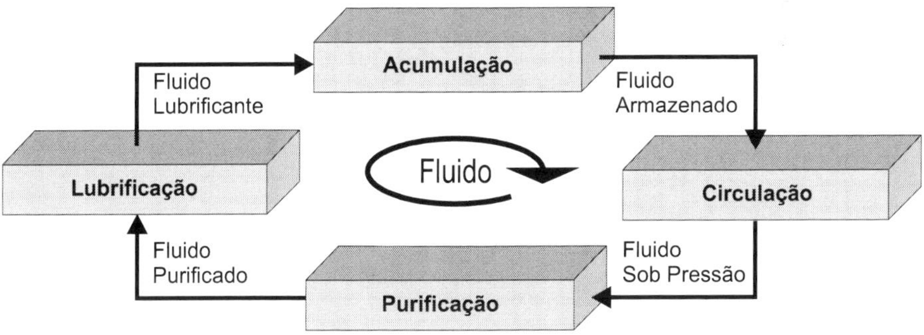

Figura 3-6 — Diagrama Funcional de Sistema de Lubrificação

Diagrama lógico funcional

Um Diagrama Funcional pode ser complementado com conectivos lógicos que descrevam a forma de interligação e dependência dos diferentes blocos e funções do equipamento, gerando um Diagrama Lógico Funcional. Nestes diagramas, cada função é dependente do resultado da combinação lógica de subfunções.

Cada subfunção pode ser associada a um componente que a executa, ou que seja responsável pela ação final relacionada à função. Esta associação, se seguida uniformemente, facilitará a construção de outros tipos de diagramas, tratados mais adiante, bem como tornará visível a localização de cada função no equipamento modelado. O encadeamento das subfunções, associadas aos

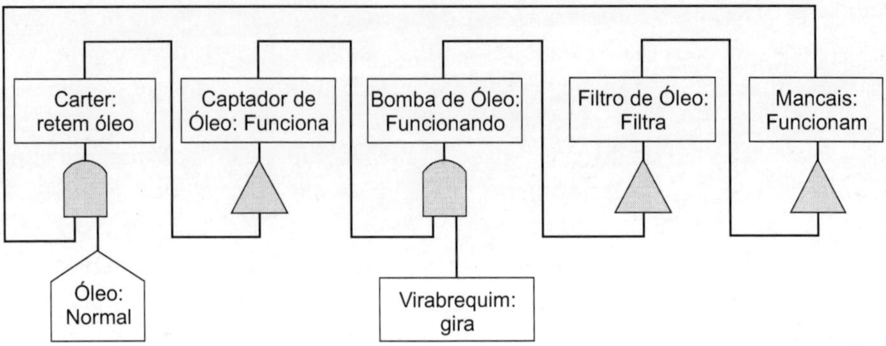

Figura 3-7 — Diagrama Lógico Funcional de Sistema de Lubrificação

componentes correspondentes, formará a cadeia lógica de funcionamento do equipamento. Note-se a perfeita associação de cada subfunção na Figura 3-7 com o componente do motor que a desempenha, e o encadeamento destas funções através de conectivos lógicos, segundo o princípio de funcionamento do sistema de ignição.

Fronteiras e interfaces

Com estes diagramas, fica fácil identificar e documentar as fronteiras físicas e funcionais entre os sistemas como parte da primeira etapa da Metodologia MCC. As fronteiras são os pontos de cada sistema onde ocorre comunicação com o meio ambiente ou com os demais sistemas da instalação. É importante que cada fronteira seja caracterizada, no mínimo, sob quatro aspectos:

- **Direção** – do fluxo de itens através da fronteira;
- **Localização** – do componente físico do sistema onde se situa a fronteira;
- **Descrição** – do tipo de item que circula pela fronteira;
- **Destino** – do item que circula pela fronteira.

O item importado ou exportado pela fronteira pode ser algum tipo de informação, energia, fluido, etc. A Figura seguinte ilustra um formulário típico utilizado para documentar estas fronteiras, integrante do conjunto de formulários recomendados pela MCC. Um exemplar faz parte do Apêndice A deste manual.

Definição das Fronteiras dos Sistema

Unidade	Código	Facilitador	Data	Folha
Item	Código	Auditor	Data	De

Tipo	Subsistema	Nº	Componente	Nº	Interface

Figura 3-8 — Formulário de Definição de Fronteiras

A parte superior do formulário é composta de campos de identificação e codificação do sistema e dos analistas de MCC, descritos na Tabela 2, sendo comuns a todos os formulários adotados neste manual. Em cada linha do corpo principal deve-se registrar uma interface de comunicação do sistema em análise com os demais sistemas da instalação. Os campos restantes são utilizados para documentar as fronteiras dos sistemas, conforme descrito na Tabela 4.

Na identificação das interfaces entre os sistemas, sugere-se seguir algumas regras básicas, com relação às entradas, saídas e fluxos entre os subsistemas:

- **Entradas** – pressupor que elas sempre estarão presentes no sistema modelado, sendo geradas e detalhadas no sistema do qual o módulo atual recebe a entrada.
- **Saídas** – enfatizar a razão da existência do sistema e preservação de suas funções. Não pressupor que elas serão descritas no sistema de destino.

- **Fluxos** – documentar o tipo de material ou informação que flui na interface, tal como energia, dado, movimento, material, líquido, vapor, eletricidade, etc.

Tabela 4 — Formulário de Definição de Fronteiras

Campo	Título	Descrição
11	Tipo	Classificar a interface como de Entrada (IE) ou Saída (IS), conforme o sistema em estudo importe ou exporte algum fluxo (de dados, energia, produto, insumo, etc.) nesta interface.
12	Subsistema	Identificar o subsistema que se interliga com outros sistemas da instalação atual.
13	Nº	Informar o código de referência do componente do sistema em estudo no qual se situa a interface.
14	Componente	Preencher com o nome do componente do sistema em estudo no qual se situa a interface.
15	Nº	Numerar seqüencialmente as interfaces do sistema atual.
16	Interface	Informar os tipos de itens (informação, energia, fluxo, etc.) que o sistema exporta ou importa através desta interface.

Diagrama de blocos

Estes elementos podem ser ilustrados através de um diagrama de blocos relacionando todos os fluxos de entrada e saída do sistema, conforme ilustrado na Figura 3-9. Nesta figura, cada fluxo é identificado pelo tipo de interface e pelo sistema de origem ou destino do fluxo, conforme ele seja de entrada ou saída, respectivamente.

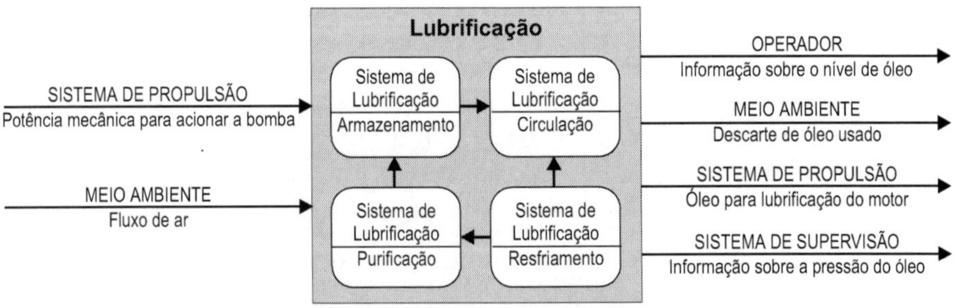

Figura 3-9 — Diagrama de Blocos de Sistema de Lubrificação

Todas estas ferramentas geram representações do projeto funcional de cada sistema, as quais devem ser complementadas com informações sobre o contexto operacional de cada instalação.

3.2 Contexto Operacional

Um mesmo sistema ou agrupamento de equipamentos poderá desempenhar funções distintas, dependendo do contexto operacional da instalação. O contexto operacional refere-se às condições específicas do ambiente físico e do processo, as quais podem modificar, ou mesmo definir, as funções desejadas para o sistema, dentro dos objetivos empresariais do negócio. A identificação e documentação correta do contexto operacional deverá preceder ao estudo e definição das funções destes sistemas.

Descrição do contexto operacional

A descrição do contexto operacional deverá incluir, tipicamente, um relato sucinto de como e onde a instalação é usada, bem como critérios gerais de performance relacionados à produção, disponibilidade, economia, segurança, meio ambiente, etc. Aspectos específicos desejáveis em uma descrição de contexto operacional incluem:

- **Impacto nos Negócios**
  Como o negócio da empresa depende do funcionamento do sistema;

- **Processo Operacional**
  Se o processo opera em *batch* (ou de modo intermitente), em fluxo (de modo contínuo) ou sob demanda (*just-in-time*);

- **Padrões de qualidade**
  Expectativas de qualidade dos usuários, em termos de indicadores de nível de atendimento e satisfação;

- **Padrões ambientais**
  Que normas organizacionais, regionais, nacionais ou internacionais relativas ao ambiente se aplicam à instalação;

- **Padrões de segurança**
  Que expectativas de segurança, em termos de taxas de acidentes e fatalidades, se aplicam à instalação;

- **Teatro de operações**
  Características da localidade da instalação, tais como regiões árticas versus tropicais, desértica versus florestal, em terra ou mar, proximidade de fornecedores, etc.;

- **Intensidade de operações**
  Nível do ciclo operacional, tal como sobrecargas, partidas, paradas, etc.;

- **Redundância**
  Existência de instalações redundantes ou de *stand-by*;

- **Estoques intermediários**
  Existência de pontos de estocagem ao longo do processo (*work-in-process*) que permitam a parada do item sem interrupção da produção;

- **Sobressalentes**
  Política e disponibilidade de sobressalentes que possam afetar as decisões sobre gerenciamento de falhas da instalação;

- **Oferta e demanda do mercado**
  Características de ciclicidade e flutuação dos níveis de oferta e demanda de produtos e insumos pelo mercado, que possam afetar as decisões sobre gerenciamento de falhas da instalação.

Cada sistema é projetado para operar em um ambiente específico, submetido a um determinado ciclo de trabalho, que compõe o seu contexto operacional. O ambiente é afetado pelas normas de segurança, ambientais e de qualidade existentes, além dos aspectos climáticos e do meio físico onde irá operar. Já o ciclo operacional será função do ritmo de trabalho (*batch* ou contínuo), se admite armazenamento e redundância de instalações, bem como as demandas de mercado e economicidade impostas sobre o processo.

Nas instalações complexas ou de grande porte, o contexto operacional poderá ser definido de forma hierárquica, seguindo a estrutura própria da instalação, iniciando-se com a caracterização da missão da instalação, seguida dos contextos específicos de cada subsistema. Estes tópicos deverão ser considerados quando da definição das funções esperadas destes sistemas.

3.3 Definição de Funções

Principal produto da primeira etapa da metodologia MCC, as definições das funções são necessárias à identificação das atividades de manutenção recomendadas para cada sistema. Este aspecto encontra-se representado na seqüência do Diagrama de Processo da MCC (Figura 2-3). Para isto, será importante definir, inicialmente, o conceito de Função adotado pela MCC:

> **Função** – o que o usuário deseja que o item ou sistema faça dentro de um padrão de performance especificado.

Destaque-se nesta definição, que as funções descrevem os objetivos da existência dos sistemas na visão dos seus usuários. Como tal, estabelecem também as possibilidades de falhas, novamente na visão destes usuários. Esta visão deverá estar presente em todas as etapas, como requisito à correta aplicação da MCC, iniciando-se pela sua priorização e identificação.

Priorização das funções

Como regra geral, deve-se identificar, em ordem de importância, as funções do equipamento que suportam ou impactam os seguintes aspectos:

1. Segurança pessoal dos operadores e usuários;
2. Meio ambiente;
3. Operação da instalação;
4. Economia do processo;
5. Instrumentação e controle.

A prioridade atribuída às questões de segurança e impactos ambientais na Metodologia MCC justificam sua inclusão na própria definição das funções, seguida dos aspectos econômicos ou puramente operacionais e de controle, determinados pelos objetivos ou missão da instalação.

Identificação das funções

A identificação das funções dos sistemas consiste, em geral, de uma descrição textual, que contém obrigatoriamente sua finalidade ou objetivo, e, se possível, os limites aceitáveis de qualidade neste objetivo. Como recomendações, as seguintes sugestões são válidas na identificação das funções:

- **Considere todas as funções do sistema**
  A exclusão das funções supérfluas ou secundárias ocorrerá em uma etapa posterior, segundo critérios explícitos de priorização adotados pela MCC, na Terceira Etapa da Metodologia (Figura 2-3).

- **Inclua os limites funcionais, se possível**
  Os limites são partes integrantes da função, principalmente em etapas posteriores da metodologia MCC, para identificar as falhas funcionais. Tais limites devem traduzir os padrões de qualidade, desempenho e segurança exigidos.

- **Defina o que deve ser feito, não o que se pode fazer**
  Em coerência com o conceito de função adotado pela MCC, deve-se identificar o que o usuário espera do sistema, e não o que ele é capaz de fazer.

- **Não combine funções**
  A identidade de cada função deve ser preservada até as etapas posteriores da metodologia, quando serão associadas às suas falhas específicas.

- **Use tipicamente o construto: *verbo + objeto + limites***
  Esta combinação facilita a padronização da descrição, com a inclusão dos limites funcionais.

- **Associe as funções a diagramas funcionais**
  A correlação destes documentos evita a exclusão de funções essenciais, facilitando a divulgação e discussão em grupo.

- **Consulte usuários, manuais, desenhos, operadores, técnicos, etc.**
  Além dos usuários, outras fontes podem revelar funções secundárias ou ocultas, não evidentes para usuários finais.

- **Use diagramas de confiabilidade**
  Especialmente nas funções de segurança, os diagramas de confiabilidade podem identificar funções de retaguarda não evidentes ao usuário final.

- **Padronize um sistema de codificação**
  A codificação de cada função, segundo um sistema uniforme adotado em todo o projeto, servirá para referência futura, associando-as às falhas e atividades de manutenção definidas em etapas posteriores da MCC.

Descrição das funções

A definição das funções de um sistema deve obedecer a alguns critérios de praticidade e objetividade. Sistemas normalmente têm de uma a duas funções principais, e várias funções secundárias ou de suporte. A escolha final deve ser aquela mais aderente à finalidade da instalação, e mais eficiente para o propósito da análise, devendo ser documentada em um formulário específico ou banco de dados padronizado para o projeto.

Usualmente, uma função consiste em um parágrafo único, normalmente com o tempo do verbo no infinitivo, seguido de um objeto direto e possivelmente vários objetos indiretos que especializam a definição. Devem ser evitados os verbos de ligação, tais como ser, estar, parecer, etc., que apenas exprimem qualidades ou atributos do item, mas não sua função. Também os nomes dos componentes que executam as funções são desnecessários, para, assim, tornar a descrição a mais abstrata possível. Um erro freqüente de descrição consiste em classificar um equipamento como se fosse uma função; equipamentos podem executar ou implementar funções, mas não são funções. Esta distinção será importante no estudo de falhas funcionais e modos de falha.

Subsistemas funcionais

Os subsistemas são partições de um sistema multifuncional, especializadas na execução de uma ou mais funções do sistema principal. Muitas funções têm nomes idênticos aos subsistemas que as executam, tais como Bombeamento (Sistema de Bombeamento), Aquecimento (Sistema de Aquecimento), Controle (Sistema de Controle), Proteção (Sistema de Proteção), Supervisão (Sistema de Supervisão), etc. Outras funções são derivadas das interações entre os blocos funcionais do sistema e da documentação das interfaces entre os blocos, podendo ser associadas a mais de um subsistema.

A título de exemplo, a Figura 3-10 ilustra a identificação das funções associadas a uma simples máquina de café automática:

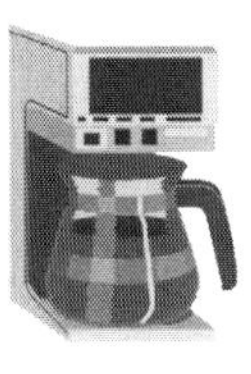

1. Misturar café.
2. Manter o café a 120ºF ~ 5ºF.
3. Armazenar café no bule.
4. Misturar o café em no mínimo um copo por minuto.
5. Misturar café automaticamente em um instante dado.
6. Desligar a máquina automaticamente 4 horas após o ciclo.
7. Armazenar água no reservatório.

Figura 3-10 — Funções de uma Máquina de Café

Note-se que, embora desejável, nem sempre é necessário ou possível incluir os limites na descrição das funções.

3.4 Classificação de Funções

Um sistema raramente desempenha uma única função. Em geral, existe uma hierarquia de funções associada a cada sistema, que inclui sua finalidade original, e as funções secundárias ou auxiliares. A importância da identificação de todas estas funções reside no fato de que muitas falhas operacionais se originam em funções secundárias ou auxiliares.

Categorias funcionais

Para os objetivos da MCC, é comum classificar as funções em quatro categorias principais, com os objetivos listados na Tabela 5.

Tabela 5 — Classificação de Funções e Objetivos

Função	Objetivo
Principal	Gera o objetivo principal do sistema
Secundária	Acrescenta objetivos ao sistema
Auxiliar	Modifica objetivos do sistema
Supérflua	Introduz objetivos desnecessários

Embora menos óbvios que as funções principais, as funções secundárias servem para aumentar o valor agregado do item. Em geral, as funções auxiliares e supérfluas também são consideradas secundárias. Para identificá-las, é importante estar atento aos seguintes aspectos, normalmente dissociados da função principal, mas invariavelmente necessários e causadores de falhas quando ignorados:

- Integridade ambiental;
- Segurança;
- Integridade estrutural (suporte);
- Controle;

- Armazenamento;
- Conforto;
- Aparência;
- Proteção;
- Economia/eficiência;
- Contenção;
- Higiene;
- Medição;
- Supérfluos.

A Integridade Ambiental está relacionada ao atendimento de algum preceito regulamentar de preservação ambiental, tal como níveis de emissão de poluentes. Similarmente, algumas funções devem observar regras de segurança, tais como assegurar níveis mínimos de isolamento elétrico. A integridade estrutural invariavelmente faz parte de itens sólidos, que suportam parte da estrutura do sistema, mesmo sem ser sua função principal. Analogamente, funções de controle, proteção e regulação geralmente são complementos da função principal, ou como garantia da economia, eficiência e segurança do processo. O conforto e a aparência, às vezes considerados supérfluos, dependendo da instalação, assumem funções essenciais, sempre que houver proximidade de seres humanos. Em especial, as funções de proteção deverão incluir ações para:

- Chamar a atenção da equipe de operação sobre condições anormais;
- Desligar equipamentos na eventualidade de falhas;
- Eliminar ou aliviar condições anormais que se seguem a uma falha;
- Assumir o papel de uma função que tenha falhado.

Classificação das funções

É interessante verificar como até os sistemas mais singelos podem apresentar esta variedade de funções. Considere-se, como exemplo, uma simples parede de alvenaria, representada na Figura 3-11.

Figura 3-11 — Parede de Alvenaria

Uma possível classificação das funções desta parede, dependendo do ambiente onde ela se encontra, seria a representada na Tabela 6.

Tabela 6 — Funções de uma Parede de Alvenaria

Função	Objetivo
Principal	Isolar ambiente
Secundária	Suportar o teto
Auxiliar	Proteger o ambiente
Supérflua	Decorar o ambiente

Algumas edificações têm desmoronado em conseqüência da inversão das funções principal e secundária atribuídas às paredes, na alvenaria estrutural. Uma parede com finalidade estrutural exige um tipo de manutenção diferente de uma parede com finalidade de isolamento, proteção ou simples decoração de um ambiente. Isto exemplifica a importância da descrição e documentação correta das funções.

3.5 Documentação de Funções

Uma vez identificadas, todas as funções de um sistema devem ser documentadas em formulários específicos, especialmente desenhados para este fim, e padronizados para o projeto.

Formulário de coleta de informações

Além de registrar o texto da definição da função, o formulário deve permitir a documentação do subsistema associado, e os componentes deste subsistema que desempenham a função. A Figura 3-12 ilustra um modelo recomendado para a documentação de funções, integrante do conjunto de formulários propostos pela MCC. Um exemplar faz parte do Apêndice A deste manual.

A parte superior do formulário é composta de campos de identificação e codificação do sistema e dos analistas de MCC, descritos na Tabela 2, sendo comuns a todos os formulários adotados neste manual. Os campos restantes são utilizados para documentar os subsistemas, funções e componentes associados, conforme descrito na Tabela 7.

Seleção do Sistema e Coleta de Informações

Unidade	Código	Facilitador	Data	Folha
Item	Código	Auditor	Data	De

Tipo	Subsistema	Nº	Função	Nº	Componente

Figura 3-12 — Formulário de Seleção de Sistemas

Tabela 7 — Formulário de Seleção de Sistemas

Campo	Título	Descrição
11	Nº	Numerar seqüencialmente os subsistemas constantes no sistema atual.
12	Subsistema	Identificar os subsistemas funcionais que compõem o sistema atual.
13	Nº	Numerar seqüencialmente as funções desempenhadas pelo subsistema em referência, dentro do sistema atual.
14	Função	Descrever a função desempenhada pelo subsistema cadastrado.
15	Nº	Informar os códigos de referência dos componentes do sistema que participam no desenvolvimento desta função.
16	Componente	Preencher com os nomes dos componentes do sistema em estudo que participam do desenvolvimento desta função.

3.6 Resumo

Este capítulo apresentou um resumo do processo de identificação do sistema e descrição das funções que serão submetidos à análise da Manutenção Centrada na Confiabilidade, incluindo os seguintes tópicos:

- Seleção e identificação dos sistemas;
- Definição e classificação das funções;
- Identificação de funções;
- Documentação das funções.

Identificadas e documentadas as funções de uma instalação, é possível iniciar-se o estudo das falhas funcionais, objeto do próximo capítulo.

3.7 Questões de Revisão

1. Que regras devem ser seguidas para identificação dos sistemas de uma instalação?
2. Que ferramentas podem ser utilizadas para documentação dos sistemas de uma instalação?

3. Como devem ser documentadas as fronteiras e interfaces entre os sistemas de uma instalação?
4. Que características devem constar da documentação do contexto operacional de um sistema ou instalação?
5. Que regras devem ser seguidas para identificação das funções de um sistema?
6. Qual a composição básica recomendada para descrição de uma função de um sistema?
7. Como as funções são classificadas segundo os objetivos da MCC?

4

Falhas

Prevenir e corrigir falhas constituem os objetivos primários da manutenção. Para isto é necessário conhecer as formas como os sistemas falham. O estudo das falhas constitui parte essencial da Manutenção Centrada na Confiabilidade, seguindo-se à identificação e documentação das funções, como parte da Segunda Etapa do Processo MCC, ilustrado na Figura 2-3.

A exemplo do estudo das funções, a MCC propõe analisar as falhas através de sua classificação, identificação e documentação, associando-as às funções do sistema. Estas etapas são realizadas através de uma Análise de Modos de Falha e Efeitos (FMEA).

Este capítulo tem como objetivo introduzir os conceitos básicos de falhas adotados na FMEA, e sua classificação segundo a Manutenção Centrada na Confiabilidade.

4.1 Classificação de Falhas

De maneira geral, uma *falha* consiste na interrupção ou alteração da capacidade de um item desempenhar uma função requerida ou esperada. Complementando esta definição, as falhas podem ser classificadas sob vários aspectos, tais como origem, extensão, velocidade, manifestação, criticidade ou idade. A Figura 4-1 relaciona estes aspectos, em acréscimo à classificação adotada pela MCC.

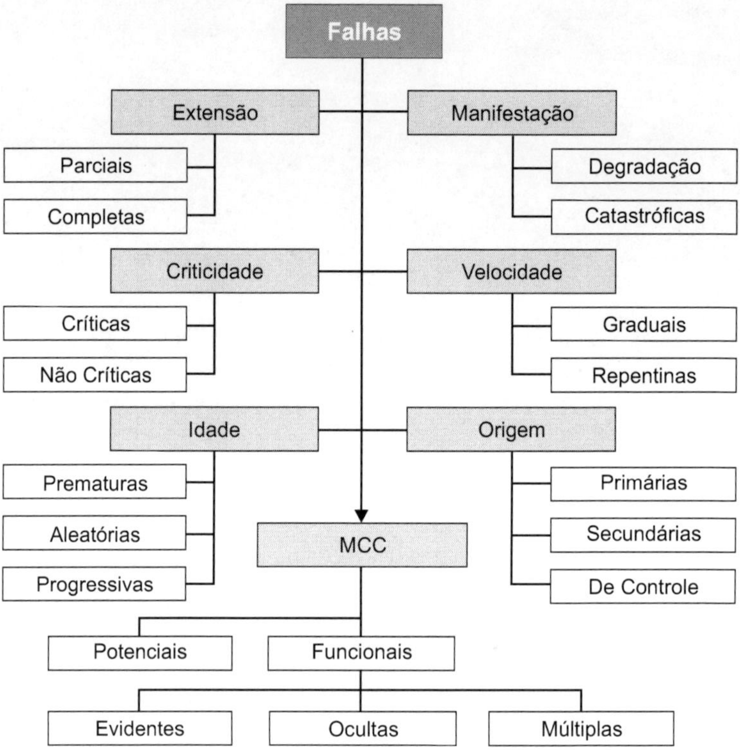

Figura 4-1 — Classificação de Falhas

Quanto à origem

Falhas podem ter origem primária, quando decorrem de deficiências próprias de um componente, dentro dos limites normais de operação; ou origem secundária, se derivam de operação fora dos limites normais, tais como sobrecargas, descargas atmosféricas, etc. Falhas de comando se originam de ordens errôneas do operador ou uso inadequado pelo usuário.

Quanto à extensão

De acordo com sua extensão, as falhas podem ser *parciais,* quando resultam do desvio de alguma característica funcional do item, além dos limites especificados, mas sem perda total de sua funcionalidade; ou falhas *completas*, quando provocam a perda total da função requerida do item.

Quanto à velocidade

Falhas podem ser classificadas, segundo a *rapidez* com que ocorrem, em *falhas graduais*, quando podem ser percebidas ou previstas por uma inspeção antes que ocorram, e *falhas repentinas*, em caso contrário. Esta definição será importante quando do estudo das atividades preventivas e preditivas preconizadas pela MCC.

Quanto à manifestação

Outra classificação de falhas refere-se à *forma de manifestação*, a qual pode ocorrer por *degradação*, quando ela ocorre simultaneamente de forma gradual e parcial, podendo tornar-se completa ao longo do tempo, ao contrário das *falhas catastróficas*, que ocorrem simultaneamente de forma repentina e completa. Existem ainda as *falhas intermitentes*, que persistem por tempo limitado, após o qual o item se recupera aparentemente sem qualquer ação externa.

Quanto à criticidade

As falhas podem também ser classificadas segundo sua *criticidade*. *Falhas críticas* seriam aquelas que produzem condições perigosas ou inseguras para quem usa, mantém ou depende do item, ou que podem causar grandes danos materiais ou ambientais. As *falhas não-críticas* seriam aquelas que não provocam estes efeitos. Esta forma de classificação será importante na lógica de definição das atividades de manutenção.

Quanto à idade

Falhas influem na *vida útil* ou produtiva de um item. Sobre este aspecto, as falhas podem ser classificadas em *prematuras*, quando ocorrem durante o período inicial de vida do equipamento, geralmente associadas a defeitos grosseiros de fabricação; ou *aleatórias*, quando ocorrem de maneira imprevisível, durante todo o período de vida útil do equipamento, sendo comuns em equipamentos complexos; finalmente, as falhas podem ser progressivas, quando ocorrem após o período de vida útil, como resultado do processo de desgaste, deterioração e envelhecimento do item.

Normalização de falhas

Esta variedade de falhas reflete-se na Norma NBR 5462, da Associação Brasileira de Normas Técnicas (ABNT), segundo a qual as falhas podem ser classificadas em quatro tipo: *graduais, parciais, por defeito ou completas*. Falhas graduais são aquelas que poderiam ter sido detectadas através de exames prévios. Ainda segundo esta norma, falhas parciais resultam de desvios das características do item, além de limites especificados, mas não a ponto de causar perda total da função requerida. Os defeitos seriam falhas simultaneamente graduais e parciais, podendo ao longo do tempo tornar-se completas. Finalmente, as falhas completas seriam associadas ao término da capacidade de um item desempenhar a função requerida.

Classificação da MCC

Para os objetivos da MCC, as falhas são classificadas, de acordo com o efeito que provocam sobre uma função do sistema a que pertencem, em duas categorias básicas:

- **Falha Funcional** – definida pela incapacidade de um item de desempenhar uma função específica dentro de limites desejados de performance; e
- **Falha Potencial** – definida como uma condição identificável e mensurável que indica uma falha funcional pendente ou em processo de ocorrência.

As falhas funcionais, por sua vez, são classificadas pela MCC, em três categorias, de acordo com sua visibilidade:

- **Falha Evidente** – a qual, por si só, é detectada pela equipe de operação durante o trabalho normal;
- **Falha Oculta** – uma falha que não é detectada pela equipe de operação durante o trabalho normal; e
- **Falha Múltipla** – uma combinação de uma falha oculta mais uma segunda falha, ou evento, que a torne evidente.

Esta classificação é adotada pela MCC para definir a melhor estratégia de manutenção. Para falhas evidentes, a estratégia deverá necessariamente prevenir a conseqüência de uma falha simples; já para as falhas ocultas, a estratégia deverá concentrar-se em prevenir a conseqüência de uma falha múltipla. Em última análise, algumas falhas devem ser prevenidas; outras devem ser permitidas. A MCC postula que as conseqüências da falha determinem a atitude correta. Antes, porém, elas precisam ser identificadas.

4.2 Identificação de Falhas

Falhas podem ser identificadas diretamente da descrição das funções desempenhadas pelo sistema, as quais são derivadas principalmente dos fluxos de saída nos diagramas funcionais. Possíveis falhas são descritas como formas ou estados de perda da função. Tome-se, por exemplo, a definição da função de uma bomba centrífuga de óleo lubrificante: *fornecer óleo a 1650 psi ~10%.* Duas falhas possíveis desta função seriam: *ausência de óleo, ou pressão do óleo inferior a 10%.* (Figura 4-2). Note-se que a pressão baixa só é considerada uma falha funcional caso esteja fora da faixa de pressão definida na definição da função. Caso contrário será considerada apenas uma falha potencial.

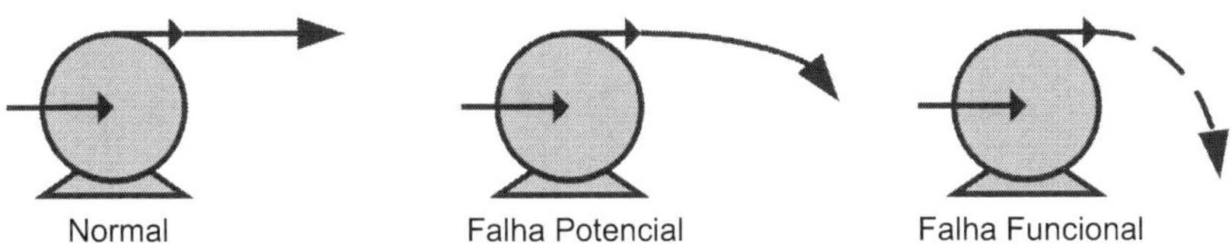

Figura 4-2 — Falhas Funcionais de uma Bomba Centrífuga

Esta última falha está associada ao nível máximo de degradação da função, antes que o usuário a perceba como uma falha.

Percepção de falhas

Note-se que os desvios de performance de funções são percebidas como falhas de forma diferente por cada usuário do sistema. Considere, por exemplo, na Figura 4-3, uma representação do nível operacional de uma determinada função.

Dependendo do contexto operacional, um supervisor de segurança poderá considerar variações mínimas de performance como ameaças à integridade física das pessoas e processos, classificando-as de falhas funcionais. Ao avaliar o processo, um supervisor de qualidade provavelmente classificará as pequenas variações no nível de performance como falhas de qualidade, apenas se elas ul-

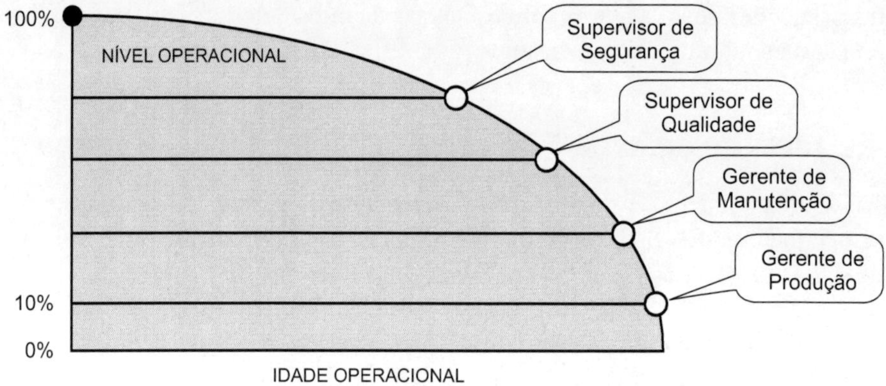

Figura 4-3 — Diferentes Visões sobre Falhas

trapassam os limites aceitáveis. O gerente de manutenção considerará que estas variações não justificam uma intervenção, e que as falhas só ocorrem quando o processo apresenta um desvio maior de qualidade. Já o gerente de produção, preocupado com a queda no nível de operação, considerará que a falha só ocorre quando o desvio chegar praticamente a paralisar a produção.

Caberá ao analista de MCC negociar com estes especialistas e o proprietário da instalação qual a definição de falha que será adotada. Daí a importância da participação deles na equipe de análise, como fontes de informação e decisão sobre as falhas.

Redundância

Funções e componentes redundantes podem apresentar falhas sem conseqüências imediatas ou visíveis para a instalação, necessitando atenção especial. Nesta etapa do processo MCC, todas as falhas possíveis devem ser cadastradas, ignorando a existência de redundâncias que possam reduzir suas conseqüências. Estes aspectos serão tratados adequadamente nas etapas posteriores, quando do estudo de modos, efeitos e conseqüências das falhas.

Fontes de informação

Pesquisar as possíveis falhas de um sistema ou função envolve um processo onde a experiência e o entendimento sobre seu funcionamento são fatores preponderantes. Algumas fontes de informação podem complementar este conhecimento, tais como as listadas a seguir:

- Histórico de falhas;
- Estudo de FMEA realizado por OEM;
- Documentação do fabricante ou fornecedor;
- Listas genéricas de defeitos;
- Outras aplicações idênticas;
- Relatos de operadores;
- Experiência de projetistas e integradores;
- Experiência de mantenedores.

A disponibilidade de uma base histórica de falhas, para uma determinada população de equipamentos, constitui a melhor fonte de informações, seguida do estudo de FMEA realizado pelo projetista ou OEM. Este último depende de um conhecimento razoável dos princípios de funcionamento do sistema, podendo ser construído pela documentação do fabricante ou fornecedor. As demais fontes são complementares, podendo, entretanto, ser as únicas opções disponíveis, na ausência de estudos anteriores.

Descrição das falhas

Além de consultar as fontes acima, algumas regras práticas e critérios podem ajudar na identificação e geração das falhas possíveis:

- Listar as operações fora dos limites funcionais;
- Incluir perdas totais da função em análise;
- Evitar listar a perda completa da função principal;
- Distinguir entre falhas com perda total da função;
- Obedecer à definição da função; e
- Associar cada falha a uma função definida.

Ao listar uma possível falha de um sistema, é importante atentar para a definição de falha, associando-a sempre a um estado de incapacidade do item de desempenhar uma função específica, dentro de limites desejados de performance. Assim, uma falha está associada a um *estado* do sistema ou equipamento, e não a um *evento* específico. Por exemplo, falhas em um alternador de um carro seriam relatadas como: *"incapaz de fornecer tensão elétrica a 12.6V +/– 0.5V"*, e não como o evento *"curto-circuito no enrolamento do estator"*. Esta distinção se justificará quando do estudo dos modos de falha no capítulo seguinte.

Além do cuidado na descrição, é necessário garantir a identificação de todas as falhas possíveis. Muitas ferramentas de descrição funcional são usadas com esta finalidade.

Ferramentas de diagramação

O uso das ferramentas de representação de sistemas, estudadas no capítulo anterior, também pode auxiliar na identificação e descrição de falhas. Entre outras, citam-se, a seguir, as mais importantes para esta finalidade:

- Diagramas físicos;
- Diagrama de blocos;
- Diagramas esquemáticos;
- Diagramas organizacionais;
- Diagramas funcionais;
- Diagramas lógicos funcionais; e
- Árvores de falha.

Os dois últimos diagramas merecem especial atenção por facilitarem a identificação quase que automática de possíveis falhas.

Diagramas lógicos

Os diagramas lógicos funcionais podem ser construídos especialmente para a geração de árvores de falha. Se cada função for decomposta em sub-funções, associadas aos componentes que as desempenham em situação normal (Figura 4-4a), a aplicação do teorema de De-Morgan (Figura 4-4b) transformará cada bloco em sua negação, convertendo cada conector lógico do diagrama, e gerando automaticamente a árvore de falha (Figura 4-4c). Neste diagrama, cada bloco original transforma-se na situação anormal da subfunção ou componente do diagrama original, e as portas Tipo *E (AND)* se transformam em *OU (OR)* e vice-versa. Se o bloco original implementar uma função OR(OU) (Figura 4-4d), sua negação e aplicação do mesmo teorema (Figura 4-4e) gerará a árvore de falha correspondente, formada por um conector E(AND) (Figura 4-4f).

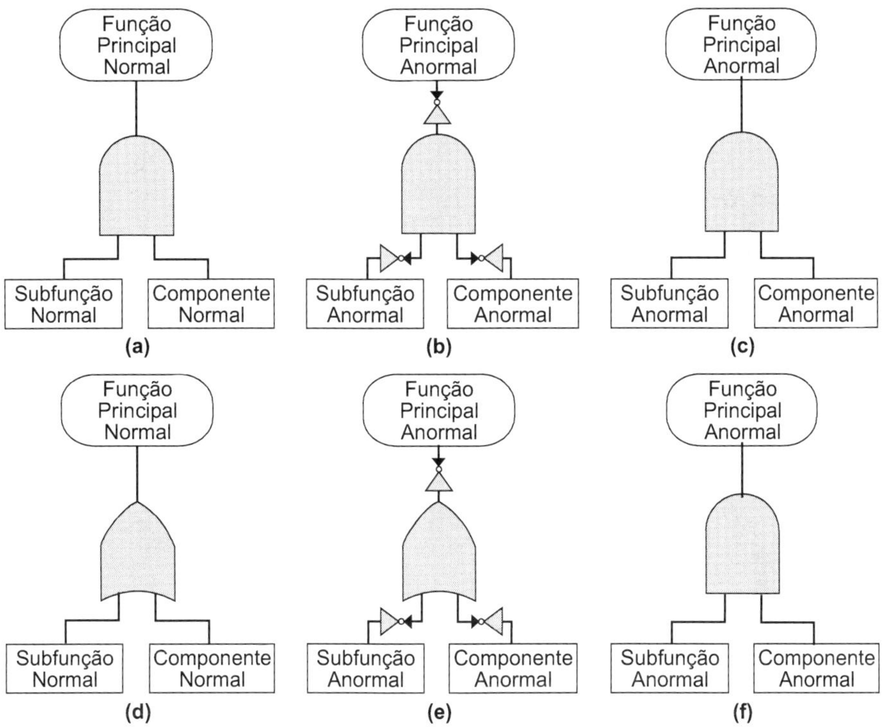

Figura 4-4 — Diagramas Lógicos e Árvores de Falha

A título de exemplo, a Figura 4-5a ilustra o diagrama lógico funcional do Sistema de Ignição de um motor a explosão. A aplicação desta técnica produz automaticamente a árvore de falha do sistema, na Figura 4-5b. Note a correlação direta entre os dois diagramas, sendo possível inclusive a automatização deste processo. Esta técnica pode ser aplicada também ao diagrama lógico funcional completo do motor.

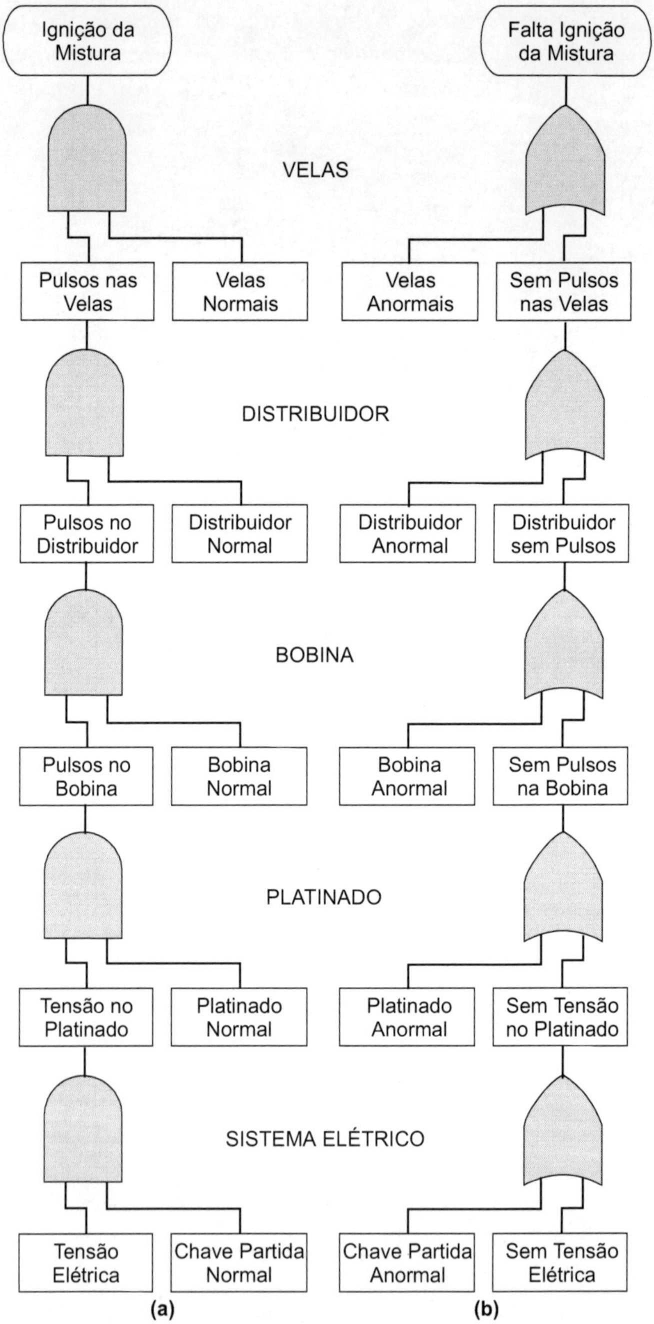

Figura 4-5 — Exemplo de Diagrama Lógico Funcional e Árvore de Falha

Árvores de falha

A árvore de falha é uma ferramenta de análise de cima para baixo (*top-down*), que se inicia pela identificação de um evento indesejável, chamado de evento raiz, tal como uma falha funcional, prosseguindo pela determinação de todas as maneiras possíveis dela ocorrer. A análise é conduzida determinando-se como o evento raiz pode ser causado por eventos individuais ou combinação de falhas em níveis inferiores.

Para a construção destes diagramas, diversos conectores lógicos e eventos podem ser utilizados, conforme ilustrado na Tabela 8.

Tabela 8 — Elementos de Árvores de Falha

Símbolo	Nome	Descrição
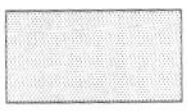	Retângulo	Eventos de saída de portas lógicas.
	Círculo	Eventos associados a falhas básicas.
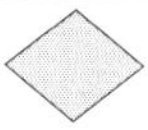	Diamante	Eventos não realizados (Omitidos).
	Casa	Parâmetro associado a um evento que deve ser monitorado.
	Oval	Evento condicional, usado em conectores de inibição.
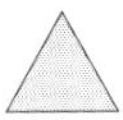	Triângulo	Conexão com outro símbolo ou evento, possivelmente em outra página.
	E	Evento de saída que só ocorre se todos os eventos de entrada ocorrerem.
	Ou	Evento de saída que ocorre se pelo menos um dos eventos de entrada ocorrer.
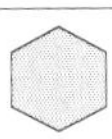	Inibição	Evento de entrada só é transmitido ao evento de saída se o evento condicional ocorrer.
	E prioridade	Evento de saída ocorre se os eventos de entrada ocorrerem na ordem da esquerda para a direita.
	Ou exclusiva	Evento de saída ocorre se um, mas não ambos, dos eventos de entrada ocorrer.
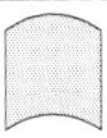	M em n	Evento de saída ocorre se M em N dos eventos de entrada ocorrerem.

Nesta tabela, os seis primeiros símbolos representam eventos, e os restantes são conectores para interligação de eventos.

Desenvolvida em 1962 para a Força Aérea americana pelos laboratórios da Bell Telephone para análise de segurança do sistema de controle de lançamento dos mísseis Minuteman, as árvores de falha são atualmente utilizadas, especialmente na indústria aeroespacial e nuclear, para avaliar a confiabilidade e segurança de sistemas complexos, que afetam vidas humanas. Além da visualização da lógica de causalidade e propagação da falha, a árvore permite o cálculo da probabilidade dos eventos raiz e intermediários, se forem conhecidas as probabilidades dos eventos externos ou listas de falhas básicas.

Listas de falhas

Nos sistemas mais simples, a listagem direta das falhas pode ser obtida para cada função identificada por um simples exercício de *brainstorm* da equipe de análise. Considere o exemplo da máquina de café já estudada. A Tabela 9 relaciona as possíveis falhas de cada função da máquina.

Tabela 9 — Falhas Funcionais de uma Máquina de Café

Função	Falha
Misturar café.	Falha em misturar o café.
Manter a temperatura do café a 120° F ~5°F.	Incapaz de aquecer o café. Temperatura do café maior que 125°F. Temperatura do café menor que 115°F.
Misturar café automaticamente em instantes especificados pelo usuário.	Misturar café em instantes aleatórios. Não misturar café automaticamente.

Note a associação de mais de uma falha com cada função nesta tabela. Esta possibilidade torna-se evidente quando se tem a descrição correta da função. Muitos fabricantes e fornecedores disponibilizam listas genéricas de falhas, junto com a documentação dos equipamentos, que podem auxiliar nesta análise.

4.3 Documentação de Falhas

A exemplo das funções, a MCC recomenda a documentação sistemática das falhas possíveis em um sistema, em uma forma permanente e auditável. A

Análise de Modos de Falha e Efeitos (*FMEA — Failure Mode and Effects Analysis*) tornou-se o procedimento padrão na indústria para definir e documentar todos os modos de falhas potenciais em um sistema.

FMEA

Um estudo de FMEA envolve a identificação sistemática dos seguintes aspectos, para cada função de uma instalação:

- **Função** – objetivo, com o nível desejado de performance;
- **Falha Funcional** – perda da função ou desvio funcional;
- **Modo de Falha** – o que pode falhar;
- **Causa da Falha** – porque ocorre a falha;
- **Efeito da Falha** – impacto resultante na função principal;
- **Criticidade** – severidade do efeito.

Normalmente, a causa da falha, quando necessária para a escolha da atividade de manutenção, é incluída na descrição do próprio modo de falha, não constando explicitamente do formulário FMEA utilizado na MCC. Sua inclusão é necessária principalmente em estudos de FMEA realizados na fase de projeto para correção definitiva de possíveis causas de falhas.

É comum incluir, além dos dados básicos da função, da falha, causa e efeito do modo de falha, os seguintes itens:

- Sintomas das falhas;
- Roteiro de localização;
- Mecanismo de falha;
- Taxas de falha;
- Recomendações.

Quando disponíveis, todos são úteis na documentação da falha. Mas os dados originais do formulário FMEA, adotado pela MCC, são considerados suficientes, para a escolha da estratégia de manutenção, objetivando minimizar o trabalho documental exigido nesta etapa.

Uma vez adotada, para ser efetiva, a FMEA deve ser mantida atualizada, devendo, para isto, ser aplicada a todas as novas aquisições de equipamentos, após cada modificação em um sistema existente, e a todos os itens operacionais submetidos ao processo da MCC. Em particular, cada ocorrência de falha deve desencadear um processo de verificação e possível revisão do estudo FMEA correspondente.

Em todos os casos, um procedimento uniforme deverá ser adotado, de preferência padronizado para toda a empresa. Exemplos destas normas podem ser obtidos nos manuais militares americanos MIL-STD-1629[17] e MIL-HDBK-217[18]. Além destas duas normas, muitas outras, de origem européia, descrevem a metodologia FMEA, com pequenas variações nos dados coletados.

FMEA no projeto

A metodologia FMEA também é utilizada largamente na elaboração de projetos, especialmente em instalações de alta segurança. Neste caso, objetiva-se identificar, *a priori*, todos os modos de falha catastróficos ou críticos para que sejam eliminados ou minimizados no estágio inicial do desenvolvimento do sistema. Em instalações militares americanas, este estudo já é normalizado e obrigatório para projetos bélicos. A busca da causa raiz de cada modo de falha é determinante para a eliminação de falhas nesta etapa.

Na manutenção, a MCC utiliza a FMEA com o propósito de avaliar, documentar, e priorizar o impacto potencial de cada falha funcional, visando definir formas de prevenção ou correção. Geralmente, uma forma de análise de criticidade é acrescentada, sendo denominada, neste caso, de FMECA.

FMECA

Dependendo da dimensão do sistema analisado, o número de falhas potenciais pode ser muito grande, inviabilizando um estudo completo de FMEA. A FMECA (*Failure Mode, Effects and Criticality Analysis*) constitui-se em uma variante desta metodologia, aplicada a itens selecionados. Enquanto a FMEA identifica todos os modos de falha potenciais de um sistema, a FMECA identifica apenas os modos de falha que são críticos o suficiente para justificarem ações adicionais. Neste caso, é importante documentar primeiro o critério

[17] MIL-STD-1629 – *Procedures for Performing a Failure Mode, Effects, and Criticality Analysis.*

[18] MIL-HDBK-217 – *Reliability Prediction of Electronic Equipment.*

de criticidade que será utilizado para selecionar os modos de falha incluídos no estudo.

Formulário FMEA

Usualmente, um formulário FMEA padronizado deve ser utilizado, conforme ilustrado na Figura 4-6. Este exemplo faz parte do conjunto de formulários de aplicação da MCC, descrito no Apêndice A.

Análise de Modos de Falha, Efeitos e Criticidades

Unidade	Código	Facilitador	Data	Folha
Item	Código	Auditor	Data	De

FU	Função	FA	Falha	MO	Modo	Efeito	C

Figura 4-6 — Formulário FMEA

A parte superior do formulário é composta de campos de identificação e codificação do sistema, e dos analistas de MCC, descritos na Tabela 2, sendo comuns a todos os formulários adotados neste manual. Os campos restantes são utilizados para documentar as funções, falhas, modos de falhas e seus efeitos nos sistemas, conforme descrito na Tabela 10.

Tabela 10 — Formulário FMEA

Campo	Título	Descrição
11	FU	Numerar seqüencialmente as funções do sistema atual. Este número será referenciado em outros formulários.
12	Função	Identificar cada função desempenhada pelo sistema atual.
13	FA	Numerar seqüencialmente as falhas possíveis da função atual, reiniciando a contagem em cada nova função. Este número será referenciado em outros formulários.
14	Falha	Nomear cada falha possível da função atual.
15	MO	Numerar seqüencialmente os modos possíveis da falha atual, reiniciando a contagem em cada nova falha. Este número será referenciado em outros formulários.
16	Modo	Nomear cada modo de falha possível para a falha atual.
17	Efeito	Descrever o efeito da falha, em termos de resultados esperados na função, sistema e instalação em análise.
18	C	Classificar a criticidade do efeito provocado pela falha, em termos de impacto operacional, ambiental, econômico ou de segurança, através de um código numérico de severidade do risco, usando a Matriz de Risco adotada no Plano MCC.

Note que cada função, falha, e modo de falha deve receber uma numeração exclusiva que a identifique e diferencie dos demais itens, em todo o projeto. Esta numeração deverá ser estabelecida *a priori* e uniformemente, de preferência correlacionada diretamente com a identificação do subsistema ou componente no projeto. O sistema de numeração adotado deverá ser padronizado pelo plano MCC da empresa, para aplicação em todas as instalações. Especificamente, a numeração e descrição das funções neste formulário deverão corresponder àqueles do Formulário de Seleção do Sistema e Coleta de Informação, Figura 3-12. Os modos de falha e demais campos do formulário FMEA serão estudados nos capítulos seguintes, junto com os critérios de avaliação de criticidade através de uma matriz de risco.

4.4 Resumo

Este capítulo forneceu uma introdução aos conceitos de falha e à ferramenta FMEA adotados na Manutenção Centrada na Confiabilidade, incluindo:

- Classificação de falhas;
- Identificação de falhas;
- Documentação de falhas.

O estudo das falhas deve suceder a identificação das funções, e preceder o estudo dos modos de falha, como parte da Segunda Etapa do Processo da MCC, conforme a Figura 2-3. Os modos de falha serão estudados no próximo capítulo.

4.5 Questões de Revisão

1. Como a metodologia MCC classifica os tipos de falhas?
2. Que critérios são recomendados para identificação e descrição de falhas funcionais?
3. Que ferramentas são úteis para identificação e descrição das falhas funcionais de um sistema?
4. Que aspectos são analisados em um estudo de FMEA?
5. O que diferencia as metodologias FMEA e FMECA?

5

Modos de Falha

Identificadas as falhas possíveis em um sistema, o passo seguinte em direção à prevenção ou correção consiste na caracterização da forma como elas ocorrem, ou seja, os modos de cada falha. O estudo e modelagem dos mecanismos de falha específicos de cada tecnologia constituem as ferramentas básicas desta etapa.

Este capítulo tem como objetivo introduzir os conceitos básicos de modos de falha, sua classificação, modelagem e documentação, como parte do estudo de FMEA (Figura 2-3), constante da Segunda Etapa do processo da Manutenção Centrada na Confiabilidade.

5.1 Conceituação de Modos de Falha

O estudo dos modos de falha deve iniciar-se pela definição precisa deste termo, segundo a MCC. Segundo as normas SAE JA1011 e IEC 60300-3-11, tem-se, respectivamente, as seguintes definições para modo de falha:

- Um evento ou condição física, que causa uma falha funcional; ou
- Um dos possíveis estados de falha de um item, para uma dada função requerida.

Ao contrário da falha funcional, usualmente associada a um estado anormal da função do equipamento, o modo de falha está associado ao evento ou fenômeno físico que provoca a transição do estado normal ao estado anormal. Os modos de falha descrevem como as falhas funcionais acontecem, ou seja, o mecanismo de falha ou o que pode falhar. Desta forma, eles também são as chaves sobre as formas adequadas de combate à falha funcional.

Considere, por exemplo, os modos de falha do turbocompressor ilustrados na Figura 5-1. Cada modo descreve uma condição de desgaste (do mancal, das paletas), ou evento (entupimento, vibração), os quais, individualmente, podem provocar a perda da função principal do turbocompressor.

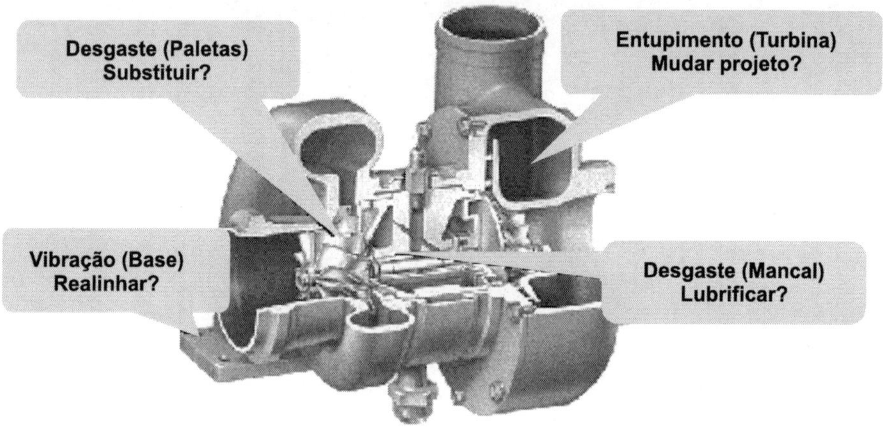

Figura 5-1 — Exemplos de Modos de Falha

Note, também, que cada modo de falha está invariavelmente associado a um componente do sistema em estudo (paletas, turbina, mancal, etc.). Este fato pode ser utilizado para identificação sistemática dos modos de falha, através da expansão da árvore de falhas do sistema, com inclusão dos modos das falhas. Neste caso, cada componente, no estado anormal, pode ser expandido em um ramo da árvore para incluir os possíveis estados de anormalidade, gerando seus modos de falha. A Figura 5-2 ilustra este processo, utilizando o padrão de árvore de falha proposto no capítulo anterior.

Redundância

Funções e componentes redundantes podem apresentar modos de falhas sem conseqüências imediatas ou visíveis para a instalação, necessitando aten-

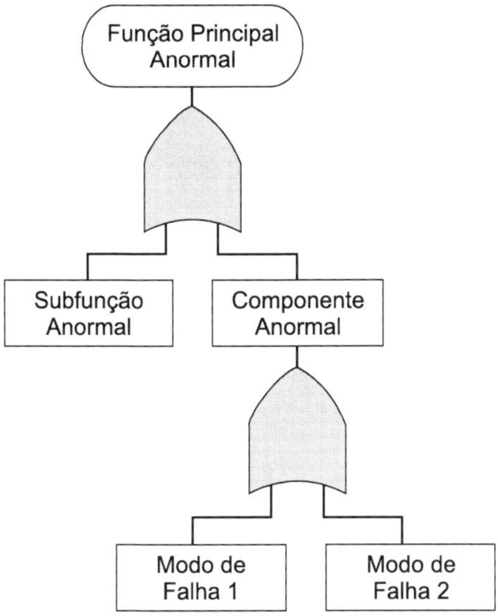

Figura 5-2 — Árvore de Causas de Falhas

ção especial. Nesta etapa do processo MCC, todos os modos de falhas possíveis devem ser cadastrados, ignorando a existência de redundâncias que possam reduzir suas conseqüências. Estes aspectos serão tratados adequadamente nas etapas posteriores, quando estudaremos os efeitos e conseqüências das falhas.

Causas de falhas

É importante distinguir modo de falha e causa da falha. O modo descreve ***o que*** está errado na funcionalidade do item. Já a causa descreve ***porque*** está errada a funcionalidade do item. Esta distinção é essencial para se entender as finalidades da manutenção e do projeto. É função da manutenção combater o modo da falha (sempre que ele ocorra), assim como é função do projeto combater a causa da falha (de uma vez por todas). Na impossibilidade de combater um modo de falha, cabe à manutenção indicar, ao projetista, as necessidades de modificações para eliminar a causa da falha.

Em geral, cada componente de um processo pode gerar um conjunto de modos de falha, característicos de sua tecnologia. Cada modo de falha, por sua vez, pode ser originado por um conjunto de causas. A Tabela 11 relaciona modos e causas de falha típicos de diversos componentes, dependendo da tecnologia.

Tabela 11 — Modos de Falha Típicos

Componente	Modos de falha	Causas da falha
Relé	Contatos curto-circuitados Contatos abertos Bobina interrompida Bobina curto-circuitada	Contatos soldados Sujeira nos contatos Espira aberta Quebra de isolamento
Transformador	Enrolamento curto-circuitado Enrolamento aberto	Quebra de isolamento Espira aberta
Motor	Mancal aquecido Escovas abertas Enrolamento aberto Enrolamento curto-circuitado	Lubrificação insuficiente Escovas desgastadas ou sujas Espira aberta Quebra de isolamento
Servomotor	Vazamento Atuador não retorna	Desgaste dos selos Linhas de fluido bloqueadas
Chave	Contatos curto-circuitados Contatos abertos	Contatos soldados Sujeira nos contatos
Operador	Operação correta no item errado Operação errada no item errado Operação errada no item certo Operação antes do tempo certo Operação depois do tempo certo Não execução da tarefa	Treinamento insuficiente Remuneração insuficiente Supervisão inadequada Formação insuficiente Problemas pessoais Ambiente inadequado

Observe-se que, de acordo com os conceitos de modo e causa da falha, esta tabela identifica *o que* pode falhar em cada componente, além da caracterização da causa ou *porque* as falhas ocorrem.

Modos de falha mecânicos

Evidentemente, cada tecnologia possui seus mecanismos próprios e particulares de geração de modos de falha. Na área mecânica, por exemplo, são comuns muitos modos de falha, relacionados ao comportamento de materiais usados, conforme ilustrado na Tabela 12.

O comportamento de cada tipo de material, usado em equipamentos de processo, é estudado por ciências específicas, cujos especialistas devem ser consultados no estudo de FMEA.

Modos de falha elétricos

Na área elétrica, também são comuns vários modos de falha, relacionados a materiais, conforme listados na Tabela 13.

Tabela 12 — Modos de Falha Mecânicos

Modo de falha	Tipo de falha	Causa da falha
Fratura	Dúctil	Deformação plástica por escorregamento.
	Frágil	Propagação de trinca sob tensão estática.
	Fadiga	Propagação de trinca sob tensão cíclica.
	Fadiga Térmica	Propagação de trinca por ciclo térmico.
Desgaste	Mecânico	Remoção de material por atrito.
	Químico	Remoção de material por reação química.
	Eletroquímico	Perda de material por reação eletroquímica.
	Corrosivo	Ação (eletro)química do meio ambiente.
	Adesivo	Ruptura de micro adesões entre superfícies.
	Abrasivo	Risco superficial por material mais duro.
	Cavitação	Micro jatos de líquido por colapso de bolhas.
	Fretting	Remoção superficial por micro movimentos.
Deformação	Tração	Alongamento dúctil sob força de tração.
	Pressão	Encolhimento dúctil sob força de pressão.
	Torção	Distorção helicoidal dúctil por torção.
Incrustação	Processual	Depósito de material utilizado no processo.
	Ambiental	Depósito de material do meio ambiente.

Tabela 13 — Modos de Falha Elétricos

Modo de falha	Tipo de falha	Causa da falha
Perdas	Dielétrica	Condução elétrica em semicondutores.
	Magnética	Magnetização de núcleos magnéticos.
	Superficial	Condução elétrica superficial em sólidos.
	Sobrecarga	Aquecimento por excesso de carregamento.
Isolamento	Sobretensão	Excesso de tensão elétrica aplicada.
	Contaminação	Modificação de característica por impurezas.
	Térmica	Perda de isolamento por aquecimento.
	Eletroquímica	Perda de isolante por reação eletroquímica.
	Química	Redução de isolamento por reação química.
Resistência	Mecânico	Perda de seção por extrusão dúctil.
	Contaminação	Modificação de característica por impurezas.

Destaque-se, nesta tabela, as falhas provocadas por sobrecargas, típicas de sistemas sujeitos a crescimento vegetativo, esporádico ou acidental da carga imposta, ou esforço externo, obrigando à revisão periódica da capacidade instalada, inclusive em elementos estruturais.

Modos de falhas estruturais

Na avaliação de modos de falhas de elementos estruturais, especialmente em edificações e estruturas de suporte de máquinas, além dos modos de falha mecânicos já vistos, a norma IEC 60300-3-11 recomenda classificar os modos de falha segundo as seguintes fontes:

- **Dano Acidental** – caracterizado pela ocorrência de eventos discretos aleatórios que possam reduzir o nível inerente de resistência residual;
- **Deterioração Ambiental** – caracterizada pela deterioração estrutural provocada por um ambiente adverso; e
- **Dano por Fadiga** – caracterizado pelo início e propagação de fraturas devido ao carregamento cíclico da estrutura.

A Tabela 14 relaciona exemplos dos modos de falha estruturais incluídas nestes grupos.

Tabela 14 — Modos de Falha Estruturais

Modo de falha	Tipo de falha	Causa da falha
Dano Acidental	Manutenção	Erro na execução da manutenção.
	Erosão	Incidência de chuva e vento.
	Abrasão	Ocorrência de chuva de granizo.
	Elétrico	Incidência de raios.
Deterioração Ambiental	Corrosão	Ação (eletro)química do meio ambiente.
	Deterioração	Própria de materiais não-metálicos.
Dano por Fadiga	Mecânica	Propagação de trincas sob esforços cíclicos.
	Térmica	Propagação de trincas sob ciclo térmico.
	Irradiação	Aceleração da fadiga por irradiação.

Modos de falhas humanos

Por último, os modos de falha relacionados ao comportamento humano são talvez os menos compreendidos, e por isso mais difíceis de serem classificados. A relação a seguir ilustra uma possível classificação dos modos de falha humanos, considerando os aspectos de atenção, esquecimento, conhecimento e intenção:

- **Distração** – falha de *atenção*, em que uma ação prevista não é executada ou é substituída por uma alternativa errada, por acidente, mesmo havendo a compreensão correta da situação e a formulação correta das intenções;
- **Lapso** – quando uma ação prevista não é executada, por *esquecimento* do executante ou planejador;
- **Engano** – falha de *conhecimento*, provocada por erro de interpretação na execução ou formulação de um plano; e
- **Violação** – desvio *intencional* de regras, práticas, procedimentos e normas estabelecidas.

A Tabela 15 relaciona algumas causas prováveis para estes modos de falha.

Tabela 15 — Modos de Falha Humanos

Modo de Falha	Tipo de Falha	Causa da Falha
Distração	De *Atenção*	Atividades monótonas. Ambiente inadequado. Problemas pessoais o impedem de fazer.
Lapso	De *Esquecimento*	Limitações pessoais o impedem de fazer. Atividades pouco freqüentes.
Engano	De *Conhecimento*	Não sabem por que fazer. Não sabem como fazer. Não sabem quando fazer. Não sabem o que fazer. Pensam que estão fazendo certo. Ninguém consegue fazer.
Violação	De *Intenção*	Acham sua maneira melhor de fazer. Acham que não vai dar certo. Não vêem benefício em fazer. Pensam que estão fazendo certo. Acham outra coisa mais importante. São compensados por não fazer. São punidos por fazer. Vêem conseqüência negativa em fazer. Não há conseqüência negativa por não fazer. São compensados para fazer outra coisa. Existem obstáculos além do seu controle.

A exemplo dos demais modos de falha, a análise das causas subjacentes ao comportamento humano exige a participação de especialistas nestas áreas, para a correta identificação dos mecanismo de falhas.

5.2 Mecanismos de Falhas

O estudo dos mecanismos de falhas objetiva classificar os tipos de comportamentos anômalos de materiais e equipamentos, e, através deles, identificar as atividades preventivas e corretivas adequadas a cada tipo. A classificação se dá através do conceito de taxa de falha, obtida da modelagem estocástica dos fenômenos envolvidos, antes e durante a ocorrência de falhas.

Modelagem estocástica

O estudo matemático dos mecanismos de falha inicia-se pela modelagem da variação temporal da probabilidade de falha funcional do item, por unidade de tempo. Esta característica pode ser representada por uma função de distribuição de probabilidade dada por:

$$f(t) = \frac{dF(t)}{dt}, \qquad \textit{Equação 1}$$

onde $f(t)$ é a função densidade de probabilidade de falha, e $F(t)$ é a distribuição de probabilidade acumulada de falhas, a partir de um determinado instante, ou entre dois instantes de tempo t_1 e t_2, tal que:

$$F(t) = \int_{-\infty}^{t} f(t) \cdot dt, \qquad \textit{Equação 2}$$

$$F(t_2) - F(t_1) = \int_{t_1}^{t_2} f(t) \cdot dt. \qquad \textit{Equação 3}$$

Nestas expressões, a variável de tempo t pode ser substituída por qualquer outra variável que traduza o ciclo operacional da função, e que esteja relacionada à probabilidade de ocorrência de falhas, tal como:

- **Tempo** — horas, semanas, meses, trimestres, anos, decênios, etc.;
- **Operação** – horas de uso, rotações, produção, quilômetros, toneladas, etc.;
- **Ciclos** – aberturas, fechamentos, partidas, paradas, reabastecimentos, etc.

A unidade de medida mais adequada será função do mecanismo básico de deterioração funcional associado ao modo de falha.

Confiabilidade

À manutenção interessa a probabilidade de que o item sobreviva a um dado intervalo (de tempo, ciclo, distância, etc.). Esta probabilidade de sobrevivência, denominada de confiabilidade, é dada por:

$$R(t) = \int_{t}^{\infty} f(t) \cdot dt = 1 - \int_{-\infty}^{t} f(t) \cdot dt = 1 - F(t), \qquad \textit{Equação 4}$$

donde

$$F(t) = 1 - R(t), \qquad \textit{Equação 5}$$

A confiabilidade $R(t)$, a densidade de probabilidade de falha $f(t)$ e a probabilidade acumulada de falha $F(t)$ podem ser expressas simultaneamente pela função de taxa de falha do item.

Taxa de falha

A taxa de falha é definida pela probabilidade condicional da ocorrência de falha no intervalo de t a $t+dt$, dado que não houve falha até o instante t, dividido pelo intervalo dt. A função de taxa de falha é representada matematicamente pela expressão[19]:

$$\lambda(t) = \frac{f(t)}{R(t)} = \frac{f(t)}{1 - F(t)} = \frac{d \log R(t)}{dt}. \qquad \textit{Equação 6}$$

A Figura 5-2 ilustra as formas típicas destas quatro funções, para um item com taxa de falha crescente:

- $\lambda(t)$ = taxa de falha;
- $R(t)$ = confiabilidade ou sobrevivência à falha;
- $F(t)$ = probabilidade acumulada de falha;
- $f(t)$ = densidade de falha.

---

[19] Também conhecida por Função de Risco (*Hazard Function, Hazard Rate*).

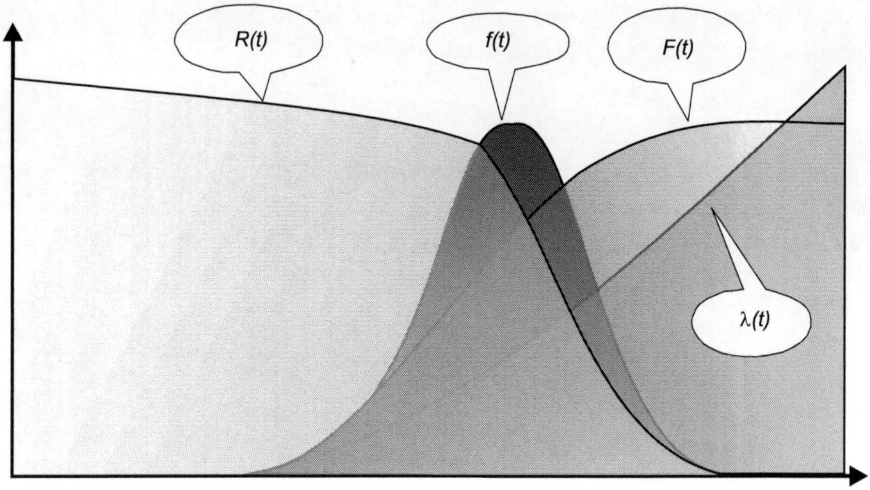

Figura 5-3 — Modelagem Matemática

Qualquer destas funções é suficiente para descrever um mecanismo de falha. A Tabela 16 contém as relações típicas entre elas, permitindo calcular as três funções restantes conhecendo-se apenas uma delas.

Tabela 16 — Modelagem Matemática

Expressão	***f(t)***	***F(t)***	***R(t)***	λ***(t)***
$f(t) =$	1	$\frac{dF(t)}{dt}$	$-\frac{dR(t)}{dt}$	$\lambda(t)e^{-\int_0^t \lambda(\tau)d\tau}$
$F(t) =$	$\int_0^t f(\tau)d\tau$	1	$1 - R(t)$	$1 - \lambda(t)e^{-\int_0^t \lambda(\tau)d\tau}$
$R(t) =$	$\int_t^\infty f(\tau)d\tau$	$1 - F(t)$	1	$e^{-\int_0^t \lambda(\tau)d\tau}$
$\lambda(t) =$	$\frac{f(t)}{\int_t^\infty f(\tau)d\tau}$	$\frac{dF(t)/dt}{1-F(t)}$	$-\frac{d}{dt}\ln R(t)$	1

Através da taxa de falha é possível classificar os diferentes mecanismos de falha encontrados nos sistemas.

Classificação de mecanismos de falhas

O estudo dos mecanismos de falha objetiva identificar características diferenciais entre as diversas formas como as falhas acontecem, que ajudam a escolher a melhor estratégia de manutenção. A constatação de que diferentes mecanismos de falhas provocam diferentes comportamentos dos equipamentos ao longo da vida útil, constituiu o ponto de partida da metodologia MCC. Os estudos originais de F. S. Nowlan e H. F. Heap na United Airlines conduziram à identificação de três comportamentos básicos dos equipamentos (não estruturais de aeronaves comerciais) ao longo da vida útil com relação à taxa de falha:

1. Alguns itens mostram uma idade bem definida de desgaste, onde ocorre um aumento rápido na probabilidade condicional de falha, por unidade de tempo;
2. Outros itens podem mostrar um crescimento constante da probabilidade condicional de falha, por unidade de tempo; e
3. Outros itens podem não apresentar qualquer degradação funcional ao longo da vida útil.

Estes comportamentos deram origem a seis curvas básicas de taxas de falhas observadas ao longo da vida útil, conforme mostra a Figura 5-4.

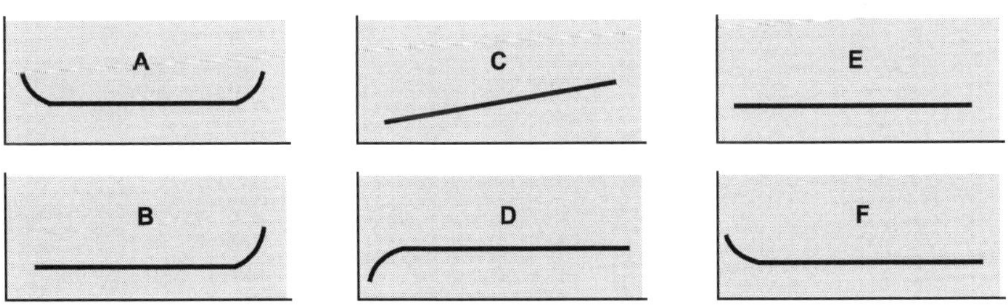

Figura 5-4 — Características de Desgaste

Para explicar estes comportamentos, quatro mecanismos típicos, derivados dos modos de falha, são usualmente identificados em componentes industriais:

- Desgaste Progressivo;
- Falha Intempestiva;
- Desgaste por Fadiga;
- Mortalidade Infantil.

Estes mecanismos são encontrados em muitos componentes industriais e materiais, independentes da tecnologia utilizada.

Desgaste progressivo

Nos mecanismos de falha por ***Desgaste Progressivo*** ocorre uma diminuição gradativa da capacidade funcional ou resistência à falha, ao longo da vida útil, até atingir um limite de desempenho funcional, caracterizado como falha, conforme ilustrado na Figura 5-5.

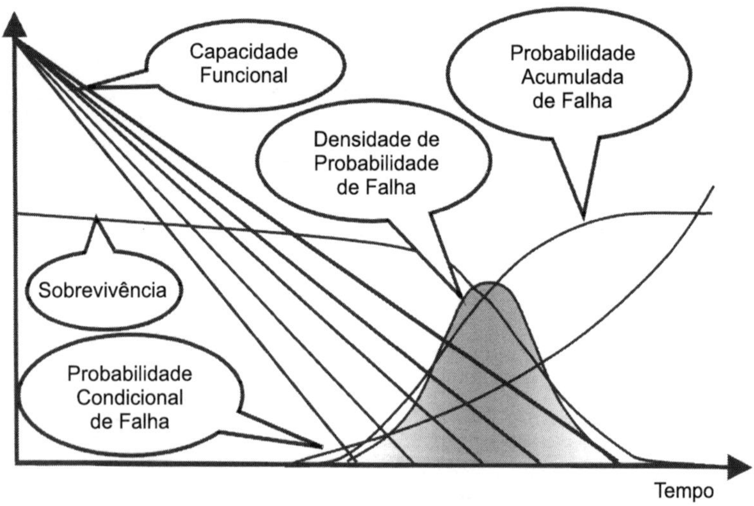

Figura 5-5 — Curvas de Desgaste Progressivo

Note-se que pequenas variações nas taxas de desgaste da capacidade funcional, entre itens de um mesmo lote, geram uma curva de ***densidade de probabilidade de falha*** em forma de sino, no ponto de cruzamento com a linha limite de funcionalidade, quando ocorre a falha. O ponto inicial onde esta curva inicia o crescimento, caracteriza a ***vida útil*** do item. O valor médio obtido da curva de densidade corresponde à ***vida média*** do item. Usualmente, esta curva pode ser representada por uma distribuição Normal ou Gaussiana, onde a vida média é a mediana da distribuição, e o parâmetro de forma σ (dado pelo desvio padrão da distribuição) decorre das variações na taxa de desgaste na população de itens.

Integrando-se a curva de densidade de falha desde o início da vida útil, obtém-se a curva de ***probabilidade acumulada de falha*** do item (Equação 2). Conforme se observa, esta se mantém reduzida e constante ao longo da maior parte da vida útil, apresentando um crescimento gradual a partir do ponto limite da vida útil. Em conseqüência, a taxa de falha, ou ***probabilidade condicional de falha*** (Equação 6), apresentará um crescimento acentuado, a partir do final da vida útil.

A ***curva de sobrevivência***, expressa pela fração de itens que sobrevivem ao longo do tempo, mostra uma região plana próxima à população inicial, quando a quantidade de itens sobreviventes permanece estável, decrescendo gradualmente após o término da vida útil.

Falha intempestiva

No mecanismo de ***Falha Intempestiva***, ou cataléptica, ocorrem apenas perdas bruscas e totais da capacidade funcional ou resistência à falha, ao longo da vida útil, conforme ilustrado na Figura 5-6.

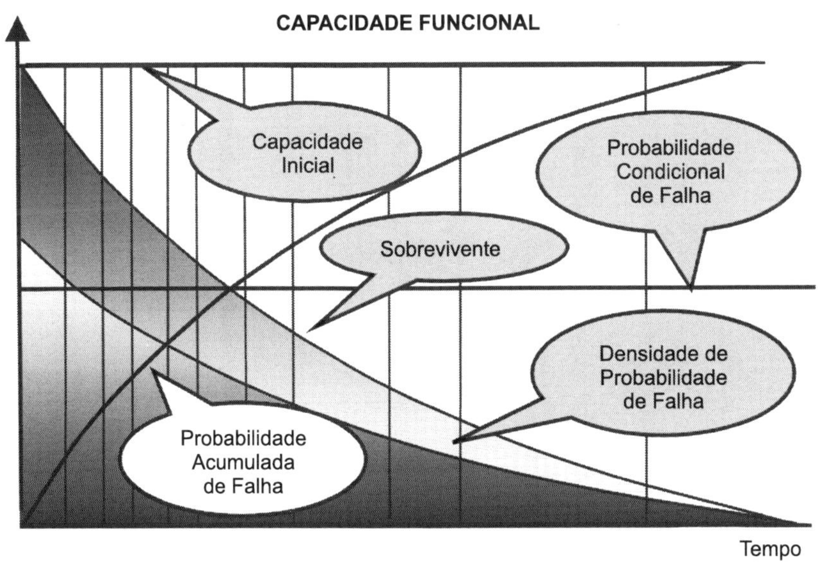

Figura 5-6 — Curvas de Falhas Intempestivas

Como não há variação nas taxas de desgaste, a freqüência de distribuição das falhas mantém-se aproximadamente constante ao longo do ciclo operacional, supondo que haja correção das falhas após cada ocorrência. A curva de ***densidade de probabilidade de falha*** toma então a forma de uma exponencial negativa, com taxa de decréscimo constante, com o ponto máximo no instante inicial. Note que, neste caso, não há sentido em se falar na ***vida útil***, já que não existe um instante característico a partir do qual haja um aumento da taxa de incidência de falhas.

A função de distribuição exponencial negativa, com taxa de decréscimo igual à taxa de falha, modela adequadamente estes componentes. Esta função é utilizada para modelar tipicamente as seguintes instalações:

- Sistemas complexos com vários modos de falhas;
- Sistemas compostos de componentes com taxas de falha independentes;
- Sistemas multicomponentes com causas de falhas heterogêneas;
- Sistemas multicomponentes com substituições após as falhas; e
- Sistemas sujeitos a falhas aleatórias de origem externa.

Integrando-se a exponencial de densidade de falha, desde o início da vida útil, obtém-se a curva de ***probabilidade acumulada de falha*** do item, esta também com forma exponencial crescente, cujo inverso fornece a curva de sobrevivência, em forma de exponencial negativa. A curva de ***probabilidade condicional de falha*** será uma reta horizontal, com taxa de falha constante, ao longo de todo o ciclo operacional. A vida média, neste caso, pode ser definida pelo inverso da taxa de falha.

Desgaste por fadiga

Nos mecanismos de ***Desgaste por Fadiga*** ocorre uma diminuição gradativa do número de ciclos necessários para falha, em função da amplitude dos ciclos, em máquinas que operam neste regime alternativo, conforme ilustrado na Figura 5-7.

O declive da curva de desgaste cíclico, gera uma distribuição de densidade de probabilidade de falha deslocada para esquerda. Esta característica resulta em uma curva de sobrevivência decrescente e, portanto, em uma curva de probabilidade condicional de falha crescente, a partir do início da vida operacional.

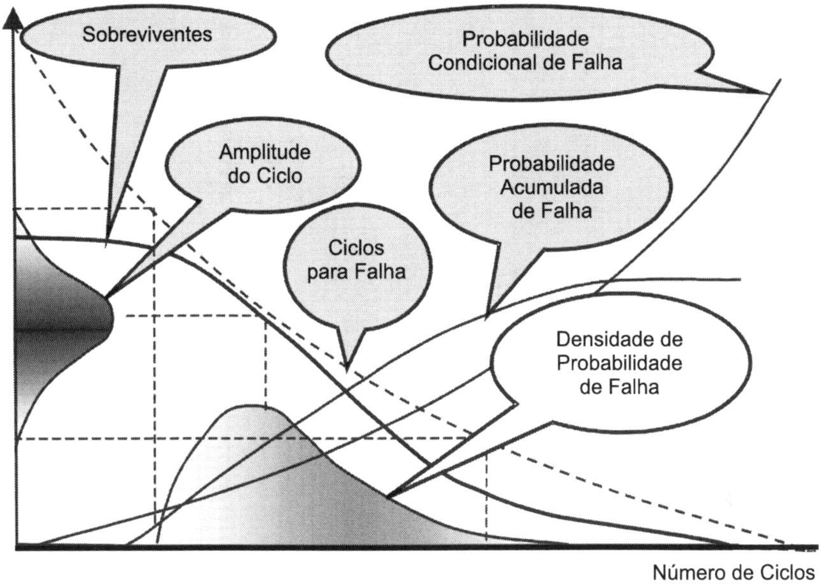

Figura 5-7 — Curvas de Desgaste por Fadiga

Note que pequenas variações nas amplitudes dos ciclos, entre itens de um mesmo lote, geram uma curva de ***densidade de probabilidade de falha*** em forma de sino inclinado, no ponto de cruzamento com a linha limite de funcionalidade, quando ocorre a falha. O ponto inicial onde esta curva inicia o crescimento caracteriza a ***vida útil*** do item. O valor médio obtido da curva de densidade corresponde à ***vida média*** do item.

A função de distribuição de probabilidade geralmente usada para representar este comportamento é a Log-Normal, devido à sua forma de sino inclinado. É utilizada, por exemplo, para modelagem das falhas por fadiga dos seguintes itens:

- Componentes metálicos submetidos a tensões alternadas inferiores ao limite de ruptura do metal;
- Rolamentos e componentes mecânicos sujeitos a ciclos de esforços alternativos; e
- Fadiga térmica de materiais sujeitos a variações cíclicas de temperatura.

Outras distribuições, em especial a de Weibull, também podem ser utilizadas para modelagem deste mecanismo de falha.

Mortalidade infantil

Nos mecanismos de falha por ***Mortalidade Infantil*** ocorre uma perda brusca da capacidade funcional no início da vida do item. Em geral, falhas desta espécie são oriundas de defeitos incipientes introduzidos antes do período operacional, por erros em vários processos:

- Especificação e projeto;
- Inspeção e controle de qualidade;
- Fabricação, estoque e transporte;
- Fornecimento de peças e materiais de insumo;
- Montagem e integração;
- Comissionamento e ativação.

A ocorrência antecipada destes eventos resulta em uma distribuição de densidade de probabilidade de falha acentuada no início da vida útil, conforme a Figura 5-8.

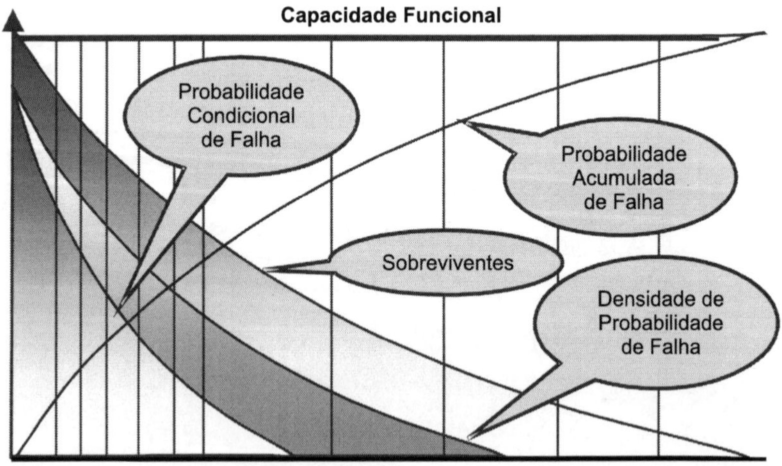

Figura 5-8 — Curvas de Mortalidade Infantil

Esta característica resulta em uma curva de probabilidade condicional de falha decrescente, também bastante acentuada a partir do início da vida operacional, estabilizando-se após o período de mortalidade infantil.

Uma função de distribuição de probabilidade de Weibull modela adequadamente este comportamento. Com parâmetros de escala e forma ajustados, pode-se representar qualquer destes comportamentos, além da mortalidade infantil.

Curva da banheira

Em um equipamento complexo, composto de muitos componentes, cada um com um mecanismo de falha diferente, a curva de probabilidade condicional de falha será uma combinação destes modelos, ponderados pela participação de cada item, e sua influência temporal na função principal do sistema. Esta curva, conhecida como a Curva da Banheira, devido à sua forma similar ao perfil de uma banheira (Figura 5-9), tem sido usada para representar o comportamento típico do mecanismo de falha agregado destes componentes.

Três regiões são claramente visíveis na curva da banheira. A parte inicial, com probabilidade condicional de falha decrescente, corresponde à contribuição dos componentes do sistema com um mecanismo de falha por mortalidade infantil. A parte central da curva, apresenta uma probabilidade condicional de

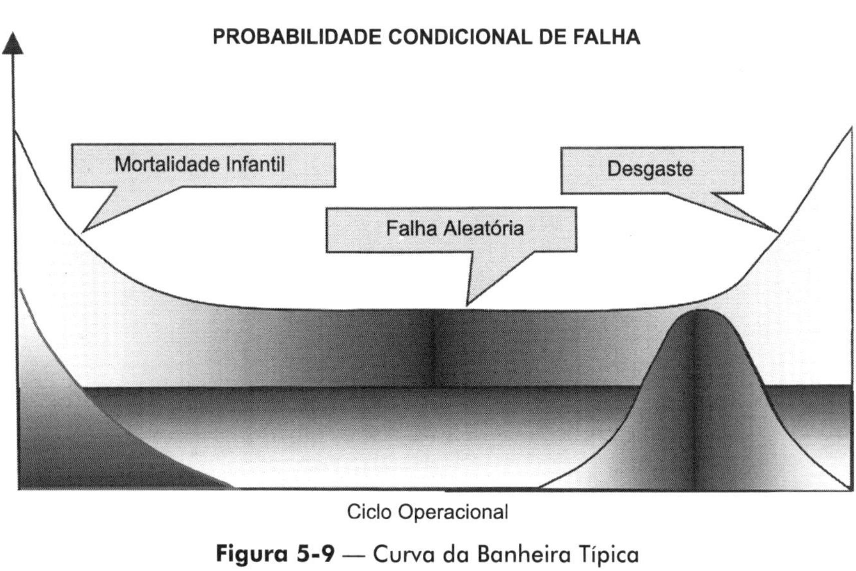

Figura 5-9 — Curva da Banheira Típica

falha constante, decorrente da contribuição dos componentes com mecanismo de falha aleatória. Finalmente, a parte final da curva apresenta uma probabilidade condicional de falha crescente, no final da vida útil, resultante do envelhecimento dos componentes com mecanismo de falha sujeito a desgaste ou fadiga.

A curva da banheira dominou a filosofia e ação da manutenção considerada de segunda geração, onde as grandes revisões que indisponibilizavam as instalações por um longo período, com desmontagem quase que total dos equipamentos, eram justificadas pela proximidade do período de desgaste da curva. Nestas revisões, todos os elementos submetidos ao desgaste eram substituídos ou restaurados em bloco.

Uma das grandes contribuições da Manutenção Centrada na Confiabilidade resultou da constatação de que a maior parte dos componentes dos sistemas modernos não apresentava sintomas de falhas por desgaste. Os estudos originais de Nowlan e Heap[20] comprovaram que um percentual de 89% dos defeitos verificados em partes não-estruturais de aeronaves eram oriundos de componentes cujos mecanismos de falha não apresentavam taxas de falhas crescentes (Figura 5-10). Resultados similares foram confirmados recentemente em estudos conduzidos pela NASA americana.[21]

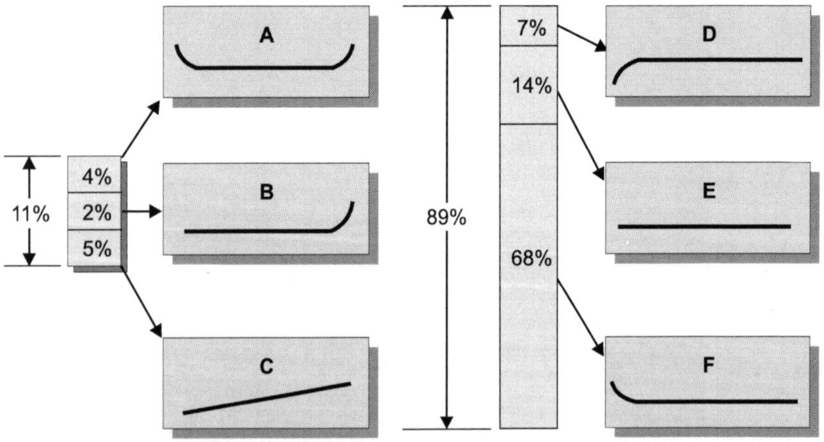

Figura 5-10 — Tipos de Curvas de Desgaste

[20] Ibid 3.

[21] *"Reliability Centered Manintenance Guide for Facilities and Collateral Equipment"*. National Aeronautics and Space Administration, February 2000.

Observe-se, nesta figura, que apenas 11% dos itens com defeitos apresentam limite de idade, justificando sua substituição ou restauração preventiva. Destes, apenas 4% obedecem à tradicional curva da banheira, historicamente assumida como modelo universal de falha. Note também que, com exceção da curva C, todas os demais casos (95%) apresentam características de taxa de falha constante durante a maior parte da vida útil do equipamento. Nestas condições, é duvidoso que qualquer tipo de restauração produzisse resultados benéficos, podendo inclusive piorar seu desempenho, com a introdução de falhas por mortalidade infantil. Estes fatos podem ser atribuídos à grande presença de componentes eletroeletrônicos nos sistemas modernos, os quais tendem a apresentar mecanismos de falhas aleatórias. A lista a seguir ilustra alguns tipos de componentes e suas curvas de desgaste típicas neste conjunto:

- **Tipo A** – motores elétricos, engrenagens, controles;
- **Tipo B** – máquinas a pistão, discos, aerofólios;
- **Tipo C** – turbinas, compressores, selos de ar, engrenagens, rolamentos;
- **Tipo D** – *flaps* de turbinas, itens pré-testados;
- **Tipo E** – lâmpadas;
- **Tipo F** – eletrônicos, *softwares*.

Estas constatações conduziram à diversificação das tarefas de manutenção, particularizadas para cada mecanismo de falha de cada componente, dando origem ao processo seletivo da Manutenção Centrada na Confiabilidade. Neste processo é indispensável a correta identificação e documentação dos modos de falhas das funções.

5.3 Documentação dos Modos de Falha

Identificados os mecanismos de falha de cada componente, é possível agora associar cada modo à falha funcional correspondente. Esta associação deverá ser documentada na coluna correspondente do formulário FMEA (Figura 4-6). Também neste caso é importante adotar regras que uniformizem e racionalizem o método de registro. As seguintes sugestões são pertinentes:

- Liste todos os modos de falha "razoáveis";
- Seja tão descritivo quanto possível;
- Não combine modos de falha;
- Componentes típicos têm de 1 a 3 modos de falha.

Um modo de falha será considerado "razoável" se for esperado que ocorra pelo menos uma vez na vida útil da instalação. Esta regra empírica permite eliminar aqueles modos "raros" considerados inacreditáveis. A eliminação dos modos de falha insignificantes ocorrerá na etapa seguinte da MCC, com base nos efeitos associados. Para que isto seja possível, é recomendável incluir o máximo de detalhe na descrição do modo de falha, que seja importante para a avaliação dos efeitos.

Fontes de informação

Além do conhecimento *a priori* dos especialistas sobre a física e mecanismos de falha típicos de cada tecnologia utilizada, muitas fontes de informações podem ser consultadas para obter os modos de falha de cada componente. De maneira geral, utilizam-se as mesmas fontes usadas para o estudo das falhas:

- Histórico de desempenho e falhas;
- Manuais, desenhos e especificações de projeto;
- Operadores, técnicos e engenheiros do processo;
- Estudo de FMEA realizado por OEM;
- Documentação do fabricante, projetista ou fornecedor;
- Listas genéricas de defeitos;
- Outras aplicações idênticas;
- Experiência de projetistas, integradores e mantenedores; e
- Normas técnicas, legais e de seguro aplicáveis.

Muitos fornecedores e fabricantes de equipamentos já incluem, na documentação de seus produtos, não só os modos de falha, como também as possíveis correções, na forma de guias de *troubleshoot*.

Padrão de descrição

Seja qual for a fonte, será importante padronizar a forma de descrever e identificar cada modo de falha, objetivando sua reutilização em componentes similares. Uma forma recomendada consiste na justaposição de um adjetivo ao nome do componente, que descreva o modo de falha. A tabela a seguir resume alguns adjetivos comumente utilizados como descritores de modos de falha.

Tabela 17 — Descritores Típicos de Modos de Falha

aberto	aparado	apertado	aquecido
arranhado	atritado	bloqueado	chanfrado
cingido	cisalhado	colado	comprimido
congestionado	contaminado	corroído	cortado
curto	curto-circuitado	curvado	danificado
defeituoso	deformado	dentado	desbalanceado
desbloqueado	descolado	descravado	desintegrado
desligado	despedaçado	destravado	deteriorado
dilacerado	diluído	desconectado	dividido
duro	embaraçado	empenado	emperrado
engasgado	enrolado	enroscado	entalado
entalhado	entrançado	entupido	esfolado
esmagado	espatifado	estilhaçado	estreitado
estressado	estriado	explodido	faltando
fatigado	fechado	fendido	firme
fragmentado	fraturado	frouxo	fundido
furado	gasto	glutinoso	impedido
inflexível	inoperante	instável	intermitente
interrompido	irregular	lascado	ligado
obstruído	pegajoso	perdido	perfurado
picado	picotado	puído	puncionado
quebradiço	quebrado	queimado	rachado
raiado	ralado	rasgado	raspado
rodeado	rompido	seco	separado
sobreaquecido	sobrecarregado	sobrepressionado	sobreveloz
sujo	teso	torcido	tosquiado
trançado	travado	vazado	viscoso

Esta lista não é exaustiva, podendo ser estendida para adjetivos mais especializados, dependendo da tecnologia do componente. Uma lista padronizada pode ser útil para cada tecnologia de componente, associando um código a cada modo de falha, tal como ilustrado na Tabela 12, Tabela 13 e Tabela 14, para componentes mecânicos, elétricos e estruturais, padronizando o nível de descrição recomendado.

Nível de descrição

O nível de detalhe adotado na descrição deve ser suficiente para selecionar uma política de manutenção. Assim, até uma descrição mínima tal como ***"Componente Anormal"*** será suficiente se o item inteiro for substituído para qualquer modo de falha, ou para os modos de falha aleatórios, desde que esteja documentado o significado daquele modo de falha. Em outros casos, será recomendável particularizar os modos dominantes com descrições e soluções diferenciadas, unificando os demais modos na descrição acima. No caso geral, além da descrição acima, os seguintes aspectos poderão ser incluídos ao descrever o modo de falha:

- **Causalidade** – o que provoca o modo de falha;
- **Probabilidade** – com que freqüência ele ocorre;
- **Conseqüência** – quais os impactos da falha;
- **Contexto** – modos operacionais específicos.

Observe, novamente, que o conhecimento da causalidade do modo de falha, embora desejável, para implantação de melhorias, não é indispensável ou obrigatório para se estabelecer a manutenção necessária, não sendo, portanto, exigida para aplicação da MCC.

5.4 Resumo

Este capítulo forneceu uma introdução aos conceitos de modos de falha adotados na MCC, incluindo:

- Conceituação de modos de falha;
- Classificação dos modos de falha;
- Mecanismos de modos de falha;
- Documentação dos modos de falha.

Para a escolha da política de manutenção, além dos modos de falha, será necessário identificar os efeitos resultantes destas falhas, seguindo a metodologia FMEA, na Segunda Etapa da MCC. Este tópico será o objetivo do próximo capítulo.

5.5 Questões de Revisão

1. Qual a diferença entre os conceitos de modo de falha e causa da falha?
2. Quais os principais modos de falha de componentes mecânicos, elétricos e estruturais?
3. Qual o significado das quatro funções matemáticas que modelam os mecanismos de falha?
4. Quais as diferenças entre os quatro mecanismos de falha típicos de componentes industriais?
5. O que motivou a MCC a revisar a utilidade da curva da banheira?
6. Que fontes de informação podem ajudar na identificação dos modos de falha de uma instalação?
7. O que deve ser incluído na descrição e documentação de um modo de falha?

6

Efeitos de Falhas

Além dos mecanismos dos modos de falha, a Manutenção Centrada na Confiabilidade baseia a escolha das atividades preventivas e corretivas nos efeitos adversos decorrentes das falhas, e nas conseqüências sobre a instalação, usuários e meio ambiente. Pesquisar os efeitos de falhas consiste em investigar como os modos de falha se propagam e influem nos objetivos do sistema em análise, e na funcionalidade da instalação.

Neste capítulo são introduzidos os conceitos básicos e técnicas necessárias à pesquisa dos efeitos de falhas, sua classificação e definição segundo a MCC. O capítulo seguinte estudará as conseqüências decorrentes destes efeitos.

6.1 Identificação de Efeitos

O estudo dos efeitos de falhas deve iniciar-se pela definição precisa deste conceito, segundo a MCC:

Efeito – o que acontece quando um modo de falha se apresenta.

Esta definição evidencia a finalidade do estudo dos efeitos das falhas: pesquisar os impactos dos modos de falha nas funções do sistema e na instalação. Através deste estudo, será possível definir as conseqüências das falhas, estudadas no capítulo seguinte. Note que o efeito pesquisado deverá levar em conta o que ocorreria se nenhuma tarefa específica de manutenção fosse realizada para antecipar, prevenir ou detectar a falha. Antes, porém, será importante distinguir entre os significados de Sintomas e Efeitos da Falha.

Sintoma da falha

O Sintoma é uma manifestação visível de que uma falha potencial existe. Ele pode ou não indicar exatamente onde a falha potencial está localizada ou seu estágio de evolução para falha funcional. Muitos modos de falha não apresentam qualquer sintoma visível. Uma vez que ocorra a falha funcional, qualquer indicação de sua presença não será mais um sintoma, mas sim um efeito da falha. Dito de outra forma, o sintoma é uma manifestação anterior à falha, enquanto o efeito é uma manifestação posterior à falha.

Redundância

Funções e componentes redundantes podem modificar os efeitos produzidos por um modo de falha, ou adiar o instante de sua manifestação. As modificações podem consistir na substituição da função durante a falha, ou introdução de modos operacionais degradados. Eventualmente, a redundância poderá tornar um modo de falha oculto, sem efeitos imediatos visíveis para o usuário da instalação. Isto ocorrerá caso haja insuficiência de meios de supervisão automática.

Nesta etapa do processo MCC, todos os efeitos possíveis devem ser cadastrados, levando em conta a existência de redundâncias físicas ou funcionais. Estes aspectos serão importantes nas etapas posteriores, quando estudarmos as conseqüências das falhas, devendo ser documentados adequadamente na descrição de cada efeito.

Descrição do efeito

O efeito de cada modo de falha deverá ser pesquisado e descrito de tal forma que seja suficiente para avaliar suas conseqüências. Uma descrição típica do efeito de um modo de falha deverá conter informações suficientes para avaliar os seguintes aspectos:

- **Evidência da Falha** – como é observado o efeito;
- **Impacto na Segurança** – que risco apresenta para as pessoas;
- **Impacto Ambiental** – que danos traz ao meio ambiente;

- **Reflexo Operacional** – como afeta a facilidade e nível de produção;
- **Resultado Econômico** – qual o impacto financeiro que o efeito gera;
- **Forma de Reparo** – como retornar a função ao normal após a falha;
- **Características Compensatórias** – projetadas para reduzir o efeito.

Embora não seja obrigatório, recomenda-se dividir a descrição do efeito nos seguintes níveis:

- **Função** – impacto local na função correspondente;
- **Sistema** –impacto no nível superior ao qual pertence;
- **Instalação** – efeito na missão da instalação;
- **Ambiente** – impacto no meio ambiente;
- **Segurança** – ameaça à segurança pessoal e da instalação.

Como evidências de falhas devem ser registrados os meios de supervisão automáticos, tais como alarmes, sinalizadores, etc., assim como sintomas que sensibilizam os sentidos humanos, tais como fumaça, cheiro, ruído, etc. Os aspectos de segurança incluem, entre outros, riscos de incêndio, explosões, emissão de gases e resíduos tóxicos, eletrocussão, acidentes veiculares, contaminação de alimentos e remédios. Impactos na operação e economia podem decorrer de indisponibilidades de linhas de produção, restrições de capacidade, qualidade dos produtos, satisfação e atendimento ao cliente e nível de produção. Finalmente, a forma e o tempo necessários para restaurar a função após a falha devem ser analisados e registrados. Note que o efeito refere-se apenas aos fatos decorrentes da falha, descritas em nível de detalhe suficiente para avaliar suas conseqüências, que serão analisadas no capítulo seguinte.

Pesquisa de efeitos

A técnica básica de pesquisa de efeitos consiste na determinação do impacto de um modo de falha em itens adjacentes, segundo a estrutura funcional do sistema, na capacidade funcional do sistema principal, e riscos para as pessoas e meio ambiente. Esta propagação de efeitos pode ser obtida, por exemplo, através de um diagrama organizacional do sistema, ou através de *softwares* e sistemas especialistas no processo (Capítulo 12).

Considere-se, por exemplo, o diagrama organizacional do helicóptero de caça da Figura 6-1. Um desgaste no rotor da Bomba Central poderá comprometer o Subsistema de Bombas 11a, o qual afetará a funcionalidade do Sistema Hidráulico, com possível perda da funcionalidade do Helicóptero. Conclusões idênticas podem ser obtidas de diagramas lógicos e funcionais, e principalmente de árvores de falhas, descritas nos Capítulos 3 e 4, ou de *softwares* especialistas com base em modelos computacionais do sistema analisado. Evidentemente, a disponibilidade de diagramas deste tipo torna quase evidente a propagação dos efeitos de falha, não dispensando, entretanto, a pesquisa e análise criteriosa por especialistas nos sistemas em estudo.

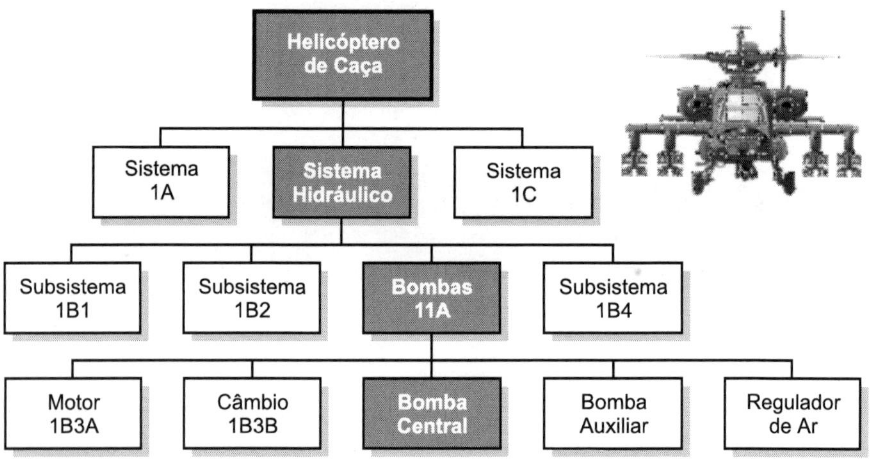

Figura 6-1 — Propagação de Falhas

Critérios de pesquisa

Na pesquisa de efeitos, alguns critérios podem ser úteis, objetivando identificar todos os aspectos importantes, tais como:

- Listar os efeitos mais severos;
- Listar os efeitos razoáveis;
- Qualificar os efeitos menos prováveis, possíveis ou potenciais.

O nível de detalhe necessário nestas descrições deve ser suficiente para avaliar suas conseqüências (Capítulo 7), e se afetam uma função significante do sistema.

A exemplo dos modos de falha, muitas fontes de informações podem ser consultadas sobre os efeitos das falhas. Entre os mais comuns, citam-se:

- Histórico de desempenho e falhas;
- Manuais, desenhos e especificações de projeto;
- Operadores, técnicos e engenheiros do processo;
- Estudo de FMEA realizado por OEM;
- Documentação do fabricante, projetista ou fornecedor;
- Listas genéricas de defeitos;
- Outras aplicações idênticas;
- Experiência de projetistas, integradores e mantenedores; e
- Normas técnicas, legais e de seguro aplicáveis.

Nos sistemas mais simples pode-se dispensar completamente os diagramas organizacionais, e listar os efeitos diretamente a partir dos modos de falha. A Tabela 18 ilustra o resultado deste processo, através de uma planilha FMEA, para uma máquina automática de café.

A última coluna desta tabela evidencia que os modos de falha de uma simples cafeteira podem produzir efeitos cuja severidade varia de um simples café frio até a possibilidade de incêndio. Este fato justifica a ênfase da MCC em classificar os efeitos segundo o nível de importância e severidade para a instalação.

6.2 Classificação de Efeitos

A classificação dos efeitos de falhas permite ao analista separá-los em classes equivalentes, segundo os níveis de importância. O critério normalmente utilizado consiste no estabelecimento de uma associação com uma escala de severidade. Por definição, a severidade é uma medida usada para categorizar os efeitos potenciais de cada modo de falha. Através do nível de severidade, pode-se estabelecer, *a priori*, os limites de aceitabilidade de riscos e conse-

Tabela 18 — Efeitos dos Modos de Falha de uma Máquina de Café

Função	Falha	Modo	Efeito
Misturar café	Não misturar o café	Elemento aquecedor inoperante devido a acúmulo excessivo de cálcio.	Não produz café
		Entupimento no tubo da câmara de aquecimento em face de acúmulo de cálcio.	Não produz café
		Fio em curto-circuito face sobreaquecimento.	Possibilidade de incêndio
		Chave *on/off* aberta devido à corrosão.	Não mistura café
Manter a temperatura do café a 120°~5°F	Não aquecer o café	Elemento aquecedor inoperante devido a acúmulo excessivo de cálcio.	Café frio
		Termostato de aquecimento da placa inoperante face a curto-circuito interno.	Café frio
	Café mais quente do que 125° F	Termostato de aquecimento da placa aberto devido a corrosão.	Dano possível à placa de aquecimento
	Café mais frio do que 115° F	Termostato de aquecimento da placa em curto-circuito devido a sobreaquecimento.	Café frio

qüências de falhas, os quais nortearão as medidas corretivas e preventivas adotadas na manutenção. Assim, os limites de aceitabilidade são usados tanto para determinar os modos de falha que serão analisados como para desenvolver os requisitos de manutenção preventiva que impeçam ou limitem as conseqüências das falhas a níveis aceitáveis.

O primeiro destes objetivos serve para filtrar os modos de falha que não produzem qualquer efeito adverso na instalação, ou apenas efeitos imperceptíveis ou insignificantes, e para os quais a organização não precisa tomar qualquer medida preventiva. Os demais modos deverão ser avaliados quanto à gravidade dos seus efeitos, objetivando definir as medidas preventivas ou corretivas pertinentes, em função da avaliação dos riscos decorrentes.

Avaliação de risco

O efeito de um modo de falha pode medir-se por uma avaliação de risco. Em geral, esta avaliação utiliza a clássica fórmula:

***Risco** = Severidade x Freqüência.* *Equação 7*

Ou seja, o nível perceptível do risco é proporcional à freqüência com que os eventos ocorrem, ponderada pela severidade dos danos produzidos por cada evento. É comum acrescentar nesta equação uma ponderação adicional do risco em função da dificuldade em sua detecção, ou seja:

***Risco** = Severidade x Freqüência x Detectabilidade.* *Equação 8*

Esta dificuldade pode ser estimada por uma escala de níveis de detectabilidade, escolhida e padronizada pela organização.

Níveis de detectabilidade

A dificuldade na detecção de eventos de risco normalmente pode ser avaliada através de uma escala de cinco níveis, conforme ilustrado na Tabela 19. Neste caso, o nível de detectabilidade é associado à atividade necessária para sua detecção da falha.

Tabela 19 — Níveis de Detectabilidade de Risco

Nível	Detectabilidade	Descrição
1	Fácil	Falha detectável por procedimento operacional.
2	Razoável	Falha detectável por inspeção operacional.
3	Difícil	Falha detectável por ensaio funcional.
4	Muito difícil	Falha detectável apenas por desligamento.
5	Impossível	Falha totalmente oculta.

É próprio da natureza humana ponderar os riscos em função do nível de informação disponível, e na freqüência de ocorrência, justificando o interesse na detectabilidade.

Níveis de freqüência

Além da detectabilidade de cada falha, a análise de risco considera também a freqüência de sua ocorrência, expressa continuamente, ou escalonada em níveis. Em uma das formas mais simples de análise de risco, a freqüência de ocorrência de modos de falha pode ser medida numa escala de seis níveis, definidos conforme a Tabela 20.

Tabela 20 — Níveis de Freqüência de Modos de Falha

Frequência	Descrição	Exemplo
Freqüente	Esperado ocorrer freqüentemente Falha ocorrerá continuamente	$\geq 10^{-1}$/ano
Provável	Ocorrerá várias vezes Falha ocorrerá com freqüência	$< 10^{-1}$/ano $\geq 10^{-2}$/ano
Ocasional	Possível ocorrer várias vezes Falha esperada ocorrer ocasionalmente	$< 10^{-2}$/ano $\geq 10^{-3}$/ano
Remoto	Esperada ocorrer algumas vezes Falha razoavelmente esperada	$< 10^{-3}$/ano $\geq 10^{-4}$/ano
Improvável	Possível de ocorrer, mas improvável Falha ocorrerá excepcionalmente	$< 10^{-4}$/ano $\geq 10^{-5}$/ano
Inacreditável	Essencialmente inesperada ocorrer Falha praticamente não ocorrerá	$< 10^{-5}$/ano

Outras escalas podem ser utilizadas, especializadas por tecnologia, ou ramo de negócio da instalação, com maior oú menor número de classes. Em outros casos, pode ser suficiente usar diretamente uma escala qualitativa de severidade.

Níveis de severidade

Muitas escalas de severidade são possíveis, dependendo da disponibilidade de recursos para análise. A prática da MCC tem evidenciado que uma escala de quatro ou cinco categorias de severidade é suficiente para classificar adequadamente o efeito de falhas. Estas categorias são derivadas da norma militar americana MIL-STD-882D[22], conforme a Tabela 21, associando-as aos possíveis danos ambientais, pessoais ou econômicos da falha.

[22] *Standard Practice For System Safety Program Requirements.*

Tabela 21 — Níveis de Severidade de Risco

Categoria	Severidade	Valor	Dano		
			Ambiental	**Pessoal**	**Econômico**
I	Catastrófico	5	Grande	Mortal	Total
II	Crítico	4	Significante	Grave	Parcial
III	Marginal	3	Leve	Leve	Leve
IV	Mínimo	2	Aceitável	Insignificante	Aceitável
V	Insignificante	1	Inexistente	Inexistente	Inexistente

Cada categoria pode ser associada a um valor numérico, o qual é utilizado na Equação 7 e Equação 8, para ponderar o risco de acordo com a severidade do efeito. Os parágrafos seguintes descrevem o significado de cada categoria de efeito, segundo sua severidade.

Efeito catastrófico

Uma falha produz um **Efeito Catastrófico** se ela pode causar a morte de seres humanos, ou perda do sistema principal, ou grande dano ao meio ambiente. A morte de seres humanos é evidentemente inaceitável em qualquer empreendimento controlado. A perda do sistema principal poderá decorrer de incêndio, explosões ou qualquer outro efeito que produza a indisponibilidade irrecuperável de toda uma instalação ou processo. Este caso depende, evidentemente, da importância do sistema em estudo. Se não existirem sistemas adequados de proteção, o projeto terá que ser modificado invariavelmente.

Efeito crítico

Uma falha produz um **Efeito Crítico** quando ela pode causar ferimento severo ou mesmo a morte, ou dano significante ao sistema ou ao meio ambiente, resultando na perda da missão da instalação. Embora menos grave que a morte, a possibilidade de ferimentos severos em seres humanos exige medidas também críticas. Já a dimensão dos danos significantes, e suas conseqüências, dependerão da aplicação e importância do sistema.

Efeito marginal

Uma falha produz um **Efeito Marginal** quando pode causar ferimento leve ou dano de pequeno porte no sistema ou no meio ambiente, resultando em demora ou degradação de sua missão. A aceitabilidade de ferimentos de pequeno porte dependerá da freqüência prevista, e da possibilidade ou não de adoção de medidas preventivas e corretivas. Os danos pequenos, que apenas degradem ou atrasem o cumprimento de uma missão/função, também deverão ser avaliados em relação à criticidade da própria missão/função.

Efeito mínimo

Uma falha resulta em um **Efeito Mínimo** quando provoca conseqüências reduzidas na operação, meio ambiente e segurança, abaixo dos níveis máximos permitidos das normas legais, demandando recursos econômicos mínimos para restauração à condição original.

Efeito insignificante

Finalmente, uma falha produz um **Efeito Insignificante** quando for insuficiente para causar ferimentos em seres humanos, ou danos ao sistema, ou impactos no meio ambiente insuficientes para infringir qualquer norma ambiental.

Aceitabilidade de risco

As escalas de severidade acima representam um nível resumido de avaliação de efeito, suficiente para análise dos sistemas mais simples. Caso não envolva risco de perda de vida humana, pode-se associar cada nível de severidade a uma escala numérica, que pode medir a conseqüência econômica, tal como perda financeira, material, temporal, etc., de interesse da organização. Se o efeito oferece risco de vida, a mensuração da gravidade às vezes limita-se à comparação com outros riscos incontroláveis, tais como as catástrofes e acidentes naturais, com os quais os seres humanos já convivem.

A aceitabilidade ao risco deverá ser definida pelo gestor da instalação ou organização, sendo comum a adoção de classes de aceitabilidade, como as descritas na Tabela 22, baseadas na atitude e ação consciente da organização diante de sua ocorrência ou possibilidade.

Se os componentes de risco (freqüência, severidade e detectabilidade conforme a Equação 7 e Equação 8) forem definidos numericamente, será possível estabelecer faixas de valores para os diversos níveis de aceitabilidade, através de uma matriz de riscos.

Tabela 22 — Níveis de Aceitabilidade de Risco

Aceitabilidade	**Descrição**	**Ação**
Intolerável	Inaceitável	Deve ser eliminado
Indesejável	Impraticável reduzir	Exige aprovação
Tolerável	Permite controle adicional	Exige aprovação
Desprezível	Permite controle adicional	Não exige aprovação

Matriz de riscos

Combinando os níveis de freqüência dos modos de falha, com os níveis de severidade e aceitabilidade já definidos, é possível construir uma matriz de riscos como a ilustrada na Tabela 23:

Tabela 23 — Matriz de Riscos

Severidade → **Frequência ↓**	**Insignificante**	**Mínima**	**Marginal**	**Crítica**	**Catastrófica**
Freqüente	Indesejável	Indesejável	Intolerável	Intolerável	Intolerável
Provável	Tolerável	Indesejável	Indesejável	Intolerável	Intolerável
Ocasional	Tolerável	Tolerável	Indesejável	Indesejável	Intolerável
Remoto	Desprezível	Desprezível	Tolerável	Indesejável	Indesejável
Improvável	Desprezível	Desprezível	Desprezível	Tolerável	Tolerável
Inacreditável	Desprezível	Desprezível	Desprezível	Desprezível	Desprezível

Note que esta matriz produz, para cada par de valores de Severidade e Freqüência, um nível de Aceitabilidade do Risco classificado entre as opções da Tabela 22, para as quais já foi definida, *a priori*, a atitude da organização. Nesta matriz fica fácil traçar a linha divisória que separa as células toleráveis e desprezíveis das células indesejáveis e intoleráveis. Tal linha pode representar o limite de aceitabilidade de risco, sendo particulares e específicos de cada organização.

Novamente, se a severidade tiver sido quantificada em uma escala numérica, tal como o valor da perda econômica, e se a freqüência for quantificada também em uma escala numérica, tal como freqüência mensal, anual, etc., então será possível atribuir uma escala numérica ao risco de cada falha através da expressão anterior. Neste caso, a análise se resumirá a uma comparação numérica com uma escala de aceitabilidade.

Evidentemente, sabe-se que, em qualquer situação, o nível de tolerância ao risco é um aspecto subjetivo e difícil de quantificar, sendo variável entre pessoas e empreendimentos. Terá, entretanto, de ser estabelecido e documentado, no Plano de Implementação da MCC, descrito no Capítulo 12, entre as preferências e políticas da organização, para nortear as decisões sobre as atividades de manutenção.

Segundo a metodologia MCC, apenas os modos de falha com efeitos considerados inaceitáveis e intoleráveis, na escala de aceitabilidade ao risco, serão considerados nas etapas seguintes do processo MCC. Os demais modos de falha, classificados como toleráveis ou desprezíveis na escala de aceitabilidade, serão apenas documentados no estudo de FMEA, não ensejando análise adicional pela MCC.

6.3 Documentação de Efeitos

A documentação dos efeitos das falhas constitui a fase final da Análise de Modos e Efeitos de Falha. O registro ocorre nas duas colunas finais do formulário FMEA, conforme ilustrado na Figura 2-2.

Note que tanto a descrição do efeito quanto seu nível de criticidade, seja ele medido pela severidade ou aceitabilidade do risco, devem ser registrados no formulário. A descrição obedecerá a um dos padrões utilizados neste capítulo. Já o nível de criticidade deverá usar uma das escalas de severidade ou aceitabilidade do risco, adotada e documentada no Plano de Implementação da MCC. O nível de criticidade servirá para selecionar as falhas que serão analisadas nas etapas subseqüentes da MCC.

6.4 Resumo

Este capítulo forneceu uma introdução aos conceitos de efeitos de falhas adotados na Manutenção Centrada na Confiabilidade, constando da:

- Identificação dos seus efeitos;
- Classificação dos impactos correspondentes; e
- Documentação dos Efeitos no formulário FMEA.

Os limites de aceitabilidade dos efeitos das falhas são definidos através da quantificação ou classificação dos riscos envolvidos, decorrentes da análise de freqüência e severidade dos efeitos dos modos de falha. Estes dados ajudam a filtrar os modos de falha insignificantes, que não justificam esforço adicional de análise. Os demais serão submetidos à avaliação de conseqüências das falhas, na etapa seguinte da MCC, assunto do próximo capítulo.

6.5 Questões de Revisão

1. Quais as diferenças entre os efeitos e sintomas de uma falha?
2. Que partes devem constar da descrição do efeito de uma falha?
3. Quais os significados e importância das escalas de detectabilidade, freqüência e severidade de riscos na MCC?
4. Que critérios são utilizados para definição dos níveis de aceitabilidade de risco de uma organização?
5. Como é formada a matriz de riscos de uma organização?

Terceira Parte

Decisão

Conseqüências de Falhas
Aplicabilidade da Manutenção
Efetividade da Manutenção
Seleção de Atividades

7

Conseqüências de Falhas

Dependendo da instalação, uma falha pode gerar conseqüências insignificantes ou desprezíveis, ou afetar sistemas vitais para o empreendimento e a sociedade ou a segurança dos seres humanos. A avaliação destas conseqüências ocorre na Manutenção Centrada na Confiabilidade após a determinação dos efeitos de cada falha, como parte da Análise de Modos e Efeitos de Falha (FMEA).

As conseqüências são analisadas na MCC pelos impactos dos efeitos dos modos de falha na operação do sistema, no meio ambiente, na segurança física e na economia do processo. Neste capítulo são introduzidos os processos lógicos usados para avaliar as conseqüências de falhas e selecionar as funções significantes para análise subseqüente pelo processo de decisão da MCC.

7.1 Funções Significantes

O conceito de função significante é utilizado na Manutenção Centrada na Confiabilidade para selecionar as funções cujas falhas serão submetidas às etapas subseqüentes do processo decisório da MCC, para escolha da atividade de manutenção.

Critérios de seleção

Segundo a MCC, uma função será significante se uma falha funcional vier a provocar efeito adverso no sistema principal, com conseqüência sobre:

- Segurança;
- Meio ambiente;
- Operação;
- Economia.

Note que a avaliação da significância da função, segundo a MCC, é realizada pelos impactos das falhas funcionais, e não por sua importância ou dimensão, isoladamente. O nível de gravidade do impacto suficiente para tornar a função significante será definido no Plano de Implementação da MCC (Capítulo 12), junto com a definição das escalas de severidade ou risco aceitáveis (Capítulo 6), e registrado na coluna correspondente à Criticidade do formulário FMEA.

Impactos ambientais e de segurança

Para que uma falha tenha impacto na segurança/ambiente, ela deve possuir as seguintes características básicas:

- Ameaça à vida pessoal do operador;
- Ameaça à vida coletiva;
- Infração de uma lei ou padrão ambiental.

A MCC considera que, neste caso, a manutenção preventiva será justificável se ela tornar tolerável o risco ou severidade da falha. Caso contrário, será obrigatória a mudança do projeto.

Com a preocupação atual nos aspectos ambientais e de segurança, grande parte das normas vigentes, tais como as séries ISO 9000 ou ISO 14000, exigem que as organizações demonstrem que estão fazendo tudo que é prudente se fazer para garantir que seus processos sejam seguros. Isto envolve normalmente a montagem de um processo de prevenção documentado e auditável, para o qual a MCC se apresenta como meio ideal.

Impactos econômicos

Além dos impactos ambientais e de segurança, a maioria dos empreendimentos estão sujeitos a impactos econômicos e operacionais. Isto é inerente às organizações que objetivam auferir lucros. Mesmo em organizações sem este fim, como as militares, assistenciais e religiosas, as conseqüências podem ser aferidas por uma variável econômica, tal como custo. Para que uma falha tenha impactos econômicos/operacionais, ela deve possuir uma das seguintes características básicas:

- Alterar a produção;
- Ameaçar a qualidade do produto;
- Gerar insatisfação no cliente;
- Produzir ineficiência no processo;
- Depender do custo e freqüência de ocorrência da falha.

A MCC considera que, neste caso, a manutenção preventiva será justificável se, num dado espaço de tempo, custar menos que a conseqüência operacional/econômica mais o custo do reparo. Caso contrário, se a mudança do projeto não for mais viável ou atrativa, realiza-se apenas um reparo funcional.

Impactos operacionais

Para que uma falha não tenha impactos econômicos mas apenas conseqüências operacionais, ela deve possuir as seguintes características básicas:

- Não impactar na produção;
- Não ameaçar a qualidade do produto;
- Não afetar a satisfação do cliente;
- Não reduzir a eficiência do processo;
- Depender do custo e freqüência de ocorrência da falha.

A MCC considera que, neste caso, a manutenção preventiva será justificável se, num dado espaço de tempo, custar menos que o custo do reparo. Caso contrário, se a mudança do projeto não for mais viável ou atrativa, realiza-se apenas um reparo funcional.

Todos estes fatores são considerados na lógica de seleção de funções significantes, adotada pela MCC.

Lógica de seleção

Para escolher as funções significantes, a MCC utiliza uma lógica simples de seleção, que leva em conta não só estes critérios, como também se já existe alguma atividade de manutenção orientada para a falha funcional. A Figura 7-1 ilustra esta lógica através de um fluxograma.[23]

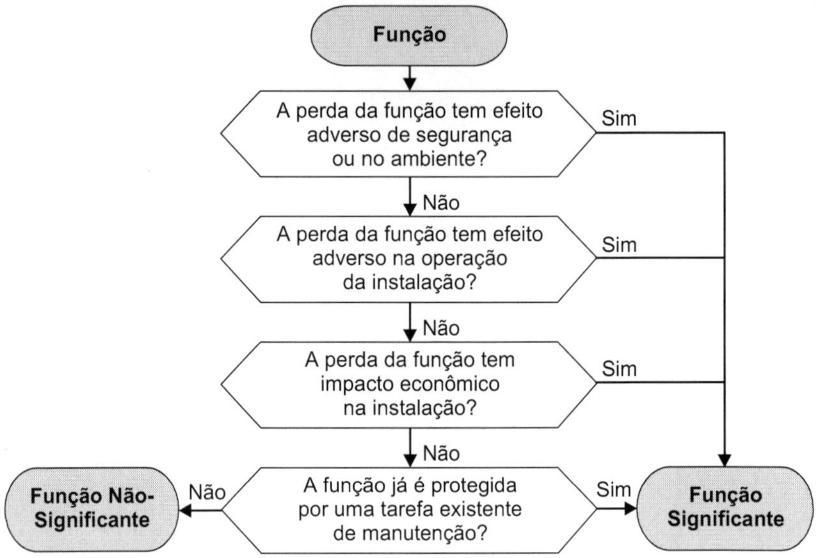

Figura 7-1 — Diagrama Lógico de Seleção

Segundo esta lógica, uma função será significante se sua falha afetar a operação, o meio ambiente, a segurança física ou a economia do processo, ou se já existir alguma atividade de manutenção preventiva. Esta última condição garante que qualquer função protegida por uma tarefa de manutenção existente será reavaliada pela MCC, independente dela impactar os demais aspectos. Para cada atividade existente deve-se questionar: "Que modo de falha poderá ocorrer se esta tarefa não for executada?" Isto garante não só a revisão dos critérios atuais de manutenção, como a descoberta de novos modos de falha, mas principalmente a eliminação de atividades desnecessárias, que não sejam orien-

[23] A norma IEC 60300-3-11 também considera significante qualquer função cuja falha seja oculta para a operação.

tadas para os quatro aspectos priorizados pela MCC. Neste objetivo reside uma das características mais atrativas da MCC que, por si só, tem justificado sua aplicação em muitos estudos de casos publicados.

7.2 Lógica de Decisão

Uma vez escolhidas as funções significantes, a MCC utiliza uma lógica estruturada para determinar a ação recomendada para eliminar ou diminuir as conseqüências de cada modo de falha destas funções. A lógica aplica um grupo de questões objetivas, de dupla escolha (Sim ou Não), para classificar e caracterizar cada modo de falha. As respostas às questões determinam a direção do fluxo da análise, determinando a classe de conseqüência. Deste ponto em diante, a análise estabelece as atividades mais aplicáveis e efetivas, com base no mecanismo de falha.

Níveis de decisão

O processo decisório da MCC ocorre em três níveis (Figura 7-2), associados, respectivamente, às causas, efeitos e conseqüências das falhas:

1. O primeiro nível avalia cada modo de falha de acordo com a visibilidade dos *efeitos* produzidos;
2. O segundo nível avalia as *conseqüências* da falha sobre a segurança e economia/operação da instalação;
3. O terceiro nível avalia as *causas* de cada modo de falha para selecionar o tipo de atividade de manutenção que seja aplicável e efetiva.

Critérios de decisão

A lógica de decisão requer então que os seguintes elementos sejam considerados, para cada modo de falha:

- Visibilidade da falha funcional para a equipe de operação;
- Conseqüência da falha para a instalação e seus usuários;
- Visibilidade da falha potencial para a equipe de operação;
- Causa e mecanismo de falha no tempo;
- Impactos econômicos, ambientais e de segurança.

A conseqüência de cada falha será função dos efeitos produzidos, conforme estudado no capítulo anterior, com destaque para os aspectos operacionais, ambientais e de segurança. A visibilidade será determinante na escolha da atividade de manutenção. No caso de falhas ocultas, os impactos operacionais, econômicos, ambientais e de segurança serão avaliados com base nas conseqüências de uma falha múltipla, seja de componentes redundantes ou funções ocultas.

Redundância

Funções e componentes redundantes podem modificar as consequências produzidas por um modo de falha, ou adiar o instante de sua manifestação. As modificações podem consistir na substituição da função durante a falha, ou na introdução de modos operacionais degradados. Eventualmente, as conseqüências só serão sentidas com uma falha múltipla das funções redundantes, tornando oculta a falha simples, sem consequências imediatas visíveis para o usuário.

Nesta etapa do processo MCC, todas as conseqüências possíveis devem ser analisadas, levando em conta a existência de redundâncias físicas ou funcionais, que afetem a visibilidade das falhas simples. Estes aspectos são analisados através do diagrama lógico de decisão adotado na MCC.

Diagrama de decisão

Para implementar o processo decisório, cada modo de falha é inicialmente avaliado quanto à sua visibilidade e conseqüência, e classificado em uma das seguintes categorias:

- **ESA** – Segurança/Ambiental Evidente;
- **OSA** – Segurança/Ambiental Oculta;
- **EEO** – Operacional/Econômico Evidente;
- **OEO** – Operacional/Econômico Oculta.

Estas quatro categorias são escolhidas através do Diagrama de Decisão da MCC, conforme ilustrado na Figura 7-2.

Neste diagrama, três questões básicas devem ser respondidas para cada modo de falha, para que a falha seja classificada.

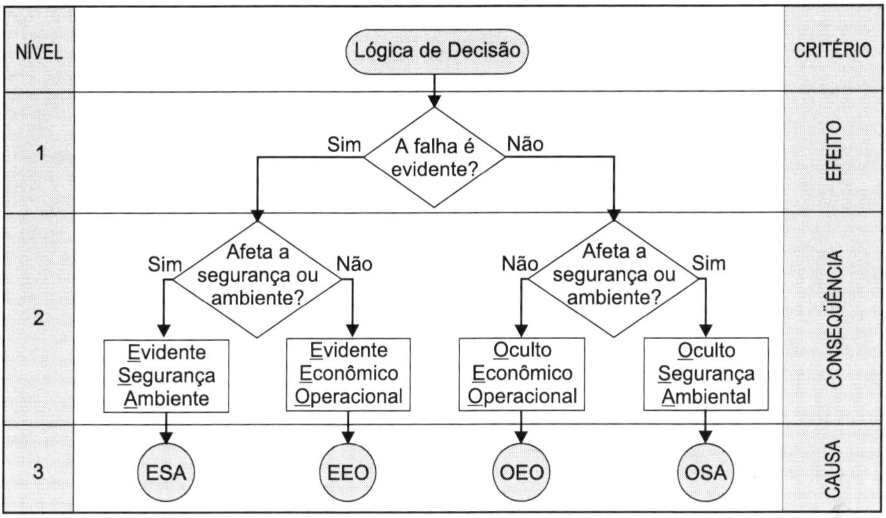

Figura 7-2 — Diagrama de Decisão

Questão 1 — A falha é evidente?

A falha funcional ou efeito do modo de falha, quando ocorre, por si só, é evidente para o operador em suas atividades normais? A expressão "evidente" significa que não será necessário qualquer teste ou inspeção especial diferente daquelas realizadas pelo operador. Qualquer anormalidade sinalizada através de um sistema automático de supervisão será considerada como evidente para o operador. Por operador entenda-se o piloto, motorista, tripulação, condutor ou qualquer usuário do equipamento. Em geral, o operador será um leigo sobre os aspectos técnicos do equipamento, e, principalmente, sobre sua manutenção. As atividades normais seriam aquelas executadas durante o funcionamento normal da instalação, tais como partida, parada, regime, etc.

Uma resposta afirmativa ou negativa a esta questão definirá a próxima pergunta a ser respondida entre as questões 2 e 3 a seguir.

Questão 2 — Se a falha é evidente, afeta a segurança/ambiente?

O modo de falha causa uma perda de função ou dano secundário que poderia ter um efeito adverso na segurança operacional? E no meio ambiente?

Por segurança operacional entende-se qualquer aspecto que possa por em risco a vida de pessoas, entre elas o operador, acima de uma probabilidade, risco ou possibilidade considerada intolerável, ou que possa danificar, de modo permanente, a instalação. Os níveis de tolerância aceitáveis para os riscos deverão preferencialmente ser estabelecidos através de uma matriz de riscos, como já ilustrado na Tabela 23, quando do estudo dos efeitos das falhas. Os aspectos ambientais envolvem os riscos de emissão de poluentes, contaminação tóxica, etc., ou a infração de normas legais relativas ao ambiente.

Uma resposta negativa a esta questão indicará que a falha apenas provoca efeitos adversos na economia ou na capacidade operativa do processo. Isto normalmente resulta na necessidade de se impor restrições operacionais ou uso de procedimentos anormais ou emergenciais, com redução na produção ou qualidade do processo ou aumento do custo operacional.

Questão 3 — Se a falha é oculta, afeta a segurança/ambiente?

A ocorrência de falha oculta, em combinação com um segundo evento/falha, causa uma perda de função ou dano secundário que poderia ter um efeito adverso na segurança operacional? E no meio ambiente? Por ser oculta, apenas um segundo evento ou falha irá desencadear as conseqüências citadas.

Muitas falhas de componentes passam despercebidas pelos operadores e usuários das instalações. Em geral estão associadas a dispositivos de proteção ou segurança, e a componentes de reserva e *stand-by*. Apenas quando são requisitados, através de um outro evento, é que estes componentes são acionados, revelando suas falhas ocultas.

A MCC considera que neste caso, a manutenção preventiva será justificável se garantir a disponibilidade necessária para reduzir a probabilidade de falha múltipla a um nível aceitável. Caso contrário, se a mudança de projeto não for mais atrativa realiza-se apenas reparos funcionais.

7.3 Documentação das Conseqüências

A exemplo das demais etapas da metodologia MCC, o resultado da análise das conseqüências das falhas deve ser documentado, para referência futura e auditoria. O registro servirá também para estabelecer as etapas seguintes da MCC, que dependem das decisões tomadas neste estágio.

Formulário de árvore de decisão

A Figura 7-3 ilustra o modelo de formulário utilizado para registrar as decisões tomadas na análise das conseqüências das falhas.

Árvore de Decisão

Unidade	Código	Facilitador	Data	Folha
Item	Código	Auditor	Data	De

FU	FA	MO	Modo de Falha	Visível e Evidente	Segurança Ambiental	Econômico Operacional	Categoria

Figura 7-3 — Formulário de Árvore de Decisão

A parte superior do formulário é composta de campos de identificação e codificação do sistema, e dos analistas de MCC, descritos na Tabela 2, sendo comuns a todos os formulários adotados neste manual. Os campos restantes são utilizados para documentar as decisões tomadas na análise de conseqüências, conforme descrito na Tabela 24.

Tabela 24 — Formulário de Árvore de Decisão

Campo	Título	Descrição
11	FU	Numerar seqüencialmente as funções do sistema atual. Este número será referenciado em outros formulários.
12	FA	Numerar seqüencialmente as falhas possíveis da função atual, reiniciando a contagem em cada nova função. Este número será referenciado em outros formulários.
13	MO	Numerar seqüencialmente os modos possíveis da falha atual, reiniciando a contagem em cada nova falha. Este número será referenciado em outros formulários.
14	Modo de Falha	Nomear cada modo de falha possível para a falha atual.
15	Visível & Evidente	Informar, com SIM (ou X) ou NÃO, se a falha é evidente ou visível ao operador da instalação.
16	Segurança Ambiental	Informar, com SIM (ou X) ou NÃO, se a falha afeta a segurança ou o meio ambiente.
17	Econômico Operacional	Informar, com SIM (ou X) ou NÃO, se a falha tem conseqüências operacionais ou econômicas.
18	Categoria	Classificar a categoria da falha em uma das seguintes classes: **EEO** – Evidente Econômico/Operacional; **ESA** – Evidente Segurança/Ambiental; **OEO** – Oculta Econômico/Operacional; **OSA** – Oculta Segurança/Ambiental.

7.4 Resumo

Este capítulo forneceu uma introdução aos conceitos de conseqüências de falhas adotados na Manutenção Centrada na Confiabilidade, incluindo:

- Funções significantes;
- Lógica de decisão da MCC;
- Documentação de conseqüências.

Este capítulo também encerra as etapas iniciais da MCC, destinadas ao estudo e documentação da funcionalidade e falhas dos sistemas. Até este ponto, a análise abstraiu-se de propostas de atividades de manutenção, exceto quanto à inclusão nas funções significantes (Figura 7-1), das atividades do programa de manutenção existente. Com os resultados destas etapas, é possível iniciar-se o estudo das atividades aplicáveis para cada modo de falha, assunto do próximo capítulo.

7.5 Questões de Revisão

1. Que critérios são utilizados na MCC para selecionar as funções significantes de uma instalação?
2. Como funciona a lógica de seleção das funções significantes de uma instalação?
3. Que aspectos são avaliados em cada nível da lógica de decisão da MCC?
4. Que categorias são utilizadas para classificar as conseqüências dos modos de falha na lógica de decisão da MCC?
5. Quais os significados das três questões utilizadas pela lógica de decisão da MCC para classificar as conseqüências dos modos de falha?
6. Que características de um modo de falha provocam impactos de segurança?
7. Que características de um modo de falha resultam em impactos econômicos?
8. Que requisitos um modo de falha deve ter para gerar apenas impactos operacionais?

8

Aplicabilidade da Manutenção

O estudo das conseqüências de falhas e a escolha das funções significantes de uma instalação são os requisitos exigidos pela Manutenção Centrada na Confiabilidade para selecionar as atividades aplicáveis na prevenção ou correção das falhas. Entre os critérios de aplicabilidade constam não só a viabilidade técnica, mas também a praticidade das atividades propostas. Estes passos compõem a Quarta Etapa da Metodologia MCC, conforme o diagrama de processo da Figura 2-3.

Neste capítulo são introduzidos os processos lógicos usados para determinar as ações que podem ser tomadas para prevenir ou corrigir cada modo de falha das funções significantes, ou, alternadamente, diminuir seus efeitos e conseqüências a níveis aceitáveis. A decisão final será tomada quando da análise de efetividade de cada atividade proposta, estudada no capítulo seguinte.

8.1 Critérios de Aplicabilidade

Para que uma atividade de manutenção seja aplicável a um modo de falha, ela deve assegurar um conjunto de requisitos de natureza técnica e de ordem prática. Segundo a MCC, uma atividade de manutenção, para ser aplicável, deve garantir um dos seguintes objetivos:

- Prevenir modos de falha;
- Reduzir a taxa de deterioração;

- Detectar a evolução de falhas;
- Descobrir falhas ocultas;
- Suprir necessidades e consumíveis do processo;
- Reparar o item após a falha.

Qualquer atividade que consiga prevenir a ocorrência de um modo de falha será naturalmente preferida, sob o ponto de vista técnico. Entretanto, a prevenção nem sempre é possível, por razões técnicas ou econômicas, sendo substituída por medidas paliativas destinadas à redução da taxa de deterioração, nos modos de falha sujeitos a desgastes progressivos, ou redução de taxa de falha, nos demais modos.

Nos modos de falha com evolução visível, pode ser viável a detecção precoce antes da falha. As atividades de detecção surgiram após 1950, com o desenvolvimento das técnicas preditivas, constituindo-se atualmente em intenso campo de pesquisa e aplicação. Em alguns casos, embora não seja possível *detectar* a evolução da falha, pode ser possível *prever* ou *antecipar* sua evolução, através de modelos de deterioração[24], e viabilizar a restauração ou substituição antes da falha funcional. Quando não são possíveis de *detectar*, ou *antecipar*, alguns modos de falha devem ser "*descobertos*" após a ocorrência, por não serem evidentes ao operador. Outros componentes exigem a execução de atividades operacionais periódicas, visando *controlar* a incidência da falha, tais como o ressuprimento de materiais consumíveis, como forma de evitar que falhem. Em última instância, quando não for possível *detectar*, *antecipar*, *controlar* ou *descobrir* uma falha, ou seja, quando a prevenção não conseguir *evitar*, então será necessário recorrer a atividades corretivas para *restaurar* ou *reparar* a funcionalidade de um item, ou *re-projetar*, se for justificável.

É importante que a adoção de qualquer atividade não seja baseada unicamente em sua sofisticação técnica, mas só após verificada sua efetividade econômica, assunto do próximo capítulo. Isto se aplica também, e principalmente, às atividades constantes no programa existente de manutenção. Em muitos casos, a MCC recomendará a substituição ou eliminação das atividades atuais, caso elas não sejam aplicáveis.

---

[24] Veja, por exemplo, os modelos da Mecânica de Fratura Probabilística, para previsão da evolução e falha funcional por fraturas em sólidos no *Manual de Confiabilidade, Mantenabilidade e Disponibilidade,* de J. R. B. Lafraia, (Editora Qualitymark, Rio de Janeiro, 2001) ou os modelos de propagação de corrosão em estruturas metálicas.

Classificação de atividades

Para estudar a aplicabilidade das tarefas de manutenção, é usual dividi-las em atividades programadas (executadas em intervalos pré-determinados), e não-programadas (executadas quando da ocorrência de defeitos ou falhas funcionais). Vários critérios de programação podem ser utilizados, de acordo com o comportamento do modo de falha.

Atividades programadas

A MCC subdivide as atividades programadas em quatro classes distintas, segundo o critério de programação:

- Atividades direcionadas por tempo;
- Atividades direcionadas por condição;
- Atividades direcionadas por falhas;
- Atividades direcionadas para operação.

As **atividades direcionadas por tempo** devem ser executadas em datas ou ciclos limites de operação. São adequadas para modos de falha com desgastes progressivos ou vida útil previsível, para as quais é possível *antecipar* o instante futuro da falha.

Já as **atividades direcionadas por condição** são recomendadas para modos de falha observáveis e evolutivos. As técnicas preditivas são utilizadas largamente nestes casos, quando se consegue *detectar* a evolução futura da falha.

As **atividades direcionadas por falhas** destinam-se essencialmente a *descobrir* a ocorrência de modos de falha ocultos, visando *evidenciar* sua existência e *prevenir* sua evolução para falhas múltiplas.

Finalmente, as **atividades orientadas para operação** visam *suprir* o processo de materiais consumíveis, tais como combustíveis e lubrificantes, e *preservar* o ambiente da instalação, tais como limpeza e conservação de iluminação, etc. Por serem atividades simples e de alta freqüência, são recomendadas para execução pela própria equipe de operação.

Atividades não-programadas

Por sua vez, a MCC classifica as atividades não-programadas em duas classes distintas, segundo o motivo da execução:

- Atividades de correção de defeitos; e
- Atividades de correção de falhas.

As **atividades de correção de defeitos** são executadas quando da identificação de um estado de deterioração funcional (pela manutenção programada, por uma análise de dados e desempenho operacional, ou pela equipe de operação), visando *corrigir* o defeito antes de sua evolução para uma falha.

As **atividades de correção de falhas** são executadas após uma falha, visando *restaurar, substituir* ou *reparar* a capacidade funcional do item.

Esta classificação pode ser usada para padronizar os nomes das atividades na MCC.

Denominação das atividades

Para facilitar a referência, este manual classifica e padroniza a denominação das tarefas de manutenção da MCC através das seguintes siglas e nomes:

- **SP** – Substituição Preventiva (direcionada por tempo);
- **RP** – Restauração Preventiva (direcionada por tempo);
- **IP** – Inspeção Preditiva (direcionada por condição);
- **IF** – Inspeção Funcional (direcionada por falhas);
- **SO** – Serviço Operacional (direcionada para operação);
- **MC** – Manutenção Corretiva (direcionada por condição);
- **RF** – Reparo Funcional (direcionada por falha).

A **Substituição Preventiva** consiste na reposição programada de um item em operação, em determinada idade limite, para *prevenir* sua falha funcional. Aplica-se principalmente a equipamentos com vida útil predefinida, tais como baterias seladas, células de combustível nuclear, etc., para os quais seja impossível ou antieconômica sua restauração.

A **Restauração Preventiva** consiste na correção programada do desgaste ou desvio de um item em operação, em determinada idade limite, para *prevenir* sua falha funcional. Aplica-se principalmente a equipamentos sujeitos a desgastes progressivos, para os quais seja possível e econômica sua recuperação.

A **Inspeção Preditiva** consiste na verificação programada, por sentido humano ou instrumental, do estado de evolução de uma falha potencial, com o objetivo de *detectar* e corrigir antes da evolução para uma falha funcional.

A **Inspeção Funcional** consiste na verificação programada do estado funcional de um item, visando *descobrir* uma falha funcional que já tenha ocorrido, mas que não seja visível para a equipe de operação. Envolve invariavelmente testar a funcionalidade do item.

O **Serviço Operacional** consiste no ressuprimento de materiais consumíveis usados na operação normal do equipamento, e outras atividades repetitivas, tais como a conservação e limpeza do ambiente, destinadas a *controlar* a incidência de falhas.

A **Manutenção Corretiva** consiste na restauração não-programada da capacidade funcional de um item, visando *corrigir* defeitos ou falhas potenciais detectadas por uma atividade programada ou outro meio, antes que evolua para um falha funcional.

Finalmente, o **Reparo Funciona**l consiste na recuperação não-programada da capacidade funcional de um item, visando *reparar* falhas funcionais já ocorridas, não prevenidas pelas atividades programadas.

A aplicabilidade destas atividades a um dado componente será função do seu comportamento em relação à evolução da falha. A Tabela 25 resume esta correlação.

Tabela 25 — Tipo de Manutenção por Comportamento da Falha

Evolução da Falha	Ação	Tipo de Manutenção
Estável	Nenhuma	Desnecessária
Mensurável	Detectar	Inspeção Preditiva
Previsível	Antecipar	Restauração ou Substituição
Controlável	Controlar	Serviço Operacional
Invisível	Descobrir	Inspeção Funcional
Visível	Corrigir	Manutenção Corretiva
Incontrolável	Reparar	Reparo Funcional

Observe-se que este quadro é apenas orientativo quanto à aplicabilidade das atividades, já que outros fatores, principalmente relacionados à efetividade, terão que ser levados em conta na escolha final. Os itens seguintes detalham os critérios de aplicabilidade específicos de cada atividade.

8.2 Serviço Operacional

Mesmo os mais modernos sistemas de produção exigem atividades operacionais para continuarem funcionando. Estas atividades, de maneira geral, são executadas pelo operador, com a finalidade de *controlar* ou impedir a evolução de falhas, tais como:

- *Substituir* peças com baixa complexidade;
- *Restaurar* pequenos defeitos;
- *Detectar* anormalidades e imprecisões;
- *Suprir* materiais consumíveis;
- *Lubrificar* pontos manuais; ou
- *Conservar* o ambiente da instalação.

Pequenos reparos e substituições de peças não precisam aguardar o serviço de pessoal especializado, assim como não é necessário o monitoramento visual de eventuais anormalidades, em especial a ocorrência de sobrecargas. O esgotamento de um consumível, por falta de reposição, levará à interrupção brusca da função correspondente. Já a falta de lubrificação conduzirá à degradação progressiva e à falha funcional. Finalmente, a maioria das funções de um sistema será afetada pela falta de conservação do meio ambiente, especialmente quanto à temperatura, umidade, impurezas, etc.

Note a similaridade destas atividades com a Manutenção Autônoma, preconizada pela Manutenção Produtiva Total (TPM). Em particular, podem ser aplicadas as técnicas de 5S para conservação do ambiente, e outras do Gerenciamento pela Qualidade Total (TQM).

Critério de aplicabilidade

O que caracteriza estas atividades é sua alta freqüência e baixa complexidade, não exigindo treinamento especializado do operador. De maneira geral, os seguintes critérios de aplicabilidade são utilizados nos serviços operacionais:

- A tarefa deve reduzir a taxa de deterioração funcional;
- O consumível deve ser usado na operação normal e atender a necessidade de consumo do processo;
- A lubrificação manual deve ser definida por projeto, com o tipo de lubrificante e intervalo conforme recomendação do fabricante.

Em instalações sujeitas a cargas variáveis, também pode caber à operação o monitoramento do carregamento dos equipamentos e do nível de estoque de materiais consumíveis.

Materiais consumíveis

Entre os materiais consumíveis na operação e manutenção de máquinas, citam-se:

- Combustíveis em máquinas motrizes;
- Tintas em registradores e máquinas de pintura;
- Solda em máquinas de solda;
- Líquidos em sistemas de arrefecimento;
- Lubrificantes em geral.

Cada tipo de processo utiliza materiais consumíveis específicos. Exemplos de consumíveis usados na manutenção predial são:

- Massas plásticas para revestimento;
- Materiais de vedação;
- Tintas em geral;
- Material de limpeza, etc.

Além de controlar a taxa de incidência de falhas, a MCC considera que as atividades operacionais devem ser previstas na concepção original da instalação. Do contrário, serão indicativos da necessidade de revisão do projeto.

8.3 Inspeção Preditiva

Por definição, uma Inspeção Preditiva é qualquer inspeção programada com a finalidade de detectar uma condição de falha potencial. Se nesta inspeção for constatada uma condição de falha potencial, então uma ação corretiva é tomada ou programada. Caso contrário, o item permanece em operação, sem atividade adicional. Invariavelmente, a Inspeção Preditiva envolve uma avaliação quantitativa do desempenho da função, em relação a limites estabelecidos.

Note que a atividade consiste apenas na fase de inspeção. A atividade corretiva, mesmo se for realizada durante a inspeção, é considerada pela MCC como uma outra atividade. Recomenda-se que esta distinção seja considerada também na classificação das Ordens de Serviço do Sistema de Gerenciamento da Manutenção, para garantir o acompanhamento correto da incidência de defeitos e outras estatísticas.

Critérios de aplicabilidade

Para a aplicação da Inspeção Preditiva a um modo de falha, algumas questões devem ser respondidas antes de sua implantação:

- Que característica de degradação será usada como um indicador da resistência ou evolução da falha do item?
- Qual a definição do limite de falha funcional?
- Qual a definição do limite de falha potencial?
- Qual o intervalo (PF) entre falha potencial e falha funcional e quão consistente e estável ele é?
- É possível desenvolver a tarefa (monitorar) com um intervalo tecnicamente viável?

Estas questões servem para confirmar os seis critérios seguintes, exigidos para aplicabilidade da Inspeção Preditiva em um item:

1. Existe um parâmetro correlacionado com a evolução da falha;
2. É possível definir um valor limite deste parâmetro que identifique a falha potencial;
3. Existe técnica de medição deste parâmetro sem necessidade de desmontar o processo;
4. O intervalo entre a falha potencial e falha funcional (PF) é razoavelmente consistente;
5. O intervalo entre a detecção da falha potencial e a falha funcional é suficiente para uma ação de prevenção; e
6. É prático monitorar o item a intervalos inferiores ao intervalo PF.

Medição do parâmetro

A característica típica da Inspeção Preditiva relaciona-se à medição de um parâmetro correlacionado à falha. O termo medição deve ser usado no sentido amplo, significando tanto a aferição física do parâmetro quanto a observação, ou mesmo um cálculo, baseado em outros dados do processo. O parâmetro deve ser capaz de diagnosticar o sintoma do modo de falha, servindo também para acompanhamento de sua evolução. Em geral, estas inspeções são realizadas com o item em operação, ou seja, não indisponibilizam o equipamento para a operação durante sua execução.

Um fator essencial para a implantação da Inspeção Preditiva é o estabelecimento de limites para o parâmetro medido, além dos quais deve-se realizar ou programar a intervenção corretiva. Conforme se verá no Capítulo 11, este aspecto será determinante na modelagem estatística deste tipo de atividade e na escolha da freqüência ótima de inspeção.

Parâmetro de inspeção

A escolha do indicador talvez seja a decisão mais importante em um projeto de Inspeção Preditiva. Esta decisão afetará não só o custo e viabilidade da tarefa, mas também os limites estabelecidos para o acionamento de atividades corretivas e os correspondentes intervalos PF disponíveis para correção de falhas potenciais. A título de exemplo, a Figura 8-1 ilustra diferentes tipos de indicadores que podem ser usados para Inspeção Preditiva de mancais de rolamento.

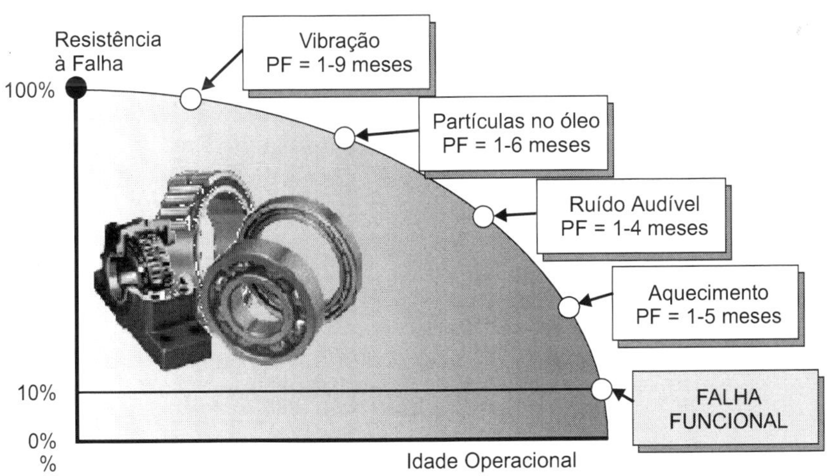

Figura 8-1 — Diferentes Indicadores de Falha Potencial

Note que, dependendo do indicador escolhido, o intervalo PF poderá variar de nove meses a cinco dias, revelando a importância da escolha deste indicador. Estes indicadores estão representados sobre a curva de resistência à falha do item, mostrando a variação da resistência ao longo da vida útil.

Muitas outras técnicas de monitoramento de condição estão disponíveis, com variados níveis de precisão, dependendo da tecnologia usada e grandeza monitorada. A Tabela 28 do apêndice deste capítulo lista as faixas típicas do intervalo PF para várias técnicas de monitoramento, que dependem da forma da curva de resistência específica para cada modo de falha.

Levantamento da curva de resistência

A obtenção da curva de degradação da resistência à falha pode ser realizada de várias formas, dependendo do nível de informação disponível sobre o equipamento. Três formas básicas são comuns:

- Método Laboratorial;
- Método Analítico;
- Método Estatístico.

No **Método Laboratorial**, realizam-se ensaios de protótipos em laboratório. Conhecidos como testes de envelhecimento precoce, submete-se o item a um ciclo de estresse operacional acima do ciclo normal, objetivando antecipar a ocorrência de falhas. Um modelo de correlação é usado para traduzir o estresse experimental às condições normais de operação.

No **Método Analítico**, obtém-se a curva de resistência através de um modelo físico do mecanismo de falha. Modelos de propagação de fraturas em peças mecânicas ou de penetração de umidade e corrosão em concreto armado são exemplos deste método.

No **Método Estatístico**, ajusta-se uma distribuição de probabilidade de falhas com base no histórico de falhas operacionais do item ou de equipamentos similares. A disponibilidade de dados consistentes e suficientes para estatísticas confiáveis é o requisito deste método.

Evidentemente, quando possível, deve-se utilizar o último método, por ser mais próximo do ciclo operacional real do equipamento. Conforme se verá no Capítulo 11, mesmo quando não se dispõe de dados reais do item em operação, é possível ajustar um modelo através de vários métodos de estimativa.

A escolha do método será função principalmente das conseqüências da falha do item. Quando estas são essencialmente de segurança, a curva de resistência à falha é tipicamente determinada de forma analítica ou através de testes laboratoriais pela importância atribuída ao item. Opcionalmente pode ser usado o método estatístico, quando estiverem disponíveis dados confiáveis sobre seu desempenho. O método usado dependerá do modo de falha pesquisado. Quando as conseqüências da falha limitam-se aos impactos operacionais ou econômicos, normalmente utiliza-se o método estatístico.

Em qualquer caso, deverá ser avaliada também a influência do esforço funcional sobre a capacidade e resistência à falha do item.

Característica de esforço funcional

Na prática, a curva de resistência à falha pode ser construída subtraindo-se a curva de esforço de carga da curva de capacidade que a máquina ou processo está submetido no seu contexto operacional, obtidas por qualquer dos métodos acima. Estas curvas, com formas típicas representadas na Figura 8-2, podem variar estatisticamente entre cada item de uma população. Em particular, a curva de esforço será função da configuração e forma de operação ou contexto operacional da instalação, podendo ser crescente ou decrescente com a idade operacional. A curva de capacidade é estabelecida, *a priori*, no projeto da instalação, podendo também ter forma ascendente ou decrescente, de acordo com o material, etc. Estruturas em concreto possuem, em geral, curvas de

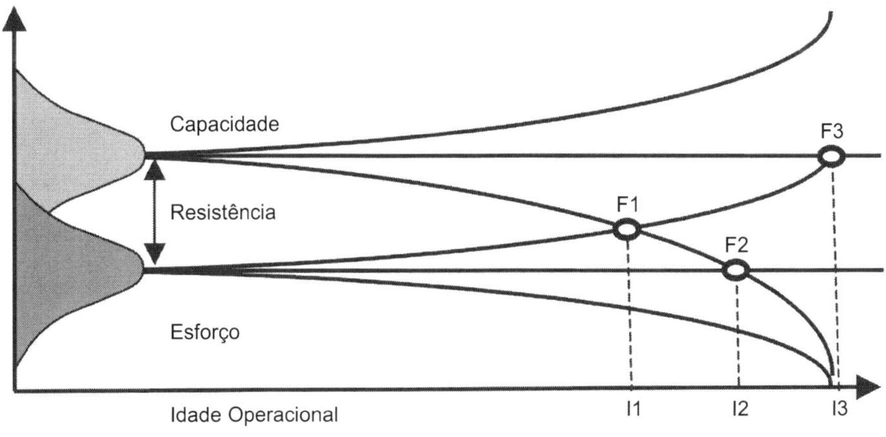

Figura 8-2 — Curvas de Resistência e Esforço de Carga

capacidade ascendentes, embora a maioria das máquinas possuam capacidade decrescente com a idade. Curvas de esforço são tipicamente ascendentes, em equipamentos industriais, em resposta às demandas crescentes sobre as linhas de produção. Isto resulta em curvas de resistência tipicamente decrescentes, também conhecidas como características de falha funcional.

Característica de falha funcional

O gráfico seguinte ilustra a configuração típica da curva de degradação da resistência à falha de um componente qualquer ao longo do tempo. Iniciando-se com uma resistência nominal de 100%, medida em um determinado indicador de degradação, no instante inicial da operação, esta gradativamente será reduzida, dependendo do mecanismo de falha do componente (Figura 8-3).

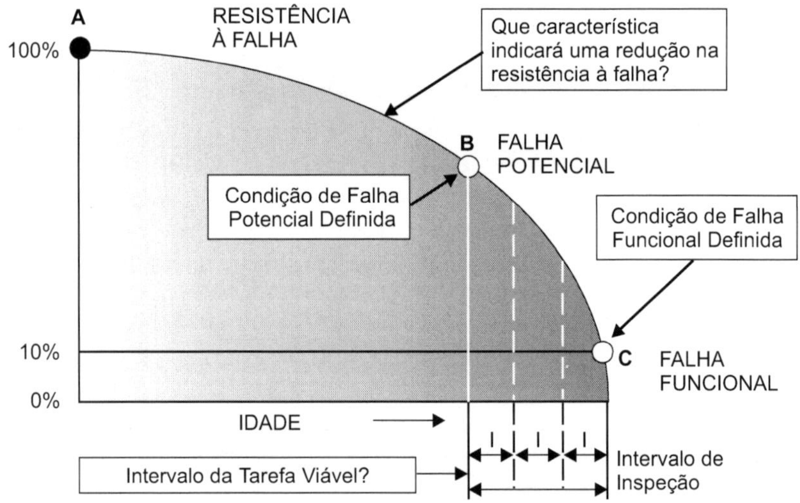

Figura 8-3 — Característica de Falha Funcional

O indicador mais adequado será aquele associado a uma característica de degradação identificável e mensurável, permitindo uma antecipação maior na detecção do nível de degradação, em relação ao nível de falha funcional. Para cada mecanismo de falha e tecnologia de construção, estarão associados indicadores apropriados de deterioração. Os seguintes indicadores exemplificam características relacionadas a modos de falha com desgaste progressivo:

- Perda de material;
- Nível de vibração;
- Calor gerado por fricção;
- Profundidade de fissuras.

Outros indicadores serão específicos para cada mecanismo de falha, contando que sejam adequados ao estabelecimento de limites de falha.

Limites de falha

Estabelecido o indicador, será necessário definir seu valor limite, além do qual estará caracterizada uma falha funcional. O estudo de FMEA será o ponto de partida para esta definição, já que cada função e falha funcional estará associada a uma faixa limite de performance. Este limite deve ser conhecido antes de se definir o intervalo válido entre a falha potencial e falha funcional.

Para viabilizar a Inspeção Preditiva, deve se definir também o limite mensurável que indique a presença de uma falha potencial definida. Este limite será indicado pelo ponto de falha potencial na Figura 8-3. Representa o valor da primeira degradação detectável pelo indicador que justifique uma ação corretiva. Quanto menor for este desvio, maior poderá ser o intervalo da tarefa de Inspeção Preditiva. Se o limite for próximo ao ponto de falha funcional, exigirá um intervalo menor da Inspeção, para viabilizar a correção antes da falha funcional. Ambos os limites são influenciados pela técnica preditiva adotada.

Técnicas preditivas

O tipo de indicador escolhido será função também da técnica de Inspeção Preditiva disponível. Dependendo da tecnologia utilizada, podem ser utilizados vários meios de inspeção:

- **Equipamentos especializados** – desenvolvidos para inspeção preditiva;
- **Controle estatístico de processo** – das variações na qualidade do produto;

- **Monitoramento automático** – dos efeitos primários do processo; e
- **Sensoriamento humano** – através dos sentidos naturais.

Muitas tecnologias foram desenvolvidas recentemente, especialmente para a realização de Inspeções Preditivas baseadas nos efeitos colaterais produzidos por falhas potenciais. Estes técnicas podem ser agrupadas em seis categorias básicas, segundo o sintoma monitorado:

- **Efeitos Dinâmicos** – emissão de ondas acústicas, ultra-som e vibração;
- **Efeitos de Partículas** – liberação de partículas em óleos e fluidos;
- **Efeitos Químicos** – liberação de elementos e resíduos químicos;
- **Efeitos Físicos** – mudanças no aspecto físico e aparência visível;
- **Efeitos Térmicos** – variações de temperatura e imagens termográficas; e
- **Efeitos Elétricos** – mudanças de assinatura e outros parâmetros elétricos;

O Apêndice 8.10 contém uma relação extensa de técnicas de monitoramento disponíveis para cada categoria acima, associado à faixa do intervalo PF. Tais técnicas podem ser aplicadas com instrumentos móveis, com ou sem intervenções humanas para Inspeções Preditivas, ou através de instrumentos e sensores embutidos no próprio processo. Neste caso, os instrumentos utilizados também compõem o processo, e devem ser submetidos à análise da MCC, já que podem introduzir modos de falha próprios.

Sentidos humanos

Além destas técnicas, os sentidos humanos continuam sendo muito utilizados para monitoramento. Entre as inspeções sensitivas, citam-se os seguintes exemplos:

- **Tato** – mudança na freqüência de vibração, umidade, temperatura, etc.;
- **Olfato** – cheiro de combustível, fumaça, queima de isolamento, etc.;
- **Gustação** – variação da qualidade de produtos alimentícios pelo paladar; e
- **Audição** – mudanças de ruídos, chiados, roncos, batidas, silvos, etc.

- **Visão** – variação de cor, limpeza, distorção, tamanho, alinhamento, posição, etc.

A principal vantagem destes métodos reside na prontidão contínua dos sentidos humanos, sempre "ligados", não exigindo muita especialização do operador. Embora sejam úteis na detecção de falhas, estão sujeitos à experiência e variabilidade dos operadores, sendo quase impossível estabelecer limites precisos para as falhas potenciais.

8.4 Restauração Preventiva

Uma atividade de Restauração Preventiva é definida pela MCC como uma tarefa de recuperação programada da capacidade funcional de um item, após uma idade limite específica, com o objetivo de prevenir uma falha funcional. Uma vez que a restauração pode variar de uma simples limpeza de refugos ou substituição de peças e partes até um recondicionamento completo do sistema, é necessário documentar o escopo e especificação da tarefa, para garantir sua aplicabilidade.

Critérios de aplicabilidade

Para que um modo de falha possa ser prevenido através de uma Restauração Preventiva, é necessário que sejam atendidos alguns critérios de viabilidade técnica. Em primeiro lugar, o modo deve apresentar claramente uma idade (vida útil) após a qual ocorre um crescimento rápido da probabilidade condicional de falha, e que a maioria dos itens similares consiga sobreviver sem falha até esta idade. No caso de itens de segurança, esta idade deve ser escolhida de tal forma que praticamente "todos" os itens consigam sobreviver a ela. Além disso, é preciso que haja uma técnica de restauração capaz de repor a resistência à falha do item. Idealmente, o item deveria ser projetado para suportar este tipo de manutenção, com indicação precisa das partes restauráveis.

Estes pré-requisitos podem ser resumidos nos seguintes critérios de aplicabilidade da Restauração Preventiva a um modo de falha:

- A degradação é função do tempo em operação ou da última manutenção realizada;
- Existe uma idade identificável na qual ocorre um aumento da probabilidade condicional de falha (vida útil);

- A maioria dos itens (ou todos) sobrevive(m) a esta idade (se afeta a segurança);
- A restauração deve garantir o retardo ou prevenção da falha.

A existência de uma idade adequada ou ideal para se realizar a restauração é a característica condicionante de adequacidade da restauração. Além disso, a tecnologia do item deve apresentar modos restauráveis que permitam sua aplicação.

Modos restauráveis

Entre os modos de falha susceptíveis de prevenção através da Restauração Preventiva listam-se:

- **Desgaste** – perda superficial provocada por contato;
- **Fadiga** – cargas cíclicas de alta freqüência;
- **Corrosão** – reação química com o ambiente ou produto;
- **Oxidação** – reação química com o ambiente ou produto;
- **Evaporação** – de solventes e produtos petroquímicos leves.

A característica comum destes modos de falha consiste em sua *previsibilidade*. Através de modelos físicos adequados, é possível *antecipar*, sob condições específicas, quando o item deve ser recuperado, antes que apresente a falha, usando técnicas de restauração apropriadas.

Técnicas de restauração

Como exemplos de atividades usadas na indústria para combater estes modos de falha, citam-se:

- **Recapeamento** – de peças desgastadas por cavitação ou erosão;
- **Alinhamento** – de eixos e peças de transmissão de torque;
- **Balanceamento** – de peças rotativas e volantes;
- **Filtragem** – de óleos, lubrificantes e isolantes;
- **Retífica** – de motores e máquinas rotativas desgastados pelo atrito;

- **Desmagnetização** – de instrumentos magnetizados por campos elétricos;
- **Ressuprimento** – de materiais consumíveis em geral.

O tipo de atividade recomendada para cada caso deve ser analisado por especialista na tecnologia do material e processo, obedecendo aos critérios gerais de aplicabilidade definidos acima.

8.5 Substituição Preventiva

Uma atividade de Substituição Preventiva é definida pela MCC como uma tarefa de descarte e substituição programada de um item, após uma idade limite específica, com o objetivo de prevenir uma falha funcional.

Critérios de aplicabilidade

Para que um modo de falha possa ser prevenido através de uma Substituição Preventiva, é necessário que sejam atendidos alguns critérios de viabilidade técnica. Em primeiro lugar, o modo deve apresentar claramente uma idade (vida útil) após a qual ocorre um crescimento rápido da probabilidade condicional de falha, e que a maioria dos itens similares consiga sobreviver sem falhas até esta idade. No caso de itens de segurança, esta idade deve ser escolhida de tal forma que praticamente "todos" os itens consigam sobreviver a ela. Além disso, é importante comprovar que não existe uma técnica de restauração capaz de repor a resistência à falha do item, ou se existir, que ela seja técnica e economicamente desfavorável em relação à substituição.

Estes pré-requisitos podem ser resumidos nos seguintes critérios de aplicabilidade da Substituição Preventiva a um modo de falha:

- O desgaste é função do tempo em operação ou da última manutenção realizada;
- Existe uma idade identificável na qual ocorre um aumento da probabilidade condicional de falha (vida útil);
- A maioria dos itens (ou todos) sobrevive(m) a esta idade (se afeta a segurança);
- A substituição garante a condição original do item;

- Exigências de segurança podem determinar a substituição compulsória;
- Os materiais utilizados (ex.: físico-químicos) têm vida útil fixa;
- Falta de recursos técnicos para restauração;
- Menor custo em relação à restauração.

Os quatro últimos itens desta lista distinguem a substituição da Restauração Preventiva. Quando não existirem determinantes legais ou inviabilidades técnicas, a atratividade econômica será o fator decisivo entre a restauração e a substituição.

Materiais substituíveis

Entre os materiais com vida útil definida, para os quais geralmente é desaconselhável a Restauração Preventiva, e recomendada a Substituição Preventiva, citam-se:

- Filtrantes;
- Blindagens;
- Selantes;
- Produtos químicos;
- Produtos nucleares.

Motivos técnicos ou econômicos invariavelmente conduzem à substituição de filtros, blindagens e selantes de máquinas, já que sua recuperação geralmente seria mais onerosa que a substituição. Além destes aspectos, normas legais e ambientais impedem a restauração de algumas substâncias químicas e nucleares nos locais de aplicação, determinando sua substituição.

Atividades de substituição

Como exemplos de atividades usadas na indústria para combater falhas nestes materiais, citam-se:

- Substituição de baterias seladas;
- Substituição de rolamentos blindados;
- Substituição de juntas de vedação;

- Substituição de elementos filtrantes;
- Substituição de seringas descartáveis;
- Substituição de medicamentos;
- Substituição de combustível nuclear.

O tipo de atividade recomendada para cada caso deve ser analisado por especialista na tecnologia do material e do processo, obedecendo aos critérios gerais de aplicabilidade definidos acima.

8.6 Inspeção Funcional

Uma atividade de Inspeção Funcional é definida pela MCC como uma inspeção ou ensaio programado para encontrar uma falha funcional que tenha ocorrido, mas que não seja evidente para a equipe de operação, antes que evolua para uma falha múltipla. Invariavelmente não há necessidade de verificação de tolerâncias quantitativas, mas apenas verificações qualitativas do desempenho da função.

Critérios de aplicabilidade

Para que uma falha múltipla possa ser prevenida através de uma Inspeção Funcional, é necessário que sejam atendidos alguns critérios de viabilidade técnica. O primeiro deles refere-se à invisibilidade do modo de falha, para o operador da instalação, em suas atividades normais. O segundo refere-se à viabilidade de se definir um intervalo de inspeção que reduza a probabilidade de falha múltipla a um nível aceitável. Este aspecto exigirá um tratamento estatístico próprio, a ser apresentado no Capítulo 11.

Estes fatores podem ser resumidos nos seguintes critérios de aplicabilidade da Inspeção Funcional a um modo de falha:

- A tarefa deve ser capaz de revelar falhas latentes;
- A falha não se revela na operação normal do equipamento;
- A falha só aparece após a ocorrência de outra falha ou evento;
- É possível exercitar o funcionamento do item sem destruí-lo.

Com base nestes critérios, recomenda-se que a Inspeção Funcional seja estruturada, sempre que possível, para verificar de forma completa a função e a evolução do modo de falha, ou seja, os testes devem envolver desde os elementos sensores até os atuadores, exercitando toda a cadeia de ações e opções relacionadas à função, especialmente nos casos de sistemas de controle e proteção. Além disso, deve ser programada para reduzir a intervenção no sistema, evitando desmontar ou desajustar o equipamento, já que se trata apenas de uma inspeção. Ou seja, deve-se inspecionar apenas se for viável, nos itens acessíveis e testáveis, ativando as proteções de *back-up* para minimizar os riscos, de forma a identificar a presença de falhas ocultas.

Falhas ocultas

Uma falha oculta precisa da ocorrência de uma falha ou evento adicional antes que conseqüências adversas sejam experimentadas. Conseqüentemente, as Inspeções Funcionais aplicam-se apenas a falhas ocultas que façam parte de uma falha múltipla. Este aspecto torna-se importante na medida em que exclui do escopo desta atividade os modos de falha ocultos que não participem de falhas ou eventos múltiplos. Nestes casos, muito provavelmente, estão associadas a funções supérfluas, cuja presença ou ausência são desapercebidas pelo operador, sendo, em geral, desnecessárias ao processo.

Falhas ocultas ocorrem geralmente em dispositivos secundários, subsidiários das funções principais das instalações, normalmente destinados às seguintes funções:

- Alertar operadores de condições anormais;
- Desligar o equipamento em caso de falha;
- Eliminar ou aliviar as conseqüências das falhas;
- Substituir uma função que falhou;
- Impedir que situações perigosas evoluam.

A característica comum destas funções é que elas são acionadas apenas em condições anormais ou em situações esporádicas. Por não fazerem parte da operação normal ou do circuito principal do processo, estas funções são projetadas para funcionarem sem assistência ou interferência do operador, razão pela qual não são percebidas, sendo associadas geralmente aos seguintes componentes:

- Detectores de anormalidades (relés, etc.);
- Chaves limites e limitadores de curso;
- Equipamentos de emergência médica;
- Detectores e equipamentos de combate a incêndios;
- Botões de parada de emergência;
- Instalações de *stand-by* e redundantes;
- Fusíveis e disjuntores de sobrecorrente;
- Sistemas emergenciais de energia.

Muitos destes componentes podem desenvolver falhas que os impeçam de funcionar quando forem acionados ou requisitados, havendo a possibilidade de permanecerem desapercebidas neste estado por longos períodos de tempo, até a ocorrência de uma falha dupla ou inspeção.

Atividades de inspeção

Em geral, uma Inspeção Funcional consiste em um teste para exercitar ou confirmar a funcionalidade de um item. Como exemplos de atividades para combater modos de falha ocultos, citam-se:

- Medir a pressão do pneu de reserva do automóvel;
- Testar a partida automática do gerador de emergência;
- Testar a funcionalidade de sistemas de proteção e alarme;
- Verificar o estado de mangueiras e extintores de incêndio;
- Acionar sistemas de *back-up* e *stand-by*.

O tipo de atividade recomendada para cada caso deve ser analisado por especialista na tecnologia do material e processo, obedecendo aos critérios gerais de aplicabilidade definidos acima. Muitos processos automatizados já incluem funções de autoteste e autodiagnose destinados a mecanizar a inspeção funcional, reduzindo a interrupção no funcionamento do processo.

A importância da Inspeção Funcional pode ser medida pelas estatísticas de falhas em sistemas industriais. Em geral, nos sistemas modernos, onde predominam componentes eletrônicos e funções automatizadas, até 40% dos modos de falha são caracterizados como ocultos, com tendência crescente nos sistemas futuros. Destes, até 80% requerem Inspeções Funcionais para serem identificados. Em conseqüência, até 1/3 das tarefas recomendadas pela metodologia MCC enquadram-se na categoria de Inspeções Funcionais.

8.7 Atividades *Default*

Uma atividade ***Default*** é recomendada pela MCC apenas quando nenhuma outra atividade preventiva for aplicável e efetiva para prevenir uma falha funcional. Esta situação pode ocorrer por motivos tecnológicos, quando o projeto do item impossibilita a manutenção, ou por falta de informação da equipe de análise sobre o projeto ou mecanismo de falha. Neste último caso, a escolha da tarefa *default* justifica-se apenas como forma de dar continuidade às demais etapas, devendo ser reavaliada quando os dados se tornarem disponíveis.

Definição das atividades

Duas atividades são classificadas como *default* pela MCC:

- Mudança de Projeto; e
- Reparo Funcional.

Entende-se por **Mudança de Projeto** qualquer atividade que altere as especificações funcionais do item, sejam elas de natureza construtiva ou operacional.

O **Reparo Funcional** (ou simplesmente **Reparo**) corresponde à decisão de operar o item sem manutenção preventiva ou mudança de projeto, até a ocorrência de uma falha (*Run-to-Failure*), quando então será realizada sua restauração ou substituição.

Critérios de aplicabilidade

Os seguintes critérios definem a aplicabilidade de uma Tarefa *Default* de Mudança de Projeto a um modo de falha:

- Inviabilidade técnica de uma atividade preventiva IP, IF, RP ou SP;
- Inviabilidade econômica de IP, IF, RP ou SP;
- Alta prioridade do equipamento;

- Existência de impactos de segurança;
- Análise de custo/benefício favorável;
- Falta de recursos técnicos para Restauração ou Substituição Preventiva.

Naturalmente, a inviabilidade econômica (custo da manutenção preventiva superior às conseqüências das falhas) tem sido o principal motivo da escolha do Reparo ou Mudança de Projeto como opção à manutenção preventiva.

Mudança de projeto

Como exemplos de mudança de projeto, citam-se:

- Alteração da especificação de componente;
- Acréscimo de componente novo;
- Substituição por outro tipo de componente;
- Deslocamento de componente;
- Mudança de procedimento operacional;
- Treinamento de operadores e mantenedores.

Note que além das alterações físicas na instalação, são consideradas mudanças de projeto qualquer modificação de procedimento operacional, inclusive de natureza comportamental dos operadores, através de treinamento ou outro condicionamento.

Reparo funcional

O Reparo Funcional, ou simplesmente Reparo, como atividade *default*, difere da Manutenção Corretiva realizada após as Inspeções Preditivas e Restaurações Preventivas, por ocorrer após a falha funcional, enquanto aquelas são programadas logo após a identificação da falha potencial, mas antes da falha funcional. A opção por este tipo de atividade só deve ocorrer após criterioso estudo que comprove a inviabilidade dos itens anteriores, e caracterização das responsabilidades envolvidas, ou quando as conseqüências da falha forem insignificantes ou preferidas ao esforço de prevenção.

Os seguintes critérios definem a aplicabilidade de uma Tarefa *Default* de Reparo Funcional (*Run-To-Failure*) a um modo de falha:

- Inviabilidade técnica de uma atividade preventiva IP, IF, RP ou SP;
- Inviabilidade econômica de IP, IF, RP ou SP;
- Baixa prioridade do equipamento;
- Inexistência de impactos de segurança;
- Análise de custo/benefício favorável;

O tipo de atividade recomendada para cada caso deve ser analisado por especialista na tecnologia do material e processo, obedecendo aos critérios gerais de aplicabilidade definidos acima.

8.8 Resumo

Este capítulo forneceu uma introdução aos princípios de aplicabilidade de atividades adotados na Manutenção Centrada na Confiabilidade, incluindo critérios para:

- Serviço Operacional;
- Inspeção Preditiva;
- Restauração Preventiva;
- Substituição Preventiva;
- Ensaio Funcional;
- Tarefas *Default* de Mudança de Projeto ou Reparo Funcional.

A Tabela 26 resume a descrição de cada uma das cinco atividades padronizadas da MCC.

A Tabela 27 resume os principais critérios de aplicabilidade recomendados pela MCC, para os diferentes tipos de tarefas.

Note que, na impossibilidade de qualquer tarefa, isoladamente, combater o modo de falha, a MCC sugere que se analise uma combinação de tarefas que seja aplicável.

Além de ser aplicável, cada tarefa sugerida deverá ser efetiva no combate ao modo de falha. Os critérios de efetividade são complementares aos requisitos de aplicabilidade da metodologia MCC, sendo estudados no próximo capítulo.

Tabela 26 — Atividades Padronizadas da MCC

Título	**Descrição**
Serviço Operacional (*Service & Lubrication*)	Uma tarefa de Serviço Operacional é definida como uma atividade simples e repetitiva, necessária ao funcionamento do processo. Exemplos incluem o ressuprimento de material consumível, o abastecimento de combustível, a reposição de óleo perdido, a restauração da pressão a um nível aceitável e a lubrificação. Uma tarefa de lubrificação é uma atividade programada de manutenção, projetada para repor um lubrificante baseado na vida útil especificada pelo fabricante ou medida pela operação. Exemplo: "lubrificar o mancal a cada mudança de turno operacional."
Inspeção Preditiva (*On condition*)	Uma tarefa de Inspeção Preditiva é uma inspeção programada em um item para encontrar indícios específicos de falhas potenciais. Não inclui a ação corretiva tomada para restaurar a funcionalidade. Exemplos: "Inspecionar parafuso de fixação para um desgaste de 0,022 polegadas ou mais, após 5 mil horas de vôo"; "Inspecionar as palhetas da turbina para identificar rachaduras visuais após 250 horas de vôo".
Inspeção Funcional (*Failure Finding*)	Uma tarefa de Inspeção Funcional é executada em intervalos específicos para identificar a ocorrência de uma falha funcional que não seja evidente para a equipe de operação em suas atividades normais. Não inclui a ação corretiva tomada para restaurar a funcionalidade do item. Exemplo: "Inspecionar a mangueira do extintor de incêndio para verificar sua vedação."
Restauração Preventiva (*Hard Time*)	Uma tarefa de Restauração Preventiva realiza uma ação de recuperação do estado de um item antes de uma determinada idade limite. Exemplo: "Desobstruir a tela da turbina quando completar 600 horas de vôo."
Substituição Preventiva (*Hard Time*)	Uma tarefa de Substituição Preventiva remove um item de operação e o substitui antes de uma determinada idade limite. Exemplo: "Substituir as baterias dos circuitos impressos do computador após 5 mil horas de atividade."

Tabela 27 — Critérios de Aplicabilidade para Atividades

Tarefa	Aplicabilidade
Serviço Operacional	Deve reduzir a taxa de deterioração funcional, e ser especificada no projeto.
Inspeção Preditiva	Deve ser possível a identificação da evolução de falhas/defeitos em operação.
Inspeção Funcional	Deve ser possível identificar ou prever uma deterioração funcional oculta por teste, antes da falha múltipla.
Restauração Preventiva	Item deve mostrar degradação a uma idade identificável, uma proporção alta deve sobreviver àquela idade, e deve ser possível restaurá-lo a um padrão especificado.
Substituição Preventiva	O item deve mostrar degradação a uma idade identificável, uma proporção alta deve sobreviver àquela idade, e ser inviável sua restauração.
Reparo Funcional	Nenhum item anterior consegue prevenir a falha, que não oferece risco à segurança.
Mudança de Projeto	Nenhum item anterior, isoladamente ou em conjunto, consegue identificar/corrigir a falha.
Manutenção Combinada	Nenhum item anterior isoladamente consegue identificar/corrigir a falha.

8.9 Questões de Revisão

1. Que características são exigidas de uma atividade de manutenção para que seja considerada aplicável a um modo de falha pela MCC?
2. Como as atividades de manutenção são classificadas pela MCC?
3. Qual a denominação das atividades de manutenção padronizadas na MCC e como elas se relacionam com os critérios de programação e com os comportamentos de falha?
4. Quais os critérios de aplicabilidade exigidos pela MCC para atividades de Serviço Operacional? Cite exemplos.

5. Quais os critérios de aplicabilidade adotados pela MCC para atividades de Inspeção Preditiva? Cite exemplos.
6. Que métodos são usados para levantamento da curva de resistência à falha de um item?
7. Quais as principais classes de efeitos colaterais de falhas e as técnicas de Inspeção Preditivas utilizadas?
8. Quais os critérios de aplicabilidade adotados pela MCC para atividades de Restauração Preventiva? Cite exemplos.
9. Quais os principais tipos de modos de falha e as técnicas de Restauração Preventiva adequados a estes modos?
10. Como a MCC diferencia os critérios de aplicabilidade das atividades de Substituição e Restauração Preventivas?
11. Quais os critérios de aplicabilidade adotados pela MCC para atividades de Inspeção Funcional? Cite exemplos.
12. Que atividades e critérios de aplicabilidade são utilizados pela MCC como Tarefas *Default*?

8.10 Apêndice

A Tabela 28 relaciona as faixas típicas de intervalos PF característicos de várias técnicas de monitoramento de condição, compiladas de levantamento realizado por Moubray[25], onde podem ser encontradas descrições de cada técnica.

[25] Moubray, J. *Reliability-centered Maintenance*. Second Edition. Industrial Press Inc., New York, NY, 1997.

Tabela 28 — Faixas Típicas de Intervalos PF

Técnica Preditiva	Intervalo PF				
	Dias a semanas	Várias semanas	Semanas a meses	Vários meses	Muito variável
Monitoramento Dinâmico	**D**	**S**	**M**	**A**	**V**
Análise de forma de onda no tempo			X		
Análise de freqüência			X		
Análise de proximidade	X				
Análise de tempo síncrono médio			X		
Análise de valor de pico			X		
Análise de vibração de banda com percentual constante			X		
Análise de vibração de banda constante			X		
Análise de vibração de bandas oitavas	X				
Análise de vibrações de banda larga					X
Análise em tempo real			X		
Análise ultra-sônica					X
Cepstrum			X		
Demodulação de amplitude			X		
Emissão acústica		X			
Kurtosis (Curtose)			X		
Monitoração por pulsos de choque			X		
Spike Energy (Espigão de Energia)			X		
Monitoramento de Partículas	**D**	**S**	**M**	**A**	**V**
Contagem de partículas por espalhamento luminoso			X		
Contagem de partículas por extinção luminosa			X		
Contagem de partículas por malha de obscuração			X		
Detecção de luz e enquadramento (DLE)					X
Detecção magnética de lascas	X				
Ferrografia				X	
Ferrografia analítica				X	
Ferrografia de leitura direta (DRF)				X	
Filtragem graduada			X		

(Continua)

Técnica Preditiva	Intervalo PF				
	Dias a semanas	**Várias semanas**	**Semanas a meses**	**Vários meses**	**Muito variável**
Sedimento (ASTM D-1968)		X			
Sensoriamento de partículas de metal em geral			X		
Sensoriamento ferromagnético em tempo real			X		
Técnica dé bloqueio poroso (Redução de fluxo)			X		
Teste de borrão	X				
Teste de Mancha	X				
Monitoramento Químico	**D**	**S**	**M**	**A**	**V**
Análise de emissão de descarga (quatro gases)			X		
Ativação de camada fina (Thin-layer activation)				X	
Cromatografia de gás					X
DIAL (Absorção diferencial LIDAR)					X
Eletrodo de disco rotativo (AE)			X		
Espectrografia de absorção atômica (AA)			X		
Espectrografia de emissão atômica (EA)			X		
Espectrografia de fluorescência de raios-X				X	
Espectrografia por absorção visível e ultravioleta				X	
Espectrografia por varredura eletrônica de Auger					X
Espectrometria por dispersão de energia a raios-X				X	
Espectroscopia a infravermelho					X
Espectroscopia infravermelha de transformada de Fourier			X		
Fator de potência (ASTM D-924)		X			
Microscopia por varredura eletrônica					X
Monitoramento de corrosão eletroquímica				X	
Monitoramento de umidade (Cintilação induzida a vapor)		X			
Plasma de acoplamento indutivo (PAI)			X		
Resistência dielétrica (ASTM D-877 e D-1816)				X	
Tensão interfacial				X	
Teste de brilho e luz (Clear and Bright Test)	X				

(Continua)

Técnica Preditiva	Intervalo PF				
	Dias a semanas	**Várias semanas**	**Semanas a meses**	**Vários meses**	**Muito variável**
Teste de estado (Detector de áudio)	X				
Teste de estado (Sentido humano)	X				
Teste de titulação de Karl Ficher (ASTM D-1744)	X				
Titulação com indicador de coloração (ASTM D974)			X		
Titulação potenciométrica TAN/TBN (ASTM D664)			X		
Titulação potenciométrica TBN/TBN (ASTM D2896)			X		
Monitoramento Físico	**D**	**S**	**M**	**A**	**V**
Aparência do óleo	X				
Borescópio rígido (Rigid Borescopes)		X			
Coloração (ASTMD-1524)			X		
Comparador de viscosidade por bola caindo			X		
Corpo de prova rígido de luz fria (Cold Light Rigid Probes)		X			
Endoscopia de prova profunda (Deep-Probe Endoscope)		X			
Extensômetros (Strain Gauges)			X		
Fibroscopia de visão total (Pan-view fiberscopes)		X			
Filme magnético (Strippable Magnetic Film)			X		
Fluoroscopia radiográfica por raios-X				X	
Fractografia eletrônica					X
Inspeção de partículas magnéticas					X
Líquido penetrante fluorescente eletrostático					X
Líquidos penetrantes de coloração (Liquid dye penetrants)					X
Modulação por freqüência ultra-sônica			X		
Monitoramento de viscosidade			X		
Odor do óleo	X				
Radiografia por raios-X				X	
Técnica de eco por pulso ultra-sônico			X		
Técnica de ressonância ultra-sônica			X		
Técnica de transmissão ultra-sônica			X		

(Continua)

Técnica Preditiva	**Intervalo PF**				
	Dias a semanas	**Várias semanas**	**Semanas a meses**	**Vários meses**	**Muito variável**
Teste de corrente induzida (Eddy current testing)		X			
Teste de plaqueta metálica (Coupon Testing)				X	
Viscosidade cinemática (ASTM D445)			X		
Monitoramento Térmico	**D**	**S**	**M**	**A**	**V**
Pigmentação indicadora de temperatura			X		
Termografia por infravermelho (Infra-red scanners)					X
Termografia por planos focais					X
Termometria de *loop* de fibra (*Fibre Loop*)					X
Monitoramento Elétrico	**D**	**S**	**M**	**A**	**V**
Análise de assinatura de corrente de motor			X		
Análise de assinatura de potência		X			
Análise de circuito de motor (MCA)			X		
Análise de fluxo magnético			X		
Comparação de surtos elétricos			X		
Megôhmetro e outros geradores de tensão				X	
Monitoramento de potencial (para corrosão)					X
Resistência de polarização linear (*Corrator*)				X	
Resistência elétrica (Corrosímetro)				X	
Teste de descarga parcial			X		
Teste de fator de potência				X	
Teste de impedância de bateria		X			
Teste de potencial elevado (Hi-Pot)		X			
Teste de resistência de contatos de disjuntor		X			
Teste de tempo de disjuntor			X		

9

Efetividade da Manutenção

A escolha de uma atividade de manutenção depende, além da sua aplicabilidade ao modo de falha, da sua efetividade em prevenir ou corrigir falhas. Por efetividade, entende-se a economicidade e viabilidade de sua aplicação, considerando os recursos disponíveis e necessários, e os retornos esperados em relação a outras alternativas. Estes aspectos são avaliados na Quinta Etapa do Processo MCC, conforme a Figura 2-3.

Neste capítulo são introduzidos os critérios de efetividade utilizados na Manutenção Centrada na Confiabilidade, para selecionar as atividades de manutenção, objetivando prevenir ou corrigir cada modo de falha das funções significantes, ou, caso contrário, diminuir seus efeitos e conseqüências a níveis aceitáveis.

9.1 Critérios de Efetividade

Segundo a MCC, para que uma atividade de manutenção seja efetiva contra um determinado modo de falha ela deve atender simultaneamente aos seguintes critérios de efetividade:

- Ser aplicável tecnicamente;
- Ser viável com os recursos disponíveis;
- Produzir os resultados esperados; e
- Ser executável a um intervalo razoável.

A aplicabilidade técnica deve ser verificada pelos critérios descritos no capítulo anterior. A produção dos resultados esperados, deve ser exeqüível com os recursos disponíveis, de forma competitiva com outros meios, a uma freqüência viável no ambiente operacional do equipamento. A faixa de intervalo necessário para que seja efetiva será função do mecanismo de evolução da falha.

Os resultados esperados dependem dos impactos das falhas, estudados no Capítulo 7. Se o impacto maior for no meio ambiente ou na segurança física, o único resultado aceitável será a redução na probabilidade de falha. Este é o principal requisito de efetividade para modos de falha com impactos ambientais ou de segurança.

Por outro lado, caso o impacto da falha seja primordialmente de natureza econômica ou operacional, então o critério de efetividade será o de atratividade econômica. Ou seja, o resultado esperado (no custo, na produção, na receita, etc.) com a execução da tarefa deverá ser melhor que o prejuízo da falha evitada.

Em ambos os casos, a efetividade será medida em termos do retorno obtido, seja ele em ganho de probabilidade de ocorrência da falha, em eficiência operacional, traduzida em retorno financeiro, ou qualquer outro indicador escolhido pelo gestor da manutenção. O Capítulo 11 tratará explicitamente dos modelos matemáticos disponíveis para a escolha da freqüência ótima de manutenção, e dos indicadores pertinentes que maximizam estes retornos. Os tópicos seguintes tratam seqüencialmente dos critérios de efetividade de cada tipo de atividade da MCC.

9.2 Serviço Operacional

Por necessitar da intervenção do operador da instalação, qualquer atividade de Serviço Operacional deve atender a requisitos de praticidade, compatíveis com sua formação e disponibilidade de tempo e recursos.

Critério de efetividade

Para ser efetivo, além de atender a um requisito de projeto, um serviço operacional de manutenção deve ser possível de execução, com uma freqüência razoável para as disponibilidades operacionais, e suficiente para atender aos padrões de higiene e conservação ambientais aplicáveis à instalação. O atendimento a um requisito de projeto objetiva garantir que os serviços operacionais não sejam utilizados para correção de anomalias ou deficiências de concepção da instalação. A execução em intervalos razoáveis objetiva limitar o impacto das atividades de manutenção na rotina operacional e, em última instância, na economicidade e segurança da operação da instalação, obedecendo às normas vigentes de higiene e segurança.

Lubrificação manual

Tomemos, por exemplo, as atividades manuais de lubrificação realizadas pela operação. O requisito de projeto definirá a expectativa de vida do lubrificante utilizado, enquanto a freqüência de lubrificação seguirá as recomendações dos fabricantes ou projetistas, limitadas às disponibilidades operacionais.

Ressuprimento de consumíveis

Um outro exemplo refere-se ao ressuprimento de materiais consumíveis pela operação. Além de utilizar o consumível, no volume específico recomendado pelo fabricante, deverá atender à demanda de material requisitada pelo ciclo operacional do equipamento.

Conservação ambiental

Definidas por normas ambientais, para conservação de recursos naturais e do próprio processo, estas atividades visam a manutenção das condições de higiene e limpeza do espaço físico do operador e dos equipamentos. Sua execução deverá obedecer às regras habituais de limpeza e conservação, aplicáveis ao local da instalação.

9.3 Inspeção Preditiva

Segunda atividade na hierarquia de preferências da MCC, a Inspeção Preditiva busca a prevenção de falhas, com minimização das interferências externas (humanas) no ciclo operacional da instalação.

Critério de efetividade

Dois requisitos básicos compõem o critério de efetividade da Inspeção Preditiva. O primeiro requisito refere-se à viabilidade de se executar a tarefa em intervalos que possibilitem a eliminação da falha, antes que ela ocorra. Logicamente, se a Inspeção Preditiva só detectar a evolução de uma falha quando ela não puder mais ser evitada, então será desnecessária.

O segundo requisito refere-se à freqüência de inspeção necessária para prevenir a falha. Para ser efetivo, o intervalo entre inspeções não poderá ser superior ao tempo de evolução entre a detecção da falha potencial e a falha funcional. Conhecido pela sigla PF (*Potencial Funcional*), este intervalo pode ser visualizado na curva de degradação da resistência à falha do item, reproduzida na Figura 9-1.

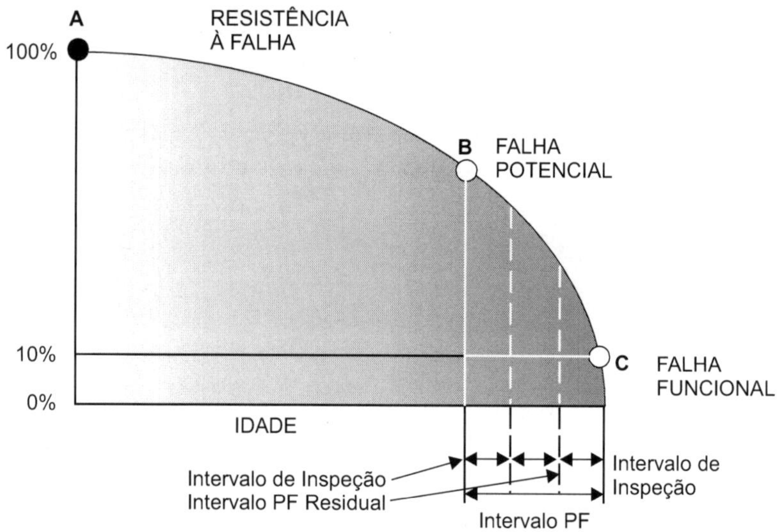

Figura 9-1 — Cálculo do Intervalo PF

Intervalo PF

Por definição, o intervalo PF corresponde ao espaço de tempo (ou ciclo operacional) entre o instante em que se caracteriza uma condição de falha potencial definida (ponto B na Figura 9-1) e o ponto onde se caracteriza uma condição de falha funcional definida (ponto C na Figura 9-1). A Inspeção Preditiva terá um intervalo razoável se este for inferior ao intervalo PF. Quanto maior o intervalo PF, melhor será a efetividade da Inspeção Preditiva, com maior tempo para prevenção da falha.

Muitas outras denominações e características são associadas ao intervalo PF, tais como:

- Período de alerta; ou
- Latência da falha; ou
- Período de incubação da falha; ou
- Tempo de avanço da falha; ou
- Período de desenvolvimento da falha; ou
- Intervalo entre uma falha potencial e uma falha funcional; ou
- Margem de risco.

O período de alerta está associado à antecipação do momento de ocorrência da falha funcional, representando um tempo de avanço em relação à falha dado pelo intervalo PF. Após este ponto, a falha potencial já estará incubada, iniciando-se o desenvolvimento progressivo até transformar-se em uma falha funcional. A margem de risco está associada ao tempo total em que o item pode permanecer com defeito, sem que haja manifestação da falha. Seu valor é função da taxa real de deterioração da resistência à falha e do nível de detecção da falha potencial, o qual depende da tecnologia e meios instrumentais disponíveis para inspeção.

Intervalo PF residual

Estabelecido o intervalo PF, o intervalo de Inspeção Preditiva deverá garantir a execução da inspeção pelo menos uma vez durante o intervalo PF, antes da falha. Mais inspeções durante o intervalo PF podem ser necessárias para assegurar que níveis aceitáveis de segurança, missão e economia sejam atingidos, antes da falha funcional.

A diferença entre o intervalo PF e o intervalo da Inspeção Preditiva é conhecido como Intervalo PF Residual, conforme ilustrado na Figura 9-1. Representa o tempo mínimo disponível para se tomar medidas preventivas antes da falha. Ações planejadas com um prazo superior a este intervalo podem ocorrer apenas após a incidência da falha. A Inspeção Preditiva será efetiva se este intervalo for compatível com os meios materiais disponíveis para correção da falha potencial, se for o caso, após sua detecção.

Ciclo operacional

Convém lembrar que os Intervalos PF Residual e de Inspeção Preditiva devem ser expressos na mesma unidade do ciclo operacional, ou seja, em termos de uma medida do grau de exposição às condições que causam a falha, e para as quais a tarefa é direcionada. Além do tempo, podem ser expressos, por exemplo, em distância percorrida, número de ciclos, horas de vôo, etc., conforme a característica operacional e a curva de resistência à falha.

A Figura 9-2 ilustra uma aplicação típica destes intervalos na Inspeção Preditiva de pneus de aeronaves. Neste caso, a característica escolhida que indicará uma perda de resistência à falha do pneu será a profundidade das ranhuras na superfície de borracha. O ciclo operacional que governa a taxa de falha está relacionado ao número de aterrissagens, conforme ilustrado na Figura 9-2. Quanto maior o desgaste em cada aterrissagem, menor o intervalo PF, e maior terá que ser a freqüência de Inspeção Preditiva.

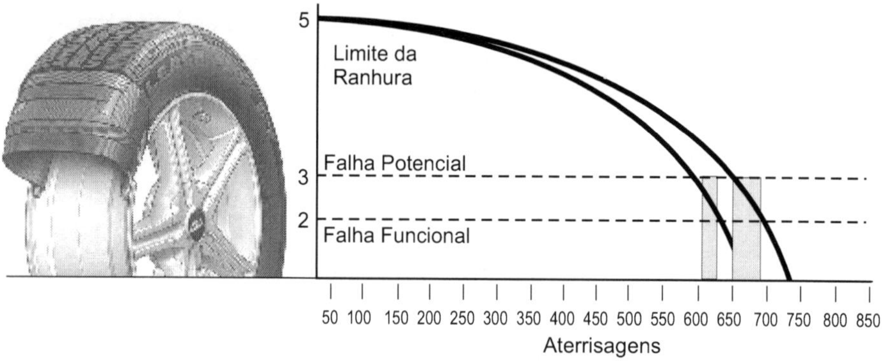

Figura 9-2 — Inspeção Preditiva de Pneus de Avião

Note que, mesmo se conhecendo com exatidão o mecanismo de desgaste do pneu, a velocidade como ele ocorre é função também da forma como o avião é aterrissado e freado na pista. Em geral, isto será verdadeiro sempre que o desgaste for função do ciclo operacional variável, em um determinado contexto, impedindo sua previsão sem inspeção. Estes fatos tornam a Inspeção Preditiva a forma mais adequada de manutenção, em substituição aos demais métodos preventivos, tais como a Restauração ou Substituição Preventiva.

9.4 Restauração Preventiva

Recomendada quando o mecanismo de falha apresenta uma idade limite para o início do desgaste, com crescimento acentuado da taxa de falha, a Restauração Preventiva é a terceira atividade na hierarquia de preferências da MCC.

Critério de efetividade

Para ser efetiva, uma Restauração Preventiva deve ocorrer antes do início do período de desgaste. Se a falha ameaçar a segurança física, a tarefa deverá garantir a ausência de falha, ou seja, repor o equipamento a uma condição próxima ao estado inicial antes da falha. Eventualmente, mesmo para itens de segurança, define-se um limite superior para a probabilidade de falha. Caso contrário, pode-se relaxar esta exigência, e basear o intervalo em estudos de custo/benefício ou de otimização econômica.

Vida segura e econômica

Estes estudos são implementadas comumente usando os conceitos de limites de **Vida Segura** e **Vida Econômica**. O primeiro é utilizado para estabelecer a idade limite para restauração de itens, sujeitos a desgastes, cujas falhas afetem a segurança física. O segundo é utilizado para definir a idade ótima de restauração, quando o item não afeta a segurança.

A Figura 9-3 ilustra a localização relativa dos limites de vida segura e vida econômica em relação às curva de desgaste e sobrevivência de um item típico.

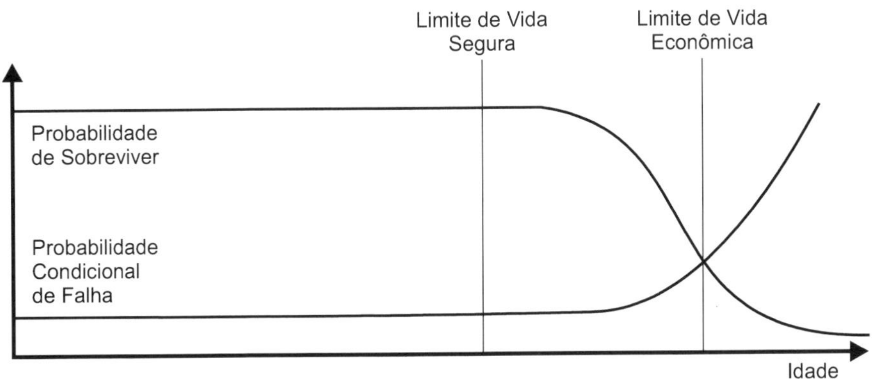

Figura 9-3 — Limites de Vida Segura e Econômica

Note que o limite de vida segura situa-se antes do início da faixa de desgaste, necessário para garantir uma operação confiável. O limite de vida econômica situa-se na faixa ascendente de desgaste. O ponto exato depende de estudos estatísticos de custo/benefício, exemplificados no Capítulo 11, mas em geral é ajustado com liberalidade, quando não afeta a segurança, visando aumentar a vida útil. A análise econômica pode ser um simples estudo de custo/benefício, tal como a comparação entre o custo da restauração e o custo da falha, ou um estudo estocástico econômico que leve em conta a aleatoriedade do fenômeno de desgaste.

Determinação da vida útil

Ambos os limites são determinados normalmente através de um dos seguintes métodos:

- Análise Estatística;
- Teste de Fadiga;
- Teste de Vida Acelerada;
- Análise de Fadiga.

A **Análise Estatística** modela o mecanismo de falha e determina os limites através de parametrização de distribuições estatísticas, com base em dados reais de falhas de itens similares em operação. Usualmente são utilizados gráficos dos dados de falha, em papel escalonado para a distribuição escolhida, ou ajustando um modelo estocástico do fenômeno, através de um método tal como o de momentos ou por um Estimador de Máxima Verossimilhança (EMV). Determinam-se, então, os parâmetros que descrevem os dados de falha pela distribuição escolhida, a qual é usada para determinar se uma tarefa de restauração é apropriada (viável) e em que intervalo ela deveria ser executada (otimização).

Nos **Testes de Fadiga**, determinam-se estes limites em laboratório, através da simulação de condições similares aos ciclos operacionais, até que o item apresente os primeiros sinais de falha. Neste instante mede-se o tempo para início da degradação do material. O limite de vida segura é baseado neste tempo. Aplica-se apenas a itens com mecanismos de falha decorrentes de cargas cíclicas (mecânicas, elétricas, magnéticas, térmicas, etc.), onde se manifesta a fadiga.

Em outros casos, nos **Testes de Vida Acelerada**, submete-se o item a estresses superiores àqueles previstos em operação. Com isto, reduz-se o tempo necessário até a falha. O tempo real é obtido re-escalonando o tempo medido, através de modelos adequados de similaridade.

A **Análise de Fadiga** procura modelar a curva de envelhecimento por processo analítico, pesquisando a estrutura física dos materiais que compõem o item. A análise matemática determina o tempo para início da fissura ou perda de resistência, com um modelo físico do mecanismo de falha. O tempo para início da degradação é dividido tipicamente por um fator de segurança para obter o intervalo de inspeção. A exemplo do teste de fadiga, esta técnica aplica-se a itens que trabalhem submetidos a cargas cíclicas, mecânicas, térmicas ou magnéticas.

Na falta de dados sobre a curva de desgaste, podem ser utilizados métodos *default* para determinar o intervalo da restauração. Entre os métodos mais comuns, citam-se:

- Usar a vida útil sugerida pelo fabricante;
- Basear a nova tarefa em uma tarefa existente que seja efetiva;
- Usar bom senso de engenharia baseado em componentes similares em situações iguais;
- Usar fatores de segurança para modos de falha com conseqüências de segurança.

Se nenhum destes métodos for efetivo, recorre-se à substituição pura e simples do item.

9.5 Substituição Preventiva

Os critérios de efetividade para Substituição Preventiva assemelham-se aos critérios para Restauração. Ou seja, a Substituição deve ocorrer antes do início do período de desgaste, e se a falha afetar a segurança, a tarefa deverá garantir a ausência de falha; em suma, repor o equipamento a uma condição idêntica ao estado inicial.

Entretanto, a Substituição precisa ser economicamente justificável em relação à Restauração, se esta também for aplicável tecnicamente. Fora isto, os demais aspectos são idênticos aos apresentados para a atividade de Restauração.

9.6 Inspeção Funcional

Por resultar na interrupção temporária da função, a Inspeção Funcional situa-se em penúltimo lugar na hierarquia de prioridades da MCC, sendo preferida apenas à Mudança de Projeto e Reparo Funcional. É recomendada apenas quando as outras atividades preventivas não forem aplicáveis e efetivas, por se tratar de um modo de falha oculto, com possibilidade de evoluir para uma falha múltipla.

Critério de efetividade

A garantia da efetividade da Inspeção Funcional reside na escolha do intervalo de inspeção. Segundo a MCC, o critério de escolha depende se uma falha múltipla impacta a segurança ou apenas a operação/economia do processo. Se afetar a segurança, o intervalo deve ser tal que reduza a probabilidade de falha múltipla a um nível aceitável. Caso contrário, um estudo de custo/benefício deve avaliar o intervalo que produza o melhor resultado operacional/econômico, considerando a falha múltipla.

Falhas múltiplas

A probabilidade de falha múltipla pode ser avaliada considerando a relação temporal entre o instante de falha oculta de um componente de proteção e a falha principal do processo protegido (Figura 9-4).

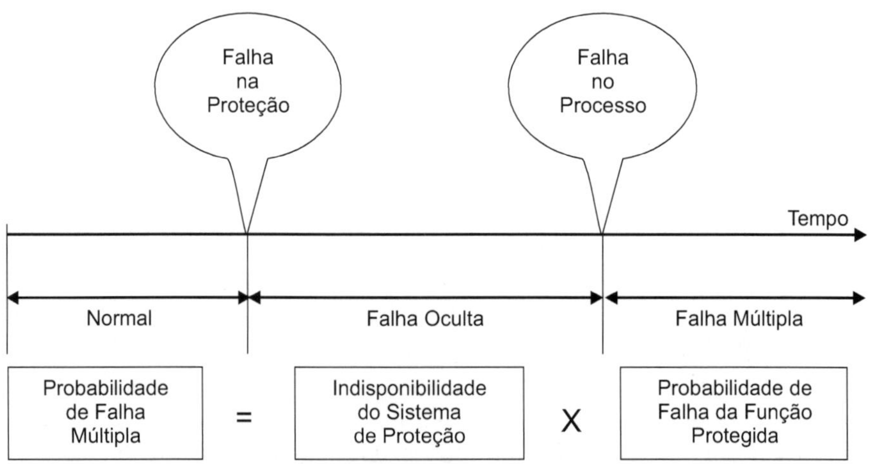

Figura 9-4 — Ocorrência de Falha Múltipla

Considerando que estas falhas são eventos independentes, e que a falha múltipla ocorre no instante da falha da função protegida, condicionada à ocorrência prévia de uma falha oculta, então a densidade de probabilidade de falha múltipla será o produto da probabilidade acumulada da falha oculta (ou indisponibilidade da função) pela densidade de probabilidade do segundo evento. Ou seja, a falha múltipla possuirá uma distribuição de densidade de ocorrência resultante da contribuição das distribuições da falha oculta e do processo, conforme ilustrado na Figura 9-5.

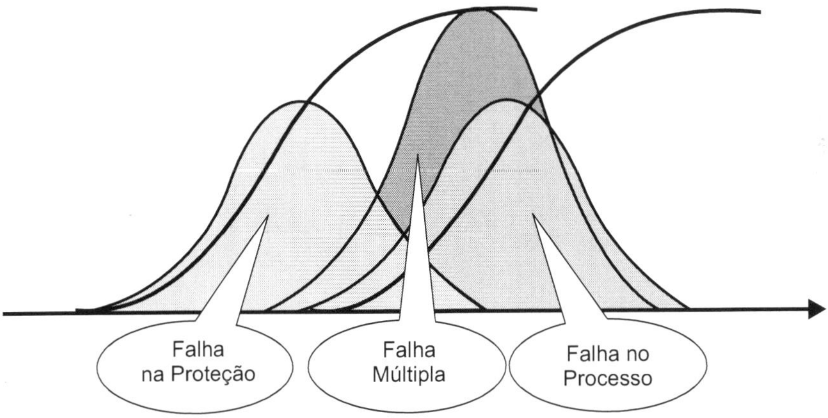

Figura 9-5 — Probabilidade de Falha Múltipla

Intervalo de inspeção

A escolha do intervalo de inspeção será ligeiramente diferente quando o modo de falha afetar a segurança. Neste caso, o intervalo deverá ser escolhido de tal forma que a probabilidade de falha múltipla não ultrapasse um valor máximo estabelecido como aceitável. Em geral, este valor é expresso como uma freqüência, derivada de eventos similares aceitáveis nestas instalações.

Se o modo de falha só afeta a economia/operação da instalação, então o intervalo de inspeção pode ser escolhido para maximizar ou otimizar o resultado esperado, seja ele econômico (custo, lucro, etc.) ou operacional (confiabilidade, produção, etc.). Em ambos os casos, presume-se uma escolha *a priori* do decisor sobre o objetivo a se perseguir.

Limites de tolerância

O conceito de falha múltipla aplica-se não só a dispositivos de proteção, mas a qualquer função oculta que dependa de outro evento para evidenciar uma falha. Apenas como referência, a Tabela 29 ilustra os limites típicos de tolerância normalmente aceitos para falhas múltiplas em vários tipos de instalações e atividades.

Tabela 29 — Níveis de Tolerância a Falhas Múltiplas

Falha da Função Principal	Falha Oculta	Falha Múltipla	Tolerância da Falha Múltipla
Erro de ortografia em documento	Corretor ortográfico não funciona	Erro ortográfico não detectado	10 por mês?
Sobrecarga de um motor de bomba reserva	Relé de proteção colado	Queima do motor de $500 para enrolar	1 em 50 anos?
Falha da bomba principal	Bomba de *stand-by* com defeito	Perda total de $10 mil da produção	1 em mil anos?
Sobrepressão em caldeira	Válvula de alívio de pressão colada	Explosão da caldeira. Morte de pessoas	1 em 10 milhões de anos?

9.7 Atividades *Default*

Se uma ou mais tarefas de Manutenção Preventiva que reduza efetivamente as conseqüências da falha a níveis aceitáveis não for encontrada, alguma outra ação será necessária se a segurança for afetada. Duas opções restam ao gestor de manutenção:

- Modificar o projeto; ou
- Executar apenas Reparo Funcional.

Modificações de projeto

A primeira opção representa qualquer medida que introduza novos elementos ou adequações não previstas na concepção original do processo. Muitas providências se enquadram nesta classe, tais como:

- Mudança de um procedimento operacional;
- Mudança de um procedimento de manutenção;
- Introdução de restrições operacionais;
- Treinamento das equipes operacionais;
- Revisão de ajustes no processo;
- Operação abaixo da capacidade.

Note que, além das mudanças nos equipamentos, são consideradas modificações de projeto qualquer alteração no contexto operacional ou mesmo no comportamento do operador.

Reparo funcional

A efetividade destas adequações deverá ser comparada com a opção de simplesmente aguardar que a falha ocorra (*Run-to-Failure*), e executar apenas um Reparo Funcional, através de uma Restauração ou Substituição, após a falha. Para ser efetiva, além da atratividade em relação à mudança de projeto, esta opção deverá, obrigatoriamente, ser aceitável em termos de segurança e preservação do ambiente. Caso contrário, apenas uma mudança de projeto será admissível.

9.8 Resumo

Este capítulo forneceu uma introdução aos conceitos de efetividade da manutenção adotados na MCC, incluindo critérios para as atividades de:

- Serviço Operacional;
- Inspeção Preditiva;
- Restauração Preventiva;
- Substituição Preventiva;
- Inspeção Funcional; e
- Tarefas *Default*.

A tabela seguinte resume os principais critérios de aplicabilidade e efetividade de cada tipo de atividade da MCC, derivada da norma IEC 60300-3-11.

Tabela 30 — Critérios de Aplicabilidade e Efetividade

Tarefa	Aplicabilidade	Efetividade		
		Segurança	**Operacional**	**Econômico**
Serviço Operacional	Deve reduzir a taxa de deterioração funcional.	Tarefa deve reduzir o risco de falha.	Tarefa deve reduzir o risco de falha a nível aceitável.	Tarefa deve ter custo reduzido.
Inspeção Funcional	Deve ser possível a identificação de falhas/defeitos ocultos em operação.	Tarefa deve detectar falhas ocultas para reduzir o risco de falhas múltiplas.	Em geral não é aplicável. Tarefa deve detectar falhas ocultas para evitar transtornos operacionais e ter custo reduzido.	Tarefa deve detectar falhas ocultas para evitar efeitos econômicos e ter custo reduzido.
Inspeção Preditiva	Deve ser possível identificar ou prever uma deterioração funcional por teste ou inspeção, e o intervalo PF deve ser consistente.	Tarefa deve reduzir a probabilidade ou risco de falha para garantir operação segura.	Tarefa deve reduzir o risco de falha a nível aceitável.	Tarefa deve ter custo reduzido, menor que o custo da falha evitada.
Restauração Preventiva	Item deve mostrar degradação a uma idade identificável, uma proporção alta deve sobreviver àquela idade, e deve ser possível restaurar o item a um padrão especificado.	Tarefa deve reduzir a probabilidade ou risco de falha para garantir operação segura.	Tarefa deve reduzir o risco de falha a nível aceitável.	Tarefa deve ter custo reduzido, menor que o custo da falha evitada.

(Continua)

Tarefa	Aplicabilidade	Efetividade		
		Segurança	**Operacional**	**Econômico**
Substituição Preventiva	O item deve mostrar degradação a uma idade identificável, uma proporção alta deve sobreviver àquela idade, e a restauração é impossível ou antieconômica.	Tarefa deve reduzir a probabilidade ou risco de falha para garantir operação segura.	Tarefa deve reduzir o risco operacional a nível aceitável.	Tarefa deve ter custo reduzido, menor que o custo da falha evitada.
Manutenção Combinada	Nenhum item anterior isoladamente consegue identificar/corrigir a falha; apenas uma combinação de tarefas.	Combinação de tarefas deve reduzir o risco ou probabilidade da falha.	Combinação de tarefas deve reduzir o risco operacional a nível aceitável.	Combinação de tarefas deve ter custo reduzido, menor que o da falha.
Mudança de Projeto	Nenhum item anterior, isoladamente ou em conjunto, consegue identificar/corrigir a falha.	Combinação de tarefas incapaz de reduzir o risco da falha.	Combinação de tarefas não consegue reduzir o risco a nível aceitável.	Combinação de tarefas deve ter custo superior ao da falha.

Combinada à lógica de decisão das funções significantes (Capítulo 7), formam as condições necessárias e suficientes para a Sexta Etapa do Processo MCC (Figura 2-3), dedicada à Seleção de Tarefas, descritas no capítulo seguinte.

9.9 Questões de Revisão

1. Que características tornam uma atividade de manutenção efetiva no combate a um modo de falha, segundo a MCC?
2. Quais os critérios de efetividade exigidos pela MCC para atividades de Serviço Operacional? Cite exemplos.
3. Que características tornam uma atividade de Inspeção Preditiva efetiva no combate a um modo de falha, segundo a MCC?
4. Qual a diferença de significado entre o Intervalo PF, Intervalo PF Residual e Intervalo de Inspeção Preditiva?
5. Quais os critérios de efetividade exigidos pela MCC para atividades de Restauração Preventiva? Cite exemplos.
6. O que diferencia o conceito de vida útil do conceito de vida econômica de um item?
7. Que métodos são usados para determinação da vida útil e vida econômica de um item?
8. O que diferencia os critérios de efetividade das atividades de Restauração e Substituição Preventivas?
9. Quais os critérios de efetividade exigidos pela MCC para atividades de Inspeção Funcional?
10. Em que condições as atividades *default* de Mudança de Projeto ou Reparo Funcional serão consideradas efetivas pela MCC?

10

Seleção de Atividades

A etapa final de seleção das atividades de manutenção, para um determinado modo de falha, obedece ao um processo estruturado que leva em conta não só a adequacidade e efetividade de cada tarefa possível, mas também um conjunto de regras lógicas de priorização das opções disponíveis. A Manutenção Centrada na Confiabilidade estrutura este processo de forma a maximizar os resultados econômicos e operacionais, sujeito às restrições de segurança e proteção ao meio ambiente.

Este capítulo apresenta o processo de seleção de atividades de manutenção recomendado pela MCC, através de um conjunto estruturado de fluxogramas que detalham e complementam a Lógica de Decisão, estudada no Capítulo 7, para as funções significantes.

10.1 Processo de Seleção

Conhecidas as atividades aplicáveis e efetivas para cada modo de falha, o processo de seleção deve garantir a melhor escolha, que maximize a economia e operação do processo, respeitando as restrições de segurança e meio ambiente. As opções de decisão envolvem as seguintes alternativas:

- Executar uma das cinco tarefas de manutenção programada já estudadas;
- Executar uma combinação de duas ou mais tarefas;
- Aguardar que o modo de falha ocorra; ou
- Executar uma outra ação alternativa (*default*).

Priorização de atividades

O processo de seleção sugerido pela MCC baseia-se em uma ordem de preferência entre as atividades programadas, assim definida:

1. Serviço Operacional (SO);
2. Inspeção Preditiva (IP);
3. Restauração Preventiva (RP);
4. Substituição Preventiva (SP);
5. Inspeção Funcional (IF).

Esta ordem dá preferência primeiro às atividades obrigatórias (SO), seguidas pelas de menor custo (IP) até as mais dispendiosas (RP, SP e IF).

As tarefas de **Serviço Operacional** invariavelmente são estabelecidas na concepção do processo, e como tal são consideradas obrigatórias. Sua execução será mandatória sob pena de se infringir regras de projeto e responsabilidades assumidas, pondo em risco a instalação.

As **Inspeções Preditivas** são consideradas efetivas e de baixo custo. Invariavelmente, não exigem o desligamento da instalação, ou especialização excessiva, além de não consumirem material de reposição e ressuprimento. Quando aplicáveis e efetivas, devem ser preferidas logo após os Serviços Operacionais.

A **Restauração Preventiva** deverá ser priorizada após a Inspeção Preditiva, considerando que normalmente indisponibiliza o equipamento, além de exigir o consumo de material para recuperação e mão-de-obra especializada. Sua aplicação será condicionada aos modos de falha com vida útil definida ou resultante do desgaste, para os quais sejam aplicáveis e efetivas.

A **Substituição Preventiva** segue-se em prioridade à Restauração Preventiva, utilizando os mesmos critérios, quando esta não for viável, por ter custos mais elevados e implicar na substituição completa do item.

Por último, a prioridade mais baixa será atribuída à **Inspeção Funcional**, quando aplicável e efetiva. Por exigir o ensaio completo da função, sua programação interfere diretamente com a produção, usando recursos especializados, resultando em altos custos e riscos operacionais.

Evidentemente, quando nenhuma destas atividades for aplicável e efetiva, a preferência será pelo **Reparo Funcional** ou mesmo uma **Mudança de Projeto**, quando houver ameaça ao meio ambiente e segurança física.

Processo de decisão

Segundo o processo de seleção da MCC, esta priorização será aplicada a cada modo de falha, após a avaliação de sua visibilidade/conseqüência, classificando suas conseqüências em uma das seguintes categorias, já estudadas no Capítulo 7:

- **ESA** – Segurança/Ambiental Evidente;
- **OSA** – Segurança/Ambiental Oculta;
- **EEO** – Operacional/Econômico Evidente; ou
- **OEO** – Operacional/Econômico Oculta.

Estas quatro categorias foram escolhidas previamente, através do Diagrama de Decisão da MCC, conforme ilustrado na Figura 7-2, repetida na Figura 10.1.

Figura 10-1 — Diagrama de Decisão

Para cada categoria de conseqüência, a lógica de escolha da atividade de manutenção será função das respostas a um conjunto de questões objetivas, padronizadas pela MCC, retiradas da seguinte relação:

1. Um **Serviço Operacional** é aplicável e efetivo?
2. Uma **Inspeção Preditiva** é aplicável e efetiva?
3. Uma **Restauração Preventiva** é aplicável e efetiva?
4. Uma **Substituição Preventiva** é aplicável e efetiva?
5. Uma **Inspeção Funcional** é aplicável e efetiva?
6. Uma **Manutenção Combinada** é aplicável e efetiva?
7. Uma **Mudança de Projeto** é justificável?

Os critérios de aplicabilidade e efetividade para cada tipo de atividade já foram definidos nos Capítulos 8 e 9, respectivamente. Os parágrafos seguintes detalham a seqüência de aplicação destas questões, de acordo com a classe de conseqüência da falha.

10.2 Falha Evidente de Segurança/Ambiental

Considerando que o modo de falha afeta a segurança ou o meio ambiente, na classe ESA a MCC recomenda testar a aplicabilidade e efetividade de todas as tarefas possíveis, com exceção da Inspeção Funcional, já que a falha é evidente. Como atividade *default*, recomenda-se realizar uma Mudança de Projeto, caso nenhuma atividade preventiva ou combinação delas seja aplicável e efetiva. A Figura 10-2 ilustra a lógica de decisão aplicada neste caso.

Lógica de seleção

Seguindo-se esta lógica, seis questões objetivas, numeradas de 1 a 6 na figura, uma para cada tipo de atividade, devem ser respondidas em seqüência. A seqüência adotada corresponde à prioridade estabelecida pela MCC, descrita no primeiro parágrafo deste capítulo. Note que as questões testam a aplicabilidade e efetividade de cada atividade para o modo de falha em análise, devendo ser respondidas seguindo os critérios já estudados nos Capítulos 8 e 9, respectivamente. Se não houver informação suficiente ou adequada para responder com SIM ou NÃO a uma das questões, recomenda-se adotar uma resposta negativa, e passar para a questão seguinte, garantindo uma decisão conservadora sobre a manutenção.

Em se tratando de aspectos de segurança, todas as questões têm de ser respondidas, independente das respostas anteriores. Note que o sinal de

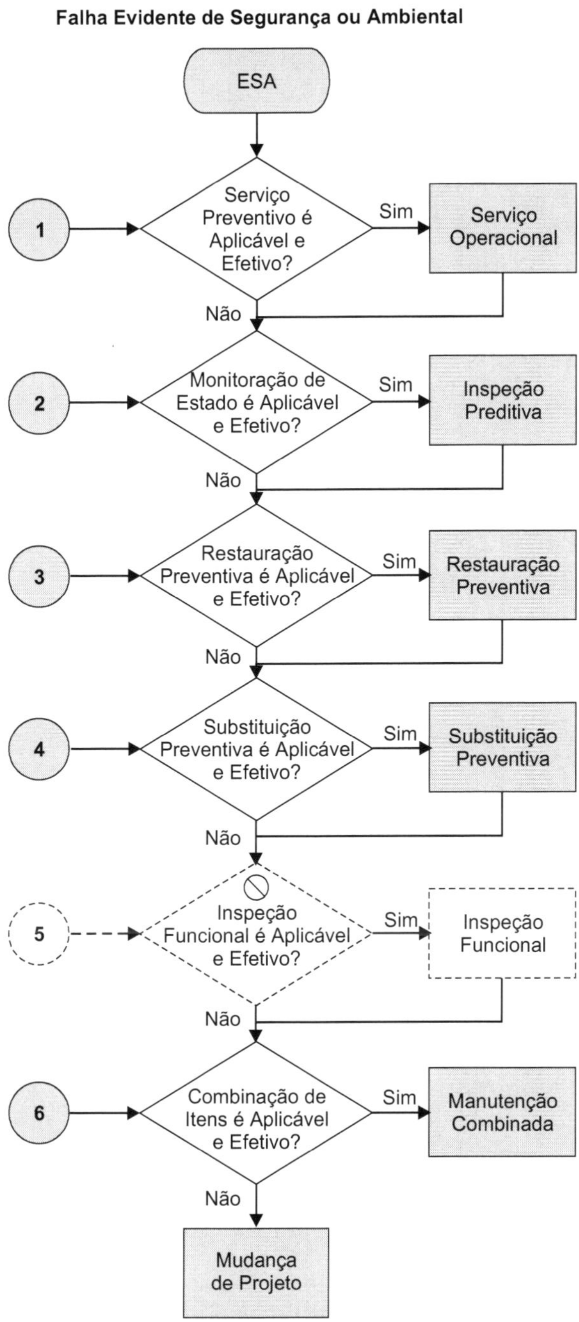

Figura 10-2 — Falha Evidente de Segurança ou Ambiental

contramão no bloco de Inspeção Funcional exclui, *a priori*, esta atividade, considerando que o modo de falha é evidente para o operador da instalação. Após a última questão, o subconjunto de atividades de manutenção relacionadas a respostas afirmativas será recomendado para este modo de falha, segundo um critério de economicidade. Se o conjunto for vazio, deve se realizar uma Mudança de Projeto para garantir a segurança. Note que a lógica proposta exclui a possibilidade de simples Reparo Funcional (*Run-to-Failure*), face os impactos previstos das conseqüências sobre o meio ambiente ou segurança.

10.3 Falha Oculta de Segurança/Ambiental

Considerando novamente que o modo de falha afeta a segurança ou o meio ambiente, na classe OSA a MCC recomenda testar a aplicabilidade e efetividade de todas as tarefas possíveis, inclusive a Inspeção Funcional, já que a falha é oculta. Como atividade *default*, recomenda-se realizar uma Mudança de Projeto, caso nenhuma atividade preventiva ou combinação delas seja aplicável e efetiva. A Figura 10-3 ilustra a lógica de decisão aplicada neste caso.

Lógica de seleção

Seguindo-se esta lógica, as seis questões objetivas, numeradas de 1 a 6 na figura, uma para cada tipo de atividade, devem ser respondidas em seqüência. A seqüência adotada corresponde à prioridade estabelecida pela MCC, descrita no início deste capítulo. Note que as questões testam a aplicabilidade e efetividade de cada atividade para o modo de falha em análise, devendo ser respondidas seguindo os critérios já estudados nos Capítulos 8 e 9, respectivamente. Se não houver informação suficiente ou adequada para responder com SIM ou NÃO a uma das questões, recomenda-se adotar uma resposta negativa, e passar para a questão seguinte, garantindo uma decisão conservadora sobre a manutenção.

Após a última questão, um subconjunto das atividades de manutenção relacionadas a respostas afirmativas será recomendado para este modo de falha. A mudança de projeto será mandatória se este conjunto for vazio. Novamente, esta lógica exclui o Reparo Funcional (*Run-To-Failure*) como política de manutenção, por motivos de segurança.

Falha Oculta de Segurança ou Ambiental

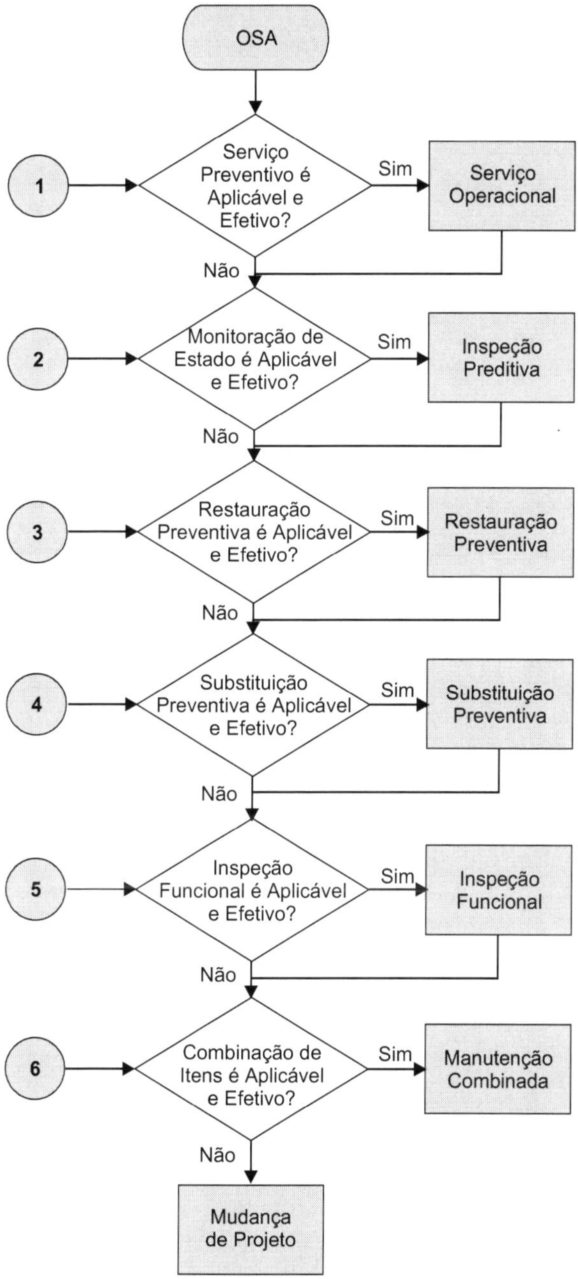

Figura 10-3 — Falha Oculta de Segurança ou Ambiental

10.4 Falha Evidente Operacional/Econômica

Considerando que o modo de falha não afeta a segurança ou o meio ambiente, mas apenas a operação ou economia do processo, na classe EEO a MCC recomenda testar seqüencialmente a aplicabilidade e efetividade de todas as tarefas possíveis, com exceção da Inspeção Funcional, já que a falha é evidente. Como atividade *default*, recomenda-se realizar apenas Reparo Funcional ou Mudança de Projeto, caso nenhuma atividade preventiva ou combinação delas seja aplicável e efetiva. O Reparo Funcional, neste caso, só é aceitável por não haver ameaça à segurança e meio ambiente. Isto equivale a aguardar que a falha ocorra (*Run-to-Failure*) para só então corrigi-la. Note que uma combinação de tarefas só será testada caso nenhuma atividade anterior tenha sido julgada aplicável e efetiva isoladamente. A Figura 10-4 ilustra a lógica de decisão aplicada neste caso.

Lógica de seleção

Seguindo-se esta lógica, as sete questões objetivas já referidas, numeradas de 1 a 7 na figura, uma para cada tipo de atividade, devem ser respondidas em seqüência.. A seqüência adotada, mais uma vez, corresponde à mesma prioridade estabelecida pela MCC, descrita no início deste capítulo. Note que as questões testam a aplicabilidade e efetividade de cada atividade para o modo de falha em análise, devendo ser respondidas seguindo os critérios já estudados nos Capítulos 8 e 9, respectivamente. Se não houver informação suficiente ou adequada para responder com SIM ou NÃO a uma das questões, recomenda-se adotar uma resposta negativa, e passar para a questão seguinte, garantindo uma decisão conservadora sobre a manutenção.

Por não afetar a segurança e o meio ambiente, com exceção do teste de Serviço Operacional, a primeira questão cuja resposta for positiva suspenderá as demais questões, ou seja, apenas uma atividade será suficiente, já que se trata de conseqüências operacionais e econômicas. Uma combinação de atividades só será testada caso nenhuma tarefa preventiva tenha sido julgada aplicável e efetiva isoladamente.

Note que o sinal de contramão no bloco de Inspeção Funcional exclui, *a priori*, esta atividade, considerando que o modo de falha é evidente para o operador da instalação. Ao final do processo, a atividade de manutenção relacionada à primeira resposta positiva será recomendada para este modo de falha, ou uma combinação delas. Caso contrário, a MCC propõe aguardar que a falha ocorra (*Run-To-Failure*) ou mudar o projeto, dependendo do custo envolvido em cada opção.

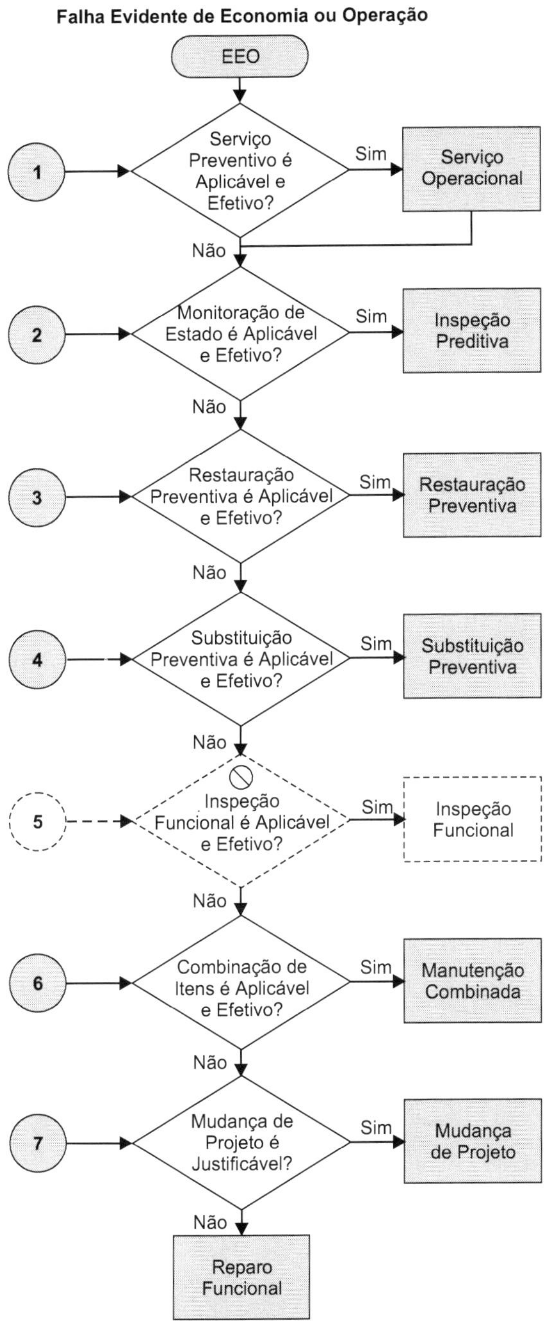

Figura 10-4 — Falha Evidente de Economia ou Operação

10.5 Falha Oculta Operacional/Econômica

Considerando que o modo de falha não afeta a segurança ou o meio ambiente, mas apenas a operação ou economia do processo, na classe OEO a MCC recomenda testar seqüencialmente a aplicabilidade e efetividade de todas as tarefas possíveis, inclusive a Inspeção Funcional, já que a falha é oculta. Como atividade *default*, recomenda-se realizar um Reparo Funcional ou Mudança de Projeto, caso nenhuma atividade preventiva ou combinação delas seja aplicável e efetiva. O Reparo Funcional, neste caso, só é aceitável por não haver ameaça à segurança e ao meio ambiente. Isto equivale a aguardar que a falha ocorra (*Run-To-Failure*) para só então corrigi-la. Note que a combinação de tarefas só será testada caso nenhuma atividade anterior tenha sido julgada aplicável e efetiva isoladamente. A Figura 10-5 ilustra a lógica de decisão aplicada neste caso.

Lógica de seleção

Seguindo-se esta lógica, as sete questões objetivas já referidas, numeradas de 1 a 7 na figura, uma para cada tipo de atividade, devem ser respondidas em seqüência. A seqüência adotada corresponde novamente à prioridade estabelecida pela MCC, descrita no início deste capítulo. Note que as questões testam a aplicabilidade e efetividade de cada atividade para o modo de falha em análise, devendo ser respondidas seguindo os critérios já estudados nos Capítulos 8 e 9, respectivamente. Se não houver informação suficiente ou adequada para responder com SIM ou NÃO a uma das questões, recomenda-se adotar uma resposta negativa, e passar para a questão seguinte, garantindo uma decisão conservadora sobre a manutenção.

Por não afetar a segurança e o meio ambiente, com exceção do teste de Serviço Operacional, a primeira questão cuja resposta for positiva excluirá as demais questões, ou seja, apenas uma atividade será suficiente, já que se trata apenas de conseqüências operacionais e econômicas. Uma combinação de atividades só será testada caso nenhuma tarefa preventiva tenha sido julgada aplicável e efetiva isoladamente.

Ao final do processo, a atividade de manutenção relacionada à primeira resposta afirmativa será recomendada para este modo de falha, ou uma combinação delas. Caso contrário, a MCC propõe aguardar que a falha ocorra (*Run-To-Failure*) ou mudar o projeto, dependendo do custo envolvido em cada opção.

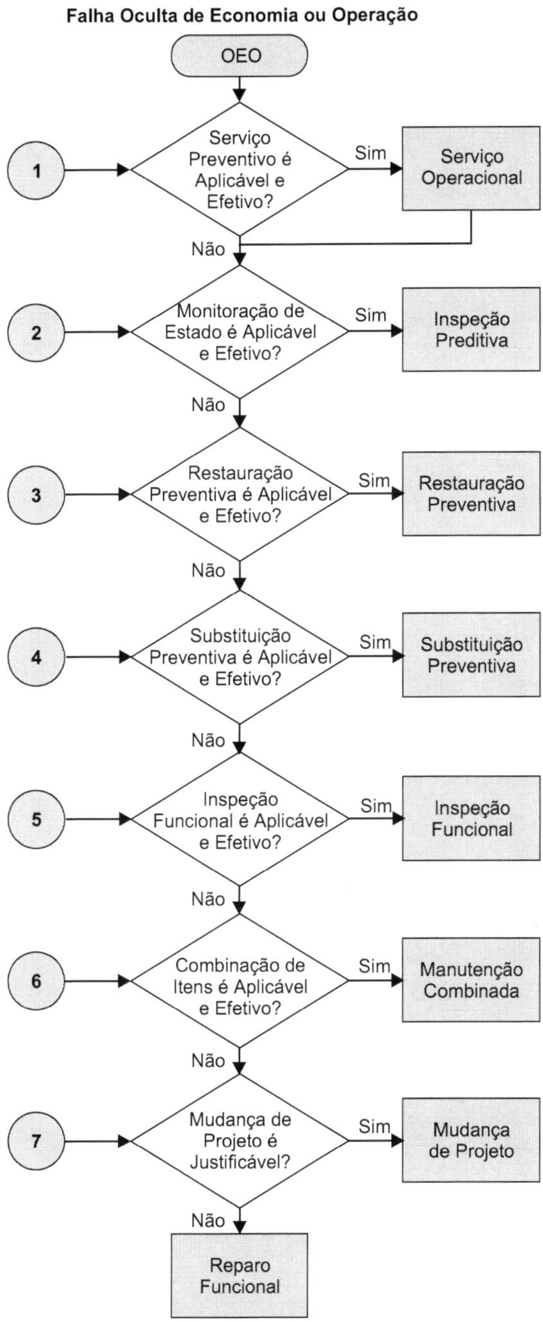

Figura 10-5 — Falha Oculta de Economia ou Operação

10.6 Documentação do Processo de Seleção

A exemplo de todas as etapas da MCC, o resultado deste processo deverá ser documentado para referência futura ou auditoria. Em especial, devem ser registradas todas as respostas às questões padronizadas da MCC, e o conjunto de atividades selecionadas para cada modo de falha. Cada atividade deverá ser descrita em detalhes suficientes para sua execução, ou referenciada a um manual de manutenção que a descreva. A descrição deverá detalhar as especificidades técnicas inerentes à tecnologia da função, incluindo os passos necessários, recursos humanos e materiais, etc.

Formulário de análise de decisão

A Figura 10-6 ilustra o modelo de formulário sugerido para registrar as decisões tomadas na etapa de Análise de Decisão e Seleção das Tarefas.

Análise de Decisão

Unidade	Código	Facilitador	Data	Folha
Item	Código	Auditor	Data	De

Referência			Conseqüência	Questões							Tarefa Proposta	Intervalo Inicial	Realizada por
FU	FA	MO		1	2	3	4	5	6	7			

Figura 10-6 — Formulário de Análise de Decisão

A parte superior do formulário é composta de campos de identificação e codificação do sistema e dos analistas de MCC, descritos na Tabela 2, sendo comuns a todos os formulários adotados neste manual. Os campos restantes são utilizados para documentar as decisões tomadas na análise de conseqüências e nas respostas às questões dos fluxogramas de seleção de tarefas, conforme descrito na Tabela 31.

Tabela 31 — Formulário de Análise de Decisão

Campo	Título	Descrição
11	Referência	Transcrever os números de referência da Função (FU), Falha (FA) e Modo (MO) correspondentes do formulário FMEA.
12	Conseqüência	Informar o enquadramento da conseqüência, segundo a codificação: **ESA** (Evidente de Segurança/Ambiental); **EEO** (Evidente Econômico/Operacional); **OSA** (Oculto Segurança/Ambiental); **OEO** (Oculto Econômico/Operacional).
13	Questões	Responder com S (Sim) ou N (Não) às sete questões da lógica de seleção MCC, conforme indicado nos diagramas anexos, para cada tipo de conseqüência: 1. Um Serviço Operacional é aplicável e efetivo? 2. Uma Inspeção Preditiva é aplicável e efetiva? 3. Uma Restauração Preventiva é aplicável e efetiva? 4. Uma Substituição Preventiva é aplicável e efetiva? 5. Uma Inspeção Funcional é aplicável e efetiva? 6. Uma Manutenção Combinada é aplicável e efetiva? 7. Uma Mudança de Projeto é justificável?
14	Tarefa Proposta	Descrever a tarefa aplicável e efetiva recomendada para este modo de falha.
15	Intervalo Inicial	Especificar o intervalo inicial proposto para execução desta atividade.
16	Realizada por	Identificar a equipe, responsável ou nível de especialização necessária para execução desta tarefa, segundo uma classificação adotada no Plano MCC, tal como 1º, 2º e 3º escalão.

Plano de manutenção

Concluído o processo de seleção, o resultado de todas as etapas da MCC pode ser reunido em uma única planilha, contendo o Plano de Manutenção do sistema analisado, conforme a Figura 10-7. Sugere-se que esta planilha seja usada apenas para reproduzir os dados já lançados nos demais formulários, os quais são estruturados para cada fase do processo de análise. A reprodução em uma única planilha ajuda a acompanhar e divulgar o andamento dos trabalhos, devendo ser mantida atualizada com as demais planilhas MCC.

Plano de Manutenção Centrada na Confiabilidade

Unidade	Código	Facilitador	Data	Folha
Item	Código	Auditor	Data	De

			Codificação									Análise de Decisão												
Função	Falha	Componente	Unidade	Sistema	Componente	Função	Falha	Modo de Falha	Modo de Falha	Efeito da Falha	Criticidade	Visivelmente	Segurança/Ambiente	Operação/Economia	Categoria	Serviço Operacioonal	Inspeção Preditiva	Restauração Preventiva	Substituição Preventiva	Inspeção Funcional	Manutenção Combinada	Mudança de Projeto	Atividade	Periodicidade

Figura 10-7 — Formulário de Plano de Manutenção

A parte superior do formulário é composta de campos de identificação e codificação do sistema e dos analistas de MCC, descritos na Tabela 2, sendo comuns a todos os formulários adotados neste manual. Os campos restantes são utilizados para documentar todas as decisões tomadas no processo da MCC, conforme descrito na Tabela 32.

Nesta forma, o Plano de Manutenção pode ser afixado em quadros murais, *banners* ou *flipcharts*, constituindo-se em excelente meio de visualização, divulgação e acompanhamento do plano, tanto para as equipes de análise como para as de execução da manutenção.

Tabela 32 — Formulário de Plano de Manutenção

Campo	Título	Descrição
11	Função	Identificar cada função desempenhada pelo sistema.
12	Falha	Nomear cada falha possível da função atual.
13	Componente	Preencher com o nome do componente do sistema em estudo ao qual se associa o modo de falha.
14	Codificação	Transcrever a referência da Unidade, Sistema, Componente, Função (FU), Falha (FA) e Modo de Falha (MO) correspondentes do formulário FMEA.
15	Modo de Falha	Nomear cada modo de falha possível para a falha atual.
16	Efeito da Falha	Descrever o efeito da falha, em termos de resultados esperados na função, sistema e instalação em análise.
17	Criticidade	Classificar a criticidade do efeito provocado pela falha, em termos de impacto operacional, ambiental, econômico ou de segurança, através de um código numérico de severidade do risco, usando a Matriz de Risco adotada no Plano MCC.
18	Visível Evidente	Informar, com SIM ou NÃO, se a falha é evidente ou visível ao operador da instalação.
19	Segurança Ambiente	Informar, com SIM ou NÃO, se a falha afeta a segurança ou o meio ambiente.
20	Operação Economia	Informar, com SIM ou NÃO, se a falha tem conseqüências operacionais ou econômicas.
21	Conseqüência	Informar o enquadramento da conseqüência, segundo a codificação: **ESA** (Evidente de Segurança/Ambiental); **EEO** (Evidente Econômico/Operacional); **OSA** (Oculto Segurança/Ambiental); **OEO** (Oculto Econômico/Operacional).
22	Serviço Operacional	Responder com S (Sim) ou N (Não) à primeira questão da lógica de seleção MCC, sobre a aplicabilidade e efetividade do Serviço Operacional no combate a este Modo de Falha.
23	Inspeção Preditiva	Responder com S (Sim) ou N (Não) à segunda questão da lógica de seleção MCC, sobre a aplicabilidade e efetividade da Inspeção Preditiva no combate a este Modo de Falha.
24	Restauração Preventiva	Responder com S (Sim) ou N (Não) à terceira questão da lógica de seleção MCC, sobre a aplicabilidade e efetividade da Restauração Preventiva no combate a este Modo de Falha.

(Continua)

Tabela 32 — Formulário de Plano de Manutenção *(Continuação)*

Campo	Título	Descrição
25	Substituição Preventiva	Responder com S (Sim) ou N (Não) à quarta questão da lógica de seleção MCC, sobre a aplicabilidade e efetividade da Substituição Preventiva no combate a este Modo de Falha.
26	Inspeção Funcional	Responder com S (Sim) ou N (Não) à quinta questão da lógica de seleção MCC, sobre a aplicabilidade e efetividade da Inspeção Funcional no combate a este Modo de Falha.
27	Manutenção Combinada	Responder com S (Sim) ou N (Não) à sexta questão da lógica de seleção MCC, sobre a aplicabilidade e efetividade da Manutenção Combinada no combate a este Modo de Falha.
28	Mudança de Projeto	Responder com S (Sim) ou N (Não) à sétima questão da lógica de seleção MCC, sobre a aplicabilidade e efetividade da Mudança de Projeto no combate a este Modo de Falha.
29	Atividade	Descrever a tarefa aplicável e efetiva recomendada para este modo de falha, do formulário de Análise de Decisão.
30	Periodicidade	Informar a periodicidade recomendada para esta atividade.

10.7 Resumo

Este capítulo forneceu uma introdução ao processo de seleção de tarefas adotados na MCC, incluindo:

- Processo de Seleção;
- Falhas Evidentes de Segurança/Ambientais;
- Falhas Ocultas de Segurança/Ambientais;
- Falhas Evidentes Operacionais/Econômicas;
- Falhas Ocultas Operacionais/Econômicas;
- Documentação do Processo de Seleção.

A Figura 10-8 reúne a lógica de seleção de atividades utilizada pela MCC em um único diagrama, combinando a Lógica de Decisão do Capítulo 7 com a Lógica de Seleção deste capítulo.

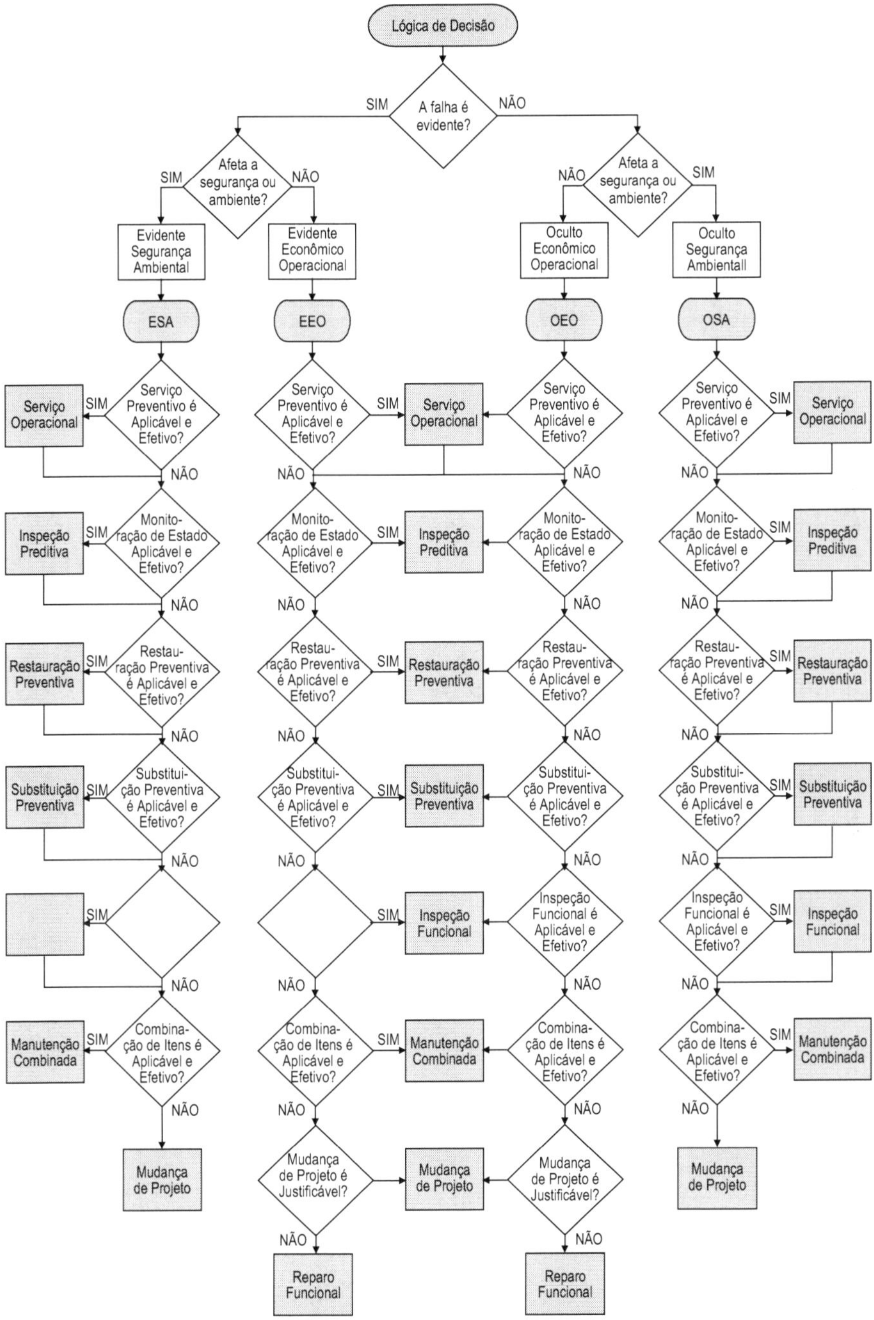

Figura 10-8 — Lógica de Decisão MCC

Encerram-se assim as etapas qualitativas da metodologia MCC, com os instrumentos necessários para a escolha das atividades de manutenção julgadas adequadas e efetivas para cada modo de falha.

Uma importante questão resta ainda para ser respondida, para cada atividade escolhida. Trata-se da periodicidade com que ela deve ser executada. A resposta a esta questão faz parte da sétima e última Etapa do Processo MCC (Figura 2-3), sendo descrita no próximo capítulo.

10.8 Questões de Revisão

1. Que prioridade é atribuída pela MCC na seleção de atividades programadas de manutenção?
2. Que critérios são utilizados na MCC para selecionar a atividade de manutenção para modos de falha evidentes, com impactos na segurança ou no meio ambiente?
3. Como a MCC seleciona a atividade de manutenção quando o modo de falha é oculto, com impacto ambiental ou de segurança?
4. Se o impacto de uma falha evidente for apenas na operação ou economia do processo, como a MCC seleciona a atividade de manutenção?
5. Como funciona a lógica de seleção das atividades de manutenção da MCC para modos de falha ocultos que apenas afetam a operação ou economia do processo?

QUARTA PARTE

IMPLEMENTAÇÃO

Periodicidade da Manutenção
Processo de Implantação

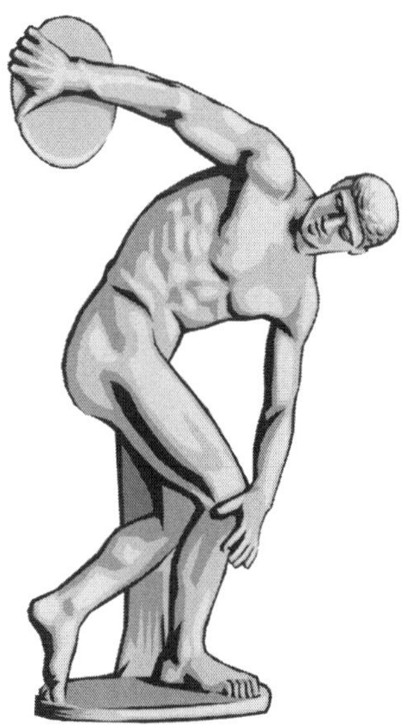

11

Periodicidade da Manutenção

Como resultado das etapas anteriores, a Metodologia MCC produz um conjunto de atividades aplicáveis e efetivas, que são apropriadas para prevenir ou reduzir as conseqüências de falhas funcionais. A etapa seguinte consiste na definição da freqüência com que estas atividades devem ser executadas para cada modo de falha do sistema. Em condições ideais, a definição resultará de uma otimização dos resultados que o proprietário ou usuário da instalação deseja, sujeito às restrições de segurança, ambientais e de viabilidade física.

Tanto a norma SAE JA1011 quanto a IEC 60300-3-11 reconhecem a importância dos métodos estatísticos na definição de periodicidade, e recomendam sua utilização quando os dados necessários estiverem disponíveis. Entretanto, estas normas não definem estes modelos, limitando-se a recomendar que o método escolhido seja documentado e aceito pelo usuário ou proprietário da instalação. Na aviação comercial americana, também o organismo regulatório deverá aprovar o método, segundo o relatório ATA MSG-3. Em última instância, um intervalo de manutenção deverá ser escolhido com base nos dados disponíveis, seja através do consenso ou aplicando práticas geralmente aceitas de engenharia.

Este capítulo apresenta um resumo dos modelos estatísticos mais usuais em Engenharia de Manutenção, com ênfase nos métodos bayesianos e markovianos, e uma metodologia de otimização da periodicidade adequada às atividades da MCC. Finalmente, estes métodos serão incorporadas ao conjunto de ferramentas da MCC, completando o kit de implementação do Apêndice A.

11.1 Processos Decisórios

Muitos modelos e teorias têm sido propostos para analisar e suportar o processo decisório de definição da freqüência de manutenção. Praticamente todas as teorias sobre processos decisórios se aplicam neste caso, com variados níveis de adequacidade. A lista a seguir resume os modelos mais usuais encontrados na prática e na literatura pertinente:

- Exploração de Idade
- Diagramas de Influência;
- Árvores de Eventos;
- Teoria dos Jogos;
- Teoria Bayesiana;
- Processos Markovianos;
- Decisões Multicritérios.

Segue-se um resumo de cada uma destas ferramentas, com uma síntese da aplicabilidade no cálculo da freqüência de manutenção. O restante do capítulo detalha as três últimas teorias, com aplicação dos Processos Bayesianos e Markovianos às Decisões Multicritérios, típicas desta etapa da metodologia.

Exploração de Idade

A situação mais comum, especialmene com novos itens, é a total ausência de informações sobre o mecanismo de falha. O desconhecimento pode ser tanto sobre a física do mecanismo de falha quanto sobre a estatística de falhas. Neste caso, é comum adotar-se um método empírico de tentativa e erro, oriundo da indústria aeronáutica, conhecido como Exploração de Idade (*Age Exploration*).

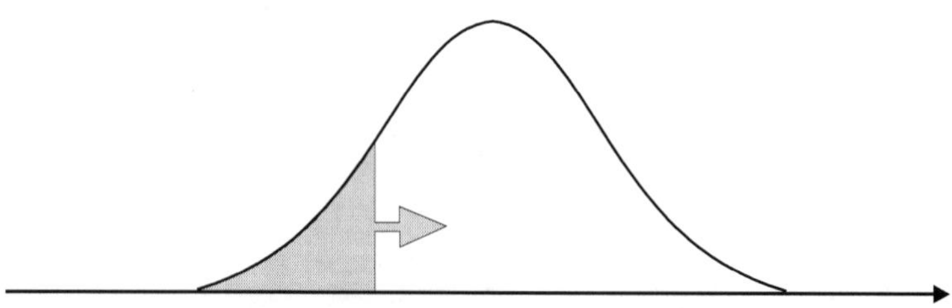

Figura 11-1 — Exploração de Idade

O método pode ser ilustrado através da Figura 11-1, que mostra a função de densidade de probailidade de falha (desconhecida) de uma população de itens, onde se deseja desenvolver uma exploração de idade. Escolhe-se inicialmente um determinado intervalo de manutenção por um processo empírico qualquer (palpite ou experiência, por exemplo). Na primeira manutenção usando este intervalo, analisam-se os defeitos encontrados e níveis de degradação. Se a análise revelar que os defeitos ou níveis de degradação são reduzidos, aumenta-se momentaneamente o intervalo de manutenção do próximo item na população (usualmente 10% ou mais). O processo é repetido com os itens subseqüentes até que em um determinado intervalo constata-se um nível de degradação suficiente para justificar a manutenção. Este intervalo será adotado como periodicidade recomendada para a população.

Embora seja um processo lento e carente de uma base científica, a Exploração de Idade pode ser a melhor ou única alternativa quando os dados estatísticos não estiverem disponíveis.

Diagramas de influência

O problema de decisão sobre o instante de realização da manutenção pode ser visualizado por um diagrama de influência ou bayesiano, que ilustre as relações de causalidade entre os diversos eventos envolvidos. Nestes diagramas, as decisões são representadas por retângulos, os eventos aleatórios por círculos, e os resultados por losangos dispostos da esquerda para direita segundo a seqüência temporal dos eventos (Figura 11-2). A seqüência ilustrada representa aquela mais significativa para o problema de decisão, ou a que gera maiores conseqüências, ou seja, o defeito interno ou falha potencial no equipamento antecede uma falha funcional no processo, a qual gera as conseqüências indesejáveis.

As linhas contínuas representam dependências reais entre os resultados, decisões e eventos. Relações de causalidade são pressupostas entre estes eventos, seja de natureza física ou decorrentes de modelos conceituais concebidos pelo decisor sobre a realidade. Assim, por exemplo, o resultado de um adiamento na manutenção será em função, além da decisão de adiar, da possibilidade de ocorrência prévia de um defeito interno no sistema. Já o resultado do processo e a conseqüência da falha, além do resultado da decisão, dependerão da possibilidade de eventos prévios de defeito ou da falha funcional do processo.

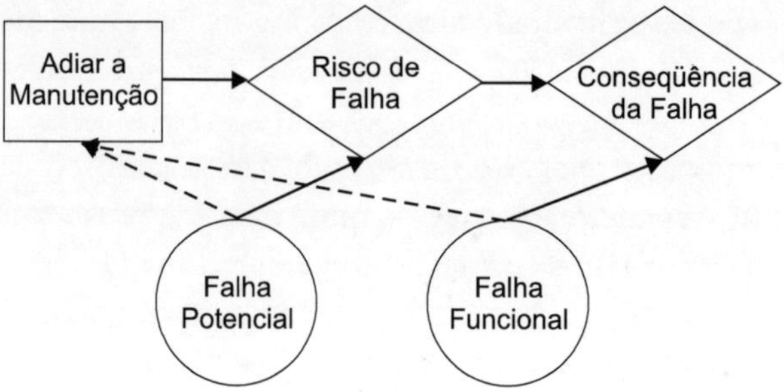

Figura 11-2 — Diagramas de Influência

As linhas pontilhadas indicam a possível disponibilidade de informações, *a priori*, sobre as ocorrências de eventos aleatórios. Caso o decisor disponha destas informações, poderá guiar suas decisões e otimizar os resultados esperados. As informações poderão ter a forma de estimativas, baseadas em observações históricas ou distribuições de probabilidade destes eventos.

Para aplicar esta ferramenta no apoio à decisão, é necessário calcular as probabilidades condicionais de cada um dos blocos intermediários de risco e conseqüência da falha, utilizando as relações de dependência do grafo e o teorema de Bayes. Estes, por sua vez, dependem da ocorrência de cada um dos eventos externos, de natureza aleatória. A ausência da representação explícita da variável temporal reduz a utilidade dos diagramas de influência, o que não elimina sua aplicação como ferramenta de análise, simulação e visualização da manutenção.

Árvore de eventos

Uma outra forma de visualizar o problema de periodicidade da manutenção é através de uma árvore de eventos, onde cada nó interno representa um estágio no processo de decisão (Figura 11-3). O primeiro estágio representa as opções do decisor em adiar ou não, em cada instante, a manutenção. O segundo estágio representa os possíveis estados de normalidade em que pode ser encontrado o sistema, com relação a falhas potenciais. Finalmente, o último estágio representa as situações em que o sistema pode ou não apresentar uma falha funcional e entrar em colapso. Os pontos finais, à direita do diagrama, representam as oito opções possíveis para a combinação destas três decisões. Note que apenas a primeira decisão está a cargo do decisor humano. As demais dependem de um estado ou evento da natureza, sobre o qual não se tem controle completo.

Para aplicar esta ferramenta no apoio à decisão, é necessário calcular as probabilidades condicionais de cada um dos oito ramos finais da árvore, condicionadas ao resultado da decisão e dos eventos binários que os antecedem, maximizando os ramos desejáveis, através da escolha dos instantes de realização da manutenção. Estes, por sua vez, dependem da ocorrência de cada um dos estágios anteriores, até a raiz da árvore. A figura ilustra as formas típicas das curvas de confiabilidade, esperadas em cada estágio de decisão, em função do tempo. A exemplo dos diagramas de influência, a ausência da representação explícita da variável temporal, reduz a utilidade da árvore de decisão, mas não elimina sua aplicação como ferramenta de análise e visualização.

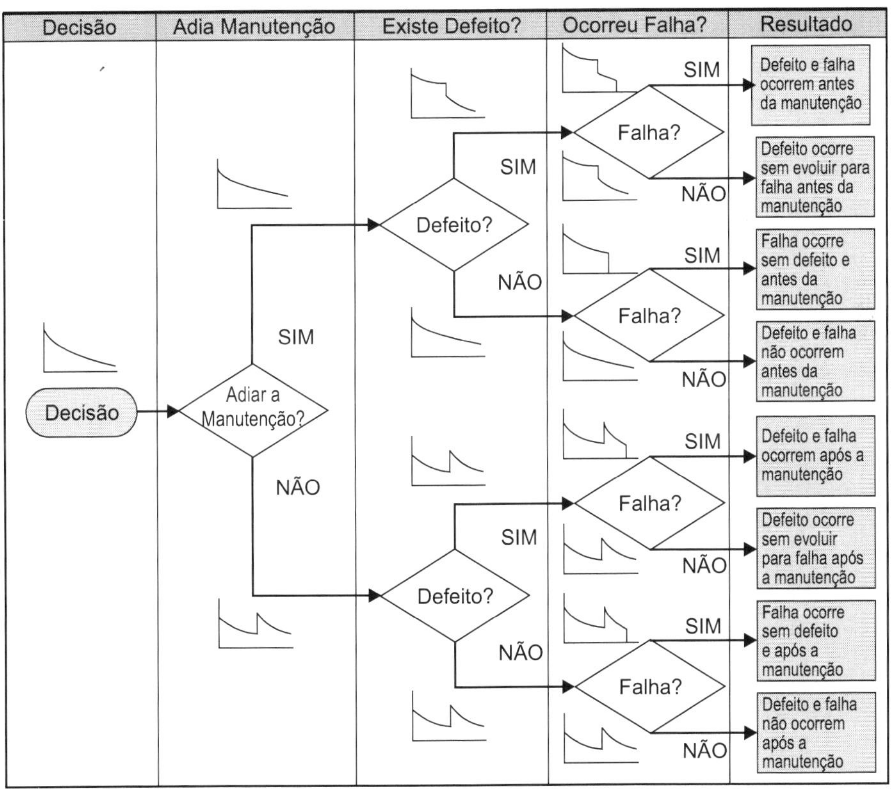

Figura 11-3 — Árvore de Eventos

Teoria dos jogos

A teoria dos jogos também pode ser utilizada para modelar o processo de escolha da periodicidade e analisar os riscos de adiamento de manutenção. Um possível método compara esta decisão a um jogo de duelo, onde o gestor de manutenção enfrenta a natureza (Figura 11-4). Quanto menor a distância entre os oponentes, maior a chance do gestor acertar o oponente (ou seja, encontrar e corrigir um defeito), e maior a probabilidade do oponente atirar primeiro e acertar (ou seja, um defeito indisponibilizar o equipamento).

Figura 11-4 — Jogos de Duelo

A distância que separa os duelistas corresponde ao tempo estimado para a próxima falha funcional do equipamento. O jogo consiste em se aproximar ao máximo do oponente até que se tenha maior precisão na mira. Por analogia, esta estratégia consiste em adiar ao extremo o instante da manutenção, objetivando aumentar as chances de encontrar um defeito e adiar o dispêndio, com o risco de ser penalizado por uma possível evolução prematura do defeito para uma falha, antes da manutenção, com conseqüências maiores. A diferença principal, em relação ao duelo, é que o oponente, neste caso a natureza, não tem interesse explícito em ganhar o duelo, mas a analogia torna útil o modelo, permitindo desenvolver regras de decisão com a teoria dos jogos. Para isto, é necessário modelar as probabilidades de acerto do gestor e seu oponente em função do tempo (ou distância) para a falha, construindo a matriz de ganhos e perdas do jogo. O instante ótimo de manutenção será aquele para o qual os ganhos incrementais de adiamento forem iguais às perdas incrementais do oponente. Também neste caso, a ausência de representação dos tempos próprios de falha e manutenção (equivalentes à rapidez no gatilho dos duelistas) reduzem a utilidade deste método.

Método matemático

Para atividades preventivas, supondo que elas reponham a capacidade funcional plena do item, se for conhecida a função densidade de probabilidade de falha, pode-se modelar o valor esperado dos retornos (ganhos – perdas) em um ciclo de manutenção, pela expressão:

$$E[C] = K_p \int_{tp}^{\infty} f(t)dt + K_r \int_{0}^{t_p} f(t)dt = K_p R(t_p) + K_r F(t_p), \qquad \textit{Equação 9}$$

onde: C = retorno esperado no ciclo de manutenção;

K_p = retorno estimado de uma manutenção preventiva;

K_r = retorno estimado de um reparo após a falha;

t_p = intervalo entre manutenções preventivas;

$f(t)$ = função densidade de probabilidade de falha;

$R(t_p)$ = função de confiabilidade ou sobrevivência; e

$F(t_p)$ = função de probabilidade acumulada de falha.

Nesta equação, os retornos C, K_p e K_r referem-se a quaisquer resultados mensuráveis, positivos ou negativos, tal como custo, tempo de interrupção de produção, etc., que representem o objetivo de otimização do decisor. As integrais, na primeira e segunda parcelas, estimam, respectivamente, as probabilidades de ocorrência de falha, após ou antes do instante t_p da manutenção.

Similarmente, o ciclo de manutenção pode ser estimado por:

$$E[t_p] = \int_{0}^{tp} tf(t)dt + t_p \int_{t_p}^{\infty} f(t)dt = \int_{0}^{t_p} R(t)dt, \qquad \textit{Equação 10}$$

Com estes valores, o instante ótimo de manutenção será obtido pelo tradicional modelo de Barlow e Hunter[26], minimizando-se o retorno esperado por unidade de tempo, ou seja:

[26] Barlow, R.E., Hunter, L. "*Optimal Preventive Maintenance Policies*". Operations Research, V. 8, 1960, p. 90-100.

$$\min:\frac{E[C]}{E[t_p]}=\frac{K_p\int_{t_p}^{\infty}f(t)dt+K_r\int_{0}^{t_p}f(t)dt}{\int_{0}^{t_p}tf(t)dt+t_p\int_{t_p}^{\infty}f(t)dt}. \qquad \textit{Equação 11}$$

O modelo acima permite modelar adequadamente as seguintes políticas tradicionais de manutenção:

- **Manutenção por idade –** (*ARP – Age Replacement Policy*);
- **Manutenção em bloco** – (*BRP – Block Replacement Policy*); e
- **Reparo mínimo** – (*MRP – Minimal Repair Policy*).

Na política ARP, a manutenção é realizada de acordo com a idade operacional do componente, assegurando seu funcionamento como novo (*good as new*) ou providenciando sua substituição, ou seja, a contagem de tempo é reiniciada após cada falha funcional. O modelo básico aplica-se a um único exemplar colocado em operação no instante $t = 0$, o qual será substituído ou restaurado após as falhas, ou quando o tempo em operação exceder t_p, o que ocorrer primeiro. Neste caso, o custo médio por unidade de tempo será minimizado por:

$$\min:\frac{E[C]}{E[t_p]}=\frac{K_pR(t_p)+K_rF(t_p)}{\int_{0}^{t_p}R(t)dt}. \qquad \textit{Equação 12}$$

Na política BRP, a manutenção é realizada a intervalos fixos de tempo. Embora seja fácil de administrar, já que obedece a uma programação fixa no tempo, pode resultar na substituição ou restauração de itens ainda em condição operacional adequada, mas assegurando seu funcionamento como novo (*good as new*) a partir daquele instante. O modelo básico aplica-se a um único exemplar colocado em operação no instante $t = 0$, o qual será substituído ou restaurado após as falhas, ou nos instantes kt_p para k = 1,2,... O custo médio por unidade de tempo será minimizado por:

$$\min: \frac{E[C]}{E[t_p]} = \frac{K_p + K_r W(t_p)}{t_p}, \qquad \textit{Equação 13}$$

onde W(t) representa a função de renovação do item, ou seja, o número de falhas esperadas para ocorrer no intervalo de *0* a *t*.

A política MRP é uma variante da BRP, onde a manutenção consiste na realização de reparos mínimos suficientes para restaurar a funcionalidade do item após as falhas, entre as manutenções preventivas, ao nível em que se encontrava imediatamente antes da falha (*bad as old*), com substituições periódicas a intervalos fixos de tempo t_p. A Equação 13 também aplica-se neste caso, com as adequações necessárias nos parâmetros K_p e K_r, os quais passam a representar o retorno ou custo de substituição preventiva e de reparo mínimo, respectivamente.

A minimização destas funções, em geral, exige a resolução de equações íntegro-diferenciais não-lineares, com funções transcendentais dependentes da densidade de probabilidade de falha, para as quais não existem soluções analíticas genéricas. Mesmo para as funções de densidade mais simples, uma solução só é possível através de métodos de pesquisa e algoritmos de integração numérica. Além disso, os modelos não consideram explicitamente outros fatores importantes para a manutenção, tais como os tempos médios de manutenção e reparo ou a diferença entre defeitos e falhas, motivando o surgimento de outros métodos, principalmente baseados na teoria bayesiana.

Teoria bayesiana

A abordagem bayesiana exige a formulação de um modelo estocástico da relação temporal dos eventos de interesse. Para que seja modelado quantitativamente, o problema de periodicidade de manutenção pode ser visualizado como uma escolha do instante *t* em que o equipamento deve ser mantido, restaurado, substituído, inspecionado ou testado, e sua relação com os instantes em que ocorrem defeitos internos ou falhas potenciais t_D, ou falhas totais ou funcionais, t_F. A Figura 11-5 ilustra a seqüência típica destes eventos ao longo do tempo, partindo do instante inicial t_0 da última manutenção.

Os instantes médios t_D e t_F, previstos para falhas potenciais (defeitos) e funcionais, podem ser calculados a partir das densidades de probabilidades de

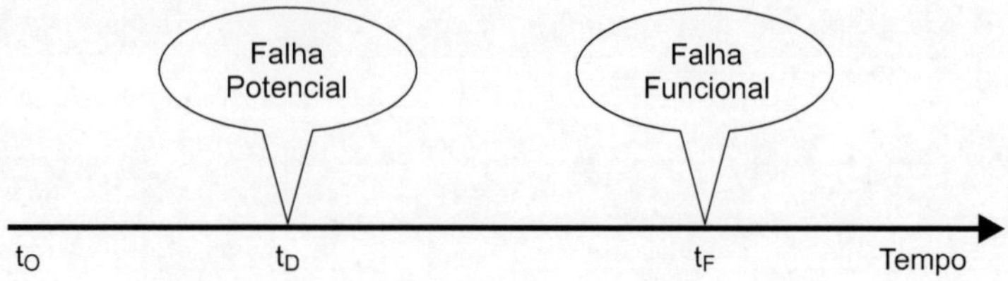

Figura 11-5 — Instantes de Ocorrência de Falhas

ocorrência destes eventos, sendo dados pelo inverso da taxa de falha λ_f e de defeito λ_d, associados ao modo de falha:

$$t_D = \int p(pt|D)dt = \frac{1}{\lambda_d}, \qquad \textit{Equação 14}$$

$$t_F = \int p(t|F)dt = \frac{1}{\lambda_f}, \qquad \textit{Equação 15}$$

onde $p(t|D)$ e $p(t|F)$ são as funções de densidade de probabilidade condicional de ocorrência de falha potencial e funcional, respectivamente, em relação ao tempo. Nestas expressões, os intervalos de integração iniciam logo após uma manutenção no equipamento, quando se conhece com certeza seu estado.

Nível de segurança

Conhecidos estes instantes, o nível de segurança do equipamento normalmente pode ser avaliado por um coeficiente de segurança v, dado pela relação entre t_D e t_F:

$$\nu = \frac{t_D}{t_F}, \qquad \textit{Equação 16}$$

ou pelo Intervalo PF ou margem de risco dada pela diferença entre t_D e t_F:

$$PF = t_F - t_D. \qquad \textit{Equação 17}$$

A exposição ao risco será maior quanto menor for o coeficiente de segurança e maior a margem de risco. Esta última também estima o tempo disponível para corrigir um defeito, após detectado, antes de sua evolução para uma falha. A Tabela 33 resume os valores destes indicadores, típicos para equipamentos de proteção de sistemas elétricos de alta tensão[27], com os dados medidos para λ_f e λ_d, necessários ao modelo bayesiano.

Tabela 33 — Segurança e Margem de Risco de Equipamentos Elétricos

Item	Coeficiente	Margem
Linha	0,196	923 h
Transformador	0,044	6.676 h
Reator	0,002	53.473 h
Capacitor	0,048	2.128 h
Síncrono	0,011	2.038 h
Barra	0,011	22.264 h

Modelo bayesiano

Para modelar a decisão, seja *D* o ganho de oportunidade resultante de uma decisão de manter o equipamento caso ele esteja com defeito e *F* a eventual perda de oportunidade correspondente, caso ele já esteja com falha, com probabilidades $p(D)$ e $p(F)$ respectivamente. Um deles, ambos ou nenhum, podem ocorrer em uma decisão. Se a decisão de manter, no instante *t*, ocorre antes do defeito interno $(t < t_D)$, a perda será pequena, porque não será encontrado qualquer problema. O decisor terá perdido apenas tempo e recursos, já que o processo não corria risco.

Se, entretanto, a decisão ocorre durante o intervalo PF, após o defeito interno mas antes da falha funcional $(t_D < t < t_F)$, o ganho será máximo, permitindo a prevenção da falha pela correção do defeito.

Se, ao contrário, a decisão de manter só ocorre após o instante do defeito interno e da falha $(t_D < t > t_F)$, a perda será máxima, pois a indisponibilidade do equipamento ou função será inevitável, os danos poderão ser elevados e a manutenção apenas corretiva. O objetivo do planejador será aproveitar ao máximo a janela de oportunidade oferecida pelo intervalo PF.

Matriz de oportunidades

Estes resultados, ganhos ou perdas, podem ser relacionados em uma matriz de oportunidades, com os instantes de ocorrência de defeitos e falhas, em

[27] Dados obtidos da rede elétrica de alta tensão da CHESF — Companhia Hidro Elétrica do São Francisco.

relação ao instante da manutenção no equipamento. A Tabela 34 ilustra estes valores, onde *RsD* e *RsF* são os ganhos e perdas na decisão, caso a manutenção ocorra depois do defeito e da falha, respectivamente; *RnD* e *RnF* são os ganhos e perdas no processo, caso a manutenção ocorra antes do defeito ou da falha no equipamento, respectivamente. Estes valores podem ser positivos ou negativos, dependendo da variável de medida de risco adotada, segundo a preferência do decisor.

Tabela 34 — Matriz de Oportunidades de Adiamento da Manutenção

Resultados		Evento	
		Defeito	**Falha**
Manutenção	**Depois**	*RsD*	RsF
	Antes	*RnD*	*RnF*

Tais ganhos dependem de condições aleatórias, dadas pelas densidades de probabilidades condicionais de t_D, no caso do ganho D, $p(t|D)$, e a densidade de probabilidade condicional de t_F, no caso de F, $p(t|F)$, conforme a Figura 11-6.

Se elas são deslocadas entre si no tempo, então as probabilidades cumulativas de ganhos por corrigir o defeito, $P(t|D)$, aumentarão antes que as probabili-

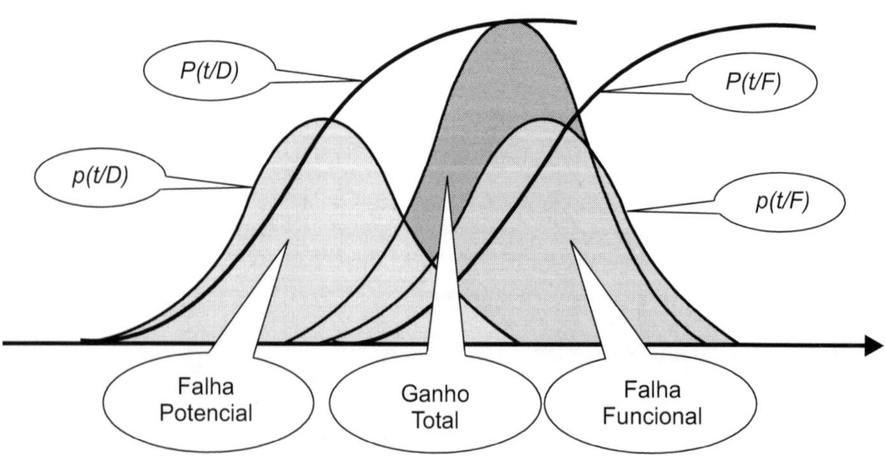

Figura 11-6 — Ganhos de Oportunidade na Manutenção

dades cumulativas de perdas por falha do equipamento, $P(t|F)$, principalmente em modos de falha progressivos ou falhas ocultas. O valor esperado do ganho total, $E(R)$, poderá ser obtido pela soma destas duas curvas, ponderadas pelos valores de D e F. Assim, um adiamento diferencial no instante de manutenção dt, caso ocorra após uma falha ou defeito, resultará em uma taxa de incremento de risco dada por:

$$\frac{dE(R)}{dt} = RsD \cdot p(D|t) + RsF \cdot p(F|t), \qquad \textit{Equação 18}$$

onde:

$$p(D|t) = \frac{dP(D)}{dt}, \text{ e} \qquad \textit{Equação 19}$$

$$p(F|t) = \frac{dP(F)}{dt}. \qquad \textit{Equação 20}$$

Analogamente, se o adiamento não ultrapassar o instante de uma falha ou defeito, o ganho total será reduzido da perda incremental dada por:

$$\frac{dE(R)}{dt} = RnD \cdot p(D|t) + RnF \cdot p(F|t). \qquad \textit{Equação 21}$$

Note que estes ganhos (ou perdas) são condicionais, ou seja, eles pressupõem que o adiamento na manutenção ultrapassará (ou não) o instante de uma falha ou defeito. Como política ótima de decisão, o decisor deveria então adiar a manutenção até quando os ganhos superassem as perdas

$$RsD \cdot p(D|t) + RsF \cdot p(F|t) \geq RnD \cdot p(D|t) + RnF \cdot p(F|t), \qquad \textit{Equação 22}$$

ou exatamente quando:

$$\frac{p(D|t)}{p(F|t)} = \frac{RnF - RsF}{RsD - RnD}. \qquad \textit{Equação 23}$$

Usando o teorema de Bayes, conclui-se que o decisor deve adiar o instante da manutenção até quando se tiver:

$$\frac{p(t|D)}{p(t|F)} \geq \frac{p(F)(RnF - RsF)}{p(D)(RsD - RnD)}.$$ *Equação 24*

Note que o lado esquerdo da expressão acima corresponde à razão de verossimilhança $\Lambda(t)$ entre as funções de probabilidade de defeito e falha, enquanto o lado direito é uma constante β, determinada pelas probabilidades, *p(D)* e *p(F),* e os ganhos e perdas, todos conhecidos *a priori*.

Característica de operação relativa

Usualmente, as probabilidades cumulativas de ganhos e perdas, $P(t|D)$ e $P(t|F)$, podem ser calculadas supondo que as distribuições de tempo para falha e defeito seguem o modelo exponencial negativo, em ambos os fenômenos, ou seja:

$$P(t|D) = 1 - e^{\frac{-t}{t_D}},$$ *Equação 25*

$$P(t|F) = 1 - e^{\frac{-t}{t_F}}.$$ *Equação 26*

Eliminando-se *t* nestas expressões, tem-se:

$$P(t|F) = 1 - [1 - P(t|D)]^{\nu},$$ *Equação 27*

onde ν é o nível de segurança do equipamento, definido na Equação 16. O resultado pode ser ilustrado no gráfico de $P(t|D)$ e $P(t|F)$ da Figura 11-7, tendo o instante da manutenção *t* e a razão de verossimilhança Λ como parâmetros. Este gráfico é conhecido como a Característica de Operação Relativa (*ROC – Relative Operating Characteristic*), em Teoria de Reconhecimento de Sinais e diagnósticos médicos.

A curva ROC mostra as chances do decisor de auferir ganhos ou perdas significantes, caso as oportunidades ocorram nos instantes de manutenção es-

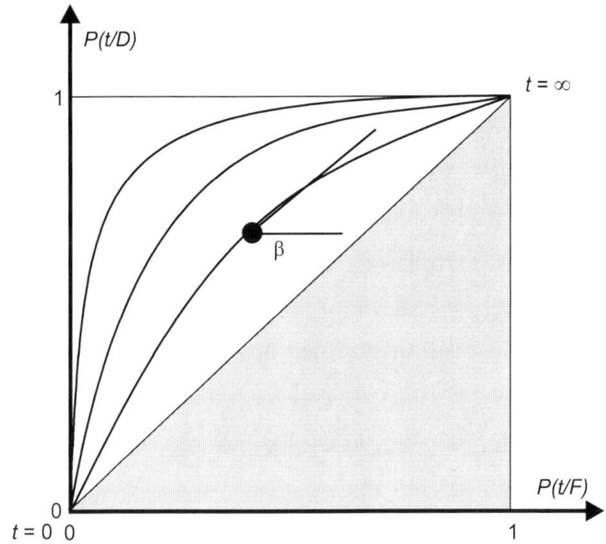

Figura 11-7 — Característica de Operação Relativa

colhidos. Sua declividade, para diferentes valores de t, é o valor da verossimilhança $\Lambda(t)$ entre as curvas de densidade de probabilidade de defeito e falha, enquanto o ponto com declividade β determina o instante ótimo t para os valores da tabela de oportunidades. A parte superior esquerda corresponde à região de maior probabilidade de ganho, enquanto a diagonal principal representa a linha de indiferença, na qual as probabilidades de perdas equivalem às probabilidades dos ganhos. Sobre esta linha residem todos os modos de falha aleatórios, cujas probabilidades condicionais de falha e defeito são constantes e iguais entre si. O ponto β também serve para separar os decisores de acordo com sua propensão ao risco, conforme estejam abaixo (avessos ao risco) ou acima (propensos ao risco) em relação ao ponto ótimo. Os primeiros tenderão a executar manutenção com maior freqüência, enquanto os segundos preferirão adiar a manutenção. O ponto superior esquerdo do retângulo que envolve a curva ROC corresponde ao ponto ideal de operação, caso não houvesse superposição das curvas de densidade de probabilidade de falha e defeitos, $p(t|D)$ e $p(t|F)$. O afastamento deste ponto, em direção à diagonal do retângulo, cresce com a superposição destas curvas. Um método gráfico pode ser utilizado para sua construção.

Método gráfico

A curva ROC pode ser construída analiticamente, através da Equação 27, caso se conheça o coeficiente de segurança v do equipamento ou as taxas de falha e defeito, ou empiricamente, através de um simples processo estatístico e gráfico (Figura 11-8).

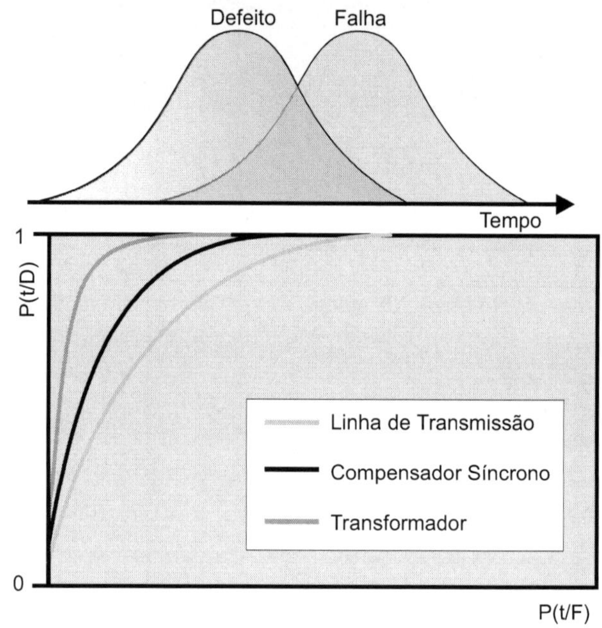

Figura 11-8 — Histórico de Manutenção

O método é composto das seguintes etapas:

1. Em uma população de amostra, constroem-se os gráficos relacionando o número de itens encontrados com defeito e aqueles que apresentaram falha em relação ao instante de realização da manutenção;
2. Para cada instante de tempo, calcula-se, então, a probabilidade de encontrar o item normal ou anormal, em relação ao defeito e falha respectivamente, pela fração da área total sob cada curva, situada à direita do instante considerado;

3. Determina-se finalmente a curva ROC, relacionando, em um gráfico, as duas probabilidades encontradas.

A Figura 11-8 também ilustra as curvas ROC obtidas em alguns equipamentos elétricos de alta tensão[28] para defeitos em sistemas de controle. Note as diferentes concavidades em função do tipo de equipamento.

A teoria bayesiana fornece, assim, um método razoável de cálculo, matemático e gráfico, para definição da freqüência ótima de manutenção. A exemplo dos métodos anteriores, peca pela falta de representação dos demais fatores influentes no processo, tais como os tempos médios de manutenção preventiva, corretiva e reparo.

Além disso, para estabelecer critérios ótimos de decisão, os ganhos e perdas devem ser definidos através de funções objetivas, avaliadas sobre o processo, que traduzam as preferências dos decisores. Estes aspectos podem ser tratados adequadamente pela teoria markoviana de processos estocásticos.

Processos markovianos

Entre os sistemas aleatórios, os processos markovianos têm merecido muita atenção da ciência, por modelarem vários fenômenos naturais e sistemas artificiais construídos pelo homem. Exemplos de processos markovianos são facilmente encontrados na literatura e na natureza, abrangendo desde o comportamento de consumidores nas áreas de Economia e Marketing à sobrevivência e evolução de células e organismos vivos em Biologia, aos simuladores de conflitos e competição na Teoria dos Jogos, à modelagem de sistemas industriais, militares, de transporte e estoques em Engenharia de Produção. Aplicações práticas de processos markovianos são encontradas desde a Física da transmutação nuclear e radiação à Teoria das Filas, Teoria de Confiabilidade e Teoria da Decisão.

A principal característica de um processo markoviano é sua capacidade de "esquecer" onde esteve no passado. Isto significa que apenas o estado atual do processo é relevante na determinação dos estados futuros. Além de simplificar a análise, esta propriedade permite se predizer, com relativa facilidade, como uma cadeia de Markov irá se comportar no futuro, e calcular as probabilidades e valores esperados que quantificam seu comportamento.

[28] Ibid 27.

Entre os princípios básicos dos processos markovianos, citam-se os conceitos de estado e transição, com as seguintes definições:

- **Estado** – conjunto de informações necessárias para descrever o sistema num dado instante;
- **Transição** – evento de mudança de um estado para outro.

Pelas características dos processos de manutenção, os modelos markovianos mais adequados são aqueles com estados discretos e contínuos no tempo, ou seja, as transições podem ocorrer em qualquer instante de uma escala contínua de tempo, entre um número finito e discreto de estados. A freqüência esperada de ocorrência de cada transição será em função da probabilidade de permanência no estado de origem, e de um parâmetro característico do processo de transição denominado de taxa de transição:

$$F_{ij} = \lambda_{ij} P_i \text{,} \qquad \textit{Equação 28}$$

onde: F_{ij} = freqüência de transição do estado i para j;

P_i = probabilidade do sistema se encontrar no estado i;

λ_{ij} = taxa de transição do estado i para j.

Estes conceitos são úteis também para a representação gráfica de processos markovianos.

Representação gráfica

Cadeias de Markov são freqüentemente representadas por diagramas ou grafos orientados, nos quais cada nó ou vértice representa um estado provável do processo modelado, e os elos representam as possíveis transições entre os estados. A Figura 11-9 ilustra uma cadeia de Markov com quatro estados e cinco transições.

Com esta representação, é possível aplicar a teoria dos grafos orientados ao estudo de cadeias markovianas, e usar muitas propriedades úteis para a manutenção, tais como os conceitos de observabilidade, estados limites e modelos populacionais.

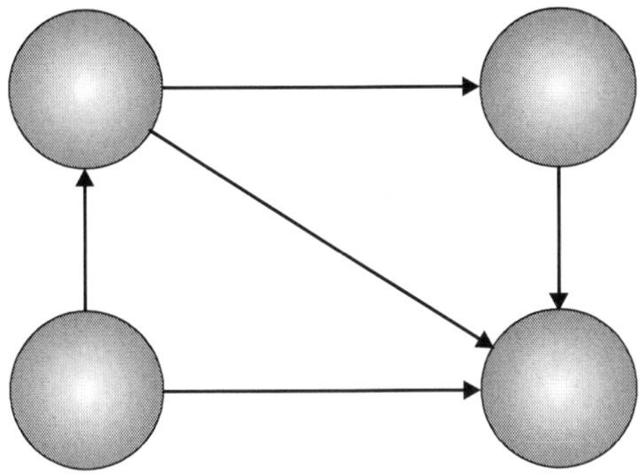

Figura 11-9 — Diagrama de Transição

Processos parcialmente observáveis

Em muitas situações reais, modeladas por cadeias markovianas, alguns dos estados podem não ser totalmente observáveis pelo operador ou usuário do sistema. Falhas ocultas em geral são responsáveis por estas condições. Esta situação é caracterizada pela incapacidade do observador em distinguir, pelos dados disponíveis, qual o estado do sistema em um determinado instante, entre aqueles pertencentes ao conjunto de estados. A Figura 11-10 ilustra uma situação típica destes sistemas, utilizada para modelar, de forma significativa, o comportamento de sistemas submetidos à manutenção, através de um modelo de três estados, assim denominados:

- ***Manutenção*** – indisponível para operação, em manutenção;
- ***Defeito*** – disponível para operação, mas em estado de defeito;
- ***Normal*** – disponível para operação, em estado normal.

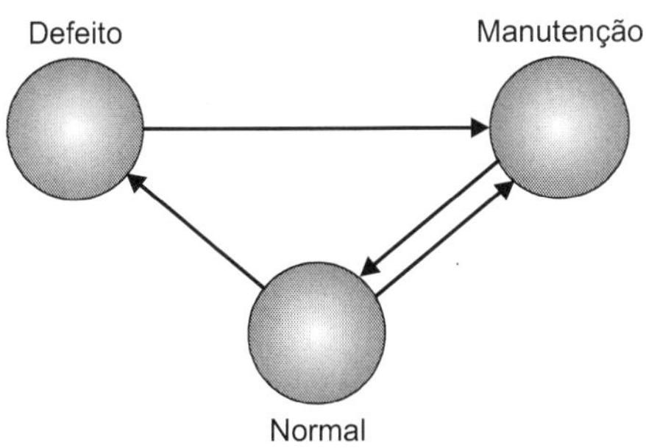

Figura 11-10 — Modelo Markoviano de Manutenção

As seguintes transições são representadas neste modelo:

- **De Normal para Defeito** – incidência de falha;
- **De Defeito para Manutenção** – início da manutenção corretiva;
- **De Normal para Manutenção** – inicio da manutenção preventiva;
- **De Manutenção para Normal** – término da manutenção.

Dependendo do tipo de defeito, exceto quando o sistema está no estado de manutenção, é impossível saber o estado atual observando apenas sua operação. Este estado só se tornará observável quando evoluir para uma falha maior, ou quando da execução da manutenção.

Jogos markovianos

Com este modelo é possível simular, por exemplo, os chamados jogos markovianos, no qual um ou mais jogadores têm de decidir sobre opções de ação, com conhecimento apenas parcial do estado da natureza. Isto ocorre, em manutenção, na programação de atividades de Inspeção Preditiva, onde o planejador tem de decidir o instante em que irá inspecionar o equipamento sem conhecer em que estado ele se encontra (Figura 11-11).

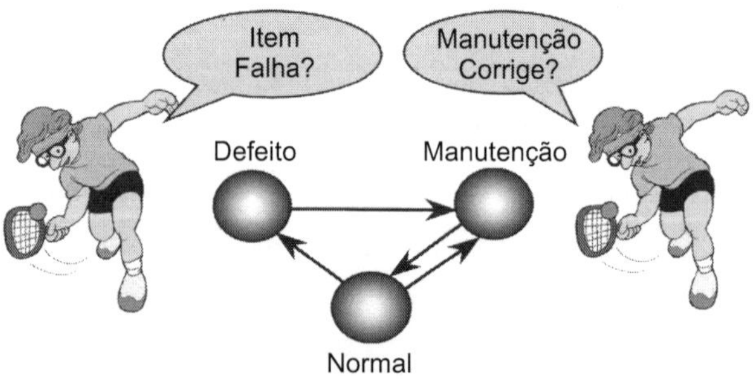

Figura 11-11 — Jogos Markovianos

O jogo acima é mais realista que o exemplo do duelo já citado, por agregar informação sobre o comportamento do equipamento, através dos eventos de falha, defeito e manutenção.

Modelos markovianos populacionais

O modelo anterior também serve para ilustrar o conceito de Modelo Markoviano Populacional, ilustrado na Figura 11-12. Quando existe uma grande quantidade de itens similares, cada um podendo estar em um mesmo conjunto de estados sujeitos às mesmas regras de transição, mas agindo independente dos demais, tem-se as condições para representação de um modelo populacional. Nesta classe de modelos, um exemplar típico é utilizado para representar o conjunto de espécimes da população, com o mesmo conjunto de estados. A probabilidade de encontrar o modelo resultante em um dos estados, em um determinado instante, será igual à, ou estimada pela, fração média de itens da população ocupando o mesmo estado, no mesmo instante.

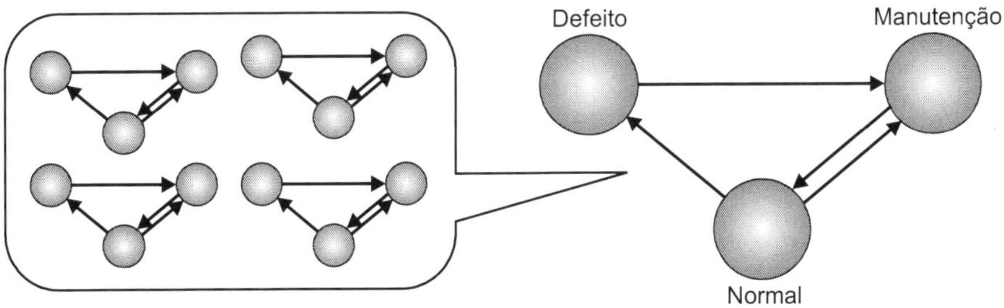

Figura 11-12 — Processo Markoviano Populacional

Com esta simplificação, toda a teoria dos processos markovianos pode ser aplicada ao modelo representativo, permitindo utilizá-lo para simular e inferir sobre o estado da maioria dos itens da população, inclusive para avaliar os resultados gerados pelos processos associados.

Avaliação de resultados

Os modelos markovianos permitem facilmente estimar o resultado esperado de um processo, através da composição dos resultados gerados por cada evento de transição e pela duração da permanência em cada estado (Figura 11-13). Se cada transição entre os estados i e j for ponderada por um coeficiente de retorno K_{ij}, e cada visita ao estado i for ponderada por um coeficiente de permanência K_i, pode-se acumular o resultado esperado por unidade de tempo através da expressão:

$$R = \gamma' \left(\sum_{ij} K_{ij} F_{ij} + \sum_{i} K_i F_i T_i \right), \qquad \textit{Equação 29}$$

onde: K_{ij} = coeficiente de retorno da transição do estado i para j;
F_{ij} = freqüência de retorno da transição do estado i para j;
K_i = coeficiente de retorno da permanência no estado i;
F_i = freqüência de ocorrência do estado i;
T_i = tempo de permanência no estado i;
R = resultado produzido pelo processo, por unidade de tempo;
γ = fator de desconto no tempo do resultado R;
t = tempo de aplicação do fator de desconto.

O fator de desconto γ depende da taxa de juro composto α ou desconto:

$$\gamma = 1 + \alpha, \qquad \textit{Equação 30}$$

com que o decisor atualiza o valor presente do resultado R, a cada intervalo de tempo.

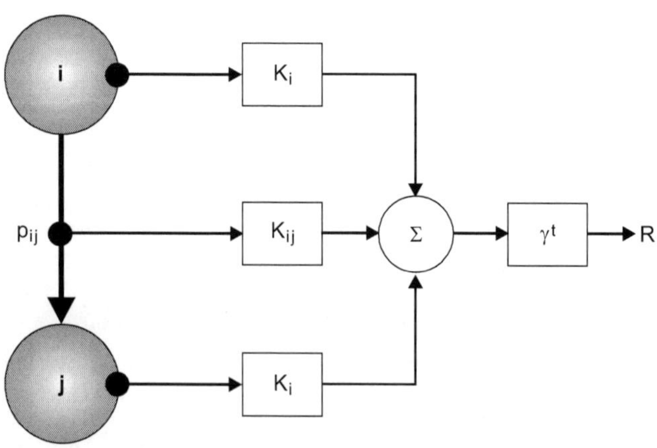

Figura 11-13 — Indicador de Resultado

Naturalmente, este mesmo processo pode ser usado para acumular os valores produzidos por diversos geradores de resultados ou despesas. A Figura 11-14 ilustra, por exemplo, o cálculo dos custos de manutenção utilizando este método.

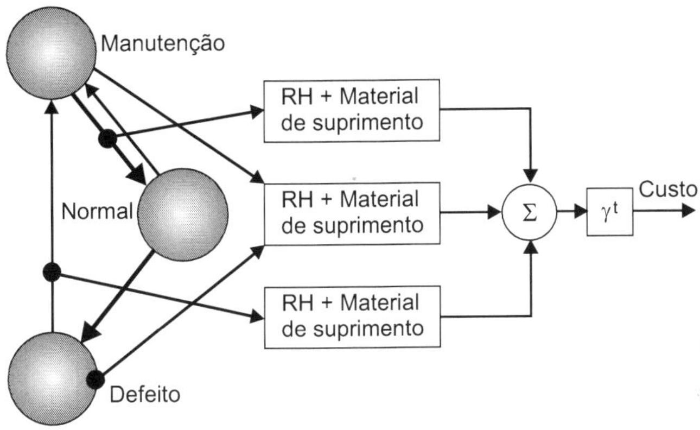

Figura 11-14 — Exemplo do Resultado de um Processo

Neste exemplo, são ilustrados parcelas de custo geradas pelos recursos humanos e materiais de suprimento e reposição. Outros resultados, além de custo, poderiam ser avaliados pelo mesmo processo, em um ambiente de decisão sob múltiplos critérios.

Decisões multicritérios

Os modelos markovianos podem ser facilmente estendidos para avaliar múltiplos critérios, simplesmente variando os coeficientes e taxas de retorno, conforme ilustrado na Figura 11-15.

Segundo este esquema, pode-se, por exemplo, avaliar os resultados simultâneos obtidos com relação aos seguintes indicadores:

- Custo;
- Confiabilidade;
- Disponibilidade;
- Receita;
- Lucro;
- Produção;
- Recursos Humanos.

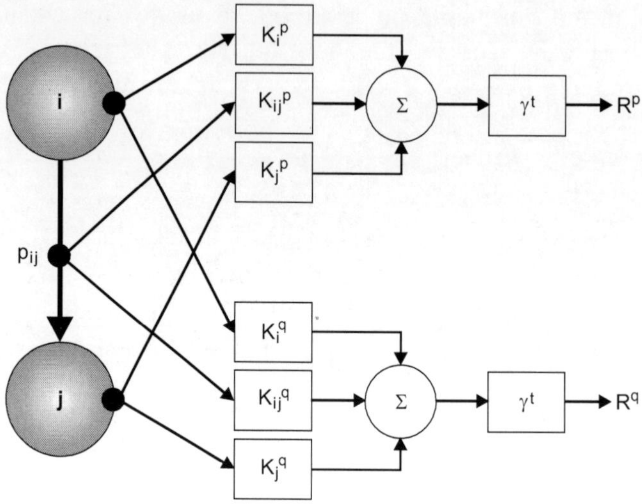

Figura 11-15 — Decisões sob Múltiplos Critérios

A ação decisória também pode ser influenciada por múltiplos objetivos, possivelmente conflitantes. Neste caso, a edução da estrutura de preferência do decisor pode ser descrita como um problema de identificação dos pesos relativos dos diferentes critérios, normalmente através de uma função de utilidade linear, traduzida pela fórmula:

$$U = \gamma_1 x_1 + \gamma_2 x_2 + \ldots + \gamma_n x_n , \qquad \textit{Equação 31}$$

onde x_j é o j-ésimo objetivo, e γ_j seu peso correspondente. Se os pesos forem constantes e independentes das freqüências dos eventos, a função utilidade preservará a forma da Equação 29.

Múltiplos decisores

Finalmente, o modelo makoviano pode ser complementado para auxiliar na tomada de decisão, nos casos em que múltiplos decisores têm influência no processo. Além dos objetivos múltiplos, deve-se levar em conta o peso relativo de cada objetivo e sua estratificação na escala de preferência de cada decisor. A Figura 11-16 ilustra este problema através de uma matriz de preferências, que relaciona os objetivos R^p a R^q com os decisores *D1* a *Dn*, através de uma

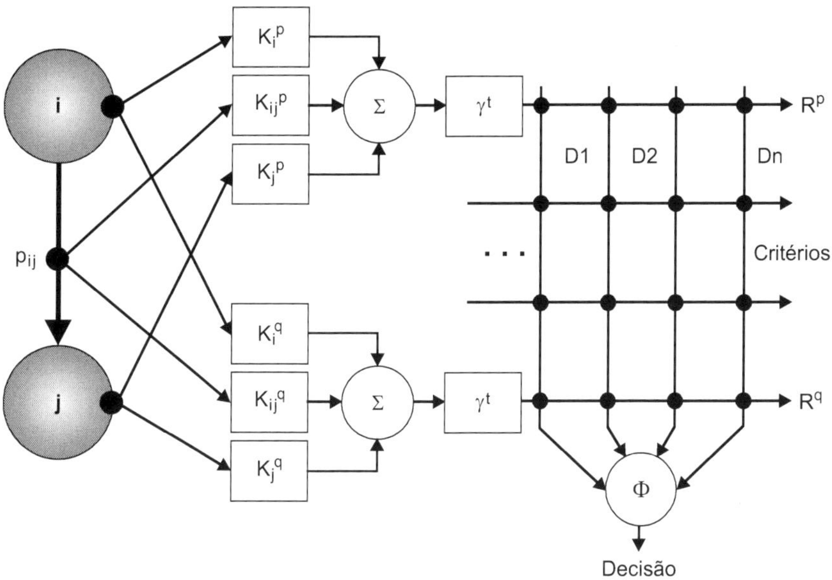

Figura 11-16 — Múltiplos Decisores

função Φ que, além de ponderar os valores relativos de cada objetivo, atribui pesos também às preferências de cada decisor.

Nem sempre é possível explicitar matematicamente a função Φ, obrigando os decisores a recorrer a métodos empíricos interativos, típicos das soluções colegiadas, onde a negociação prevalece como catalisador da decisão final.

Para exemplificar o uso destes conceitos em manutenção, pode-se ter a estratificação de cada um dos resultados anteriores, segundo várias visões, tais como:

- Por equipamentos;
- Por sistemas;
- Por empresa;
- Por linha de produção;
- Por produto;
- Por mercado.

Se o resultado de cada uma destas visões for de responsabilidade de um decisor diferente, estará caracterizado um problema de múltiplos critérios e decisores. O problema será maior ainda se forem considerados mais de um indicador para estratificação, tais como:

- Nível de produção;
- Qualidade do produto;
- Atendimento ao cliente;
- Impactos ambientais;
- Custos operacionais;
- Segurança física.

A Tabela 35 ilustra um exemplo de possíveis correlações entre diferentes decisores em relação a alguns critérios de avaliação utilizados na manutenção.

Tabela 35 — Critérios para Múltiplos Decisores

Critério	**Decisor**			
	Finanças	**Administração**	**Engenharia**	**Produção**
Custo	X			
Confiabilidade		X	X	
Disponibilidade				X
Receita	X			
Lucro	X			
Produção				X
Recursos Humanos		X		

A elicitação das preferências simultâneas de vários decisores, com múltiplos objetivos, constitui um dos principais ramos de pesquisa sobre processos decisórios. Mas, em suma, caberá ao(s) decisor(es) explicitar(em) sua(s) escala(s) de preferência, para que o problema seja tratável pelos métodos de modelagem matemática atuais.

11.2 Modelagem Matemática

A aplicação da Teoria de Decisão na Manutenção Centrada na Confiabilidade requer o desenvolvimento de modelos matemáticos que representem o comportamento estatístico dos modos de falha dos equipamentos. Para serem úteis à MCC, os modelos devem ser capazes também de simular a influência das diversas atividades de manutenção sobre os mecanismos de falhas, e sobre as funções da instalação.

Modelagem de falhas

O desenvolvimento de um modelo matemático que represente a Manutenção Centrada na Confiabilidade deve priorizar a representação dos conceitos de falha potencial e falha funcional, dominantes na metodologia MCC. Estas falhas podem ser visualizadas através da curva genérica de degradação da resistência a falhas, repetida na Figura 11-17, onde são identificados os três estados típicos de um item em relação a um modo de falha:

- **Normal** – antes da falha potencial;
- **Defeito** – após a falha potencial mas antes da falha funcional;
- **Falha** – após a falha funcional.

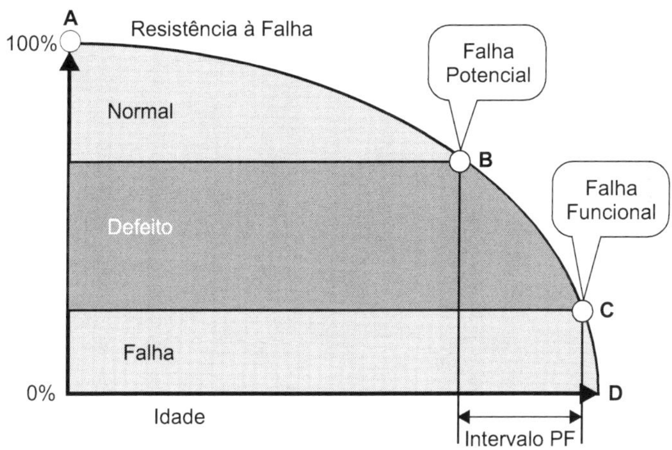

Figura 11-17 — Identificação de Estados

A evolução entre os estados pode ser modelada por uma cadeia de Markov de parâmetro contínuo com três estados, com transições segundo distribuições probabilísticas com taxas de transição λ_d e λ_f, com o último estado absorvente, conforme a Figura 11-18.

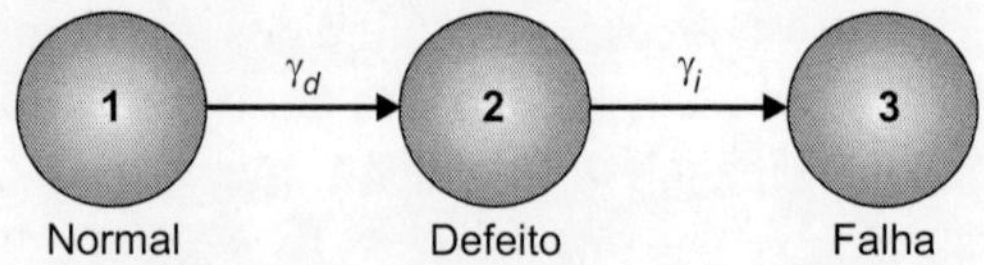

Figura 11-18 — Modelo de Falhas

Neste modelo, λ_d e λ_f são as taxas de defeito e falha do item, assim definidas:

- **Taxa de Defeito (λ_d)** – densidade de probabilidade de defeito ou falha potencial no intervalo de tempo *dt*, condicionada à ausência de defeito até o instante *t*;
- **Taxa de Falha (λ_f)** – densidade de probabilidade de falha funcional no intervalo de tempo *dt*, condicionada à ausência de falha até o instante *t* e presença de defeito ou falha potencial no instante 0.

A matriz de probabilidade de transição deste modelo será então

$$P = \begin{bmatrix} 1-\lambda_d dt & \lambda d & 0 \\ 0 & 1-\lambda_f dt & \lambda_f dt \\ 0 & 0 & 1 \end{bmatrix}, \qquad \textit{Equação 32}$$

que fornece as Equações de Chapman-Kolmogorov, em forma matricial

$$\begin{bmatrix} P_1'(t) \\ P_2'(t) \\ P_3'(t) \end{bmatrix}^T = [P_1(t) \quad P_2(t) \quad P_3(t)] \cdot \begin{bmatrix} -\lambda_d & \lambda_d & 0 \\ 0 & -\lambda_f & \lambda_f \\ 0 & 0 & 1 \end{bmatrix}. \qquad \textit{Equação 33}$$

Supondo taxas de defeito e falha constantes, estas equações podem ser integradas seqüencialmente, fazendo $P_1(0) = 1, P_2(0) = P_3(0) = 0$, e obtendo-se

$$P_1(t) = e^{-\lambda_d^t}, \qquad \textit{Equação 34}$$

$$P_2(t)=\frac{\lambda_d}{\lambda_f-\lambda_d}(e^{-\lambda_d t}-e^{-\lambda_f t}),$$ *Equação 35*

$$P_3(t)=\frac{\lambda_d}{\lambda_f-\lambda_d}(\lambda_f e^{-\lambda_d t}-\lambda_d e^{-\lambda_f t}),$$ *Equação 36*

$P_2(t)$ é a distribuição de probabilidade acumulada de se ter um defeito no período de tempo t, enquanto $P_3(t)$ é a probabilidade acumulada de uma falha funcional no período t. Esta função apresenta uma distribuição de probabilidade conhecida pelo nome de Hypo-exponencial, resultante da soma de variáveis aleatórias independentes, com distribuições exponenciais de parâmetros constantes, correspondentes aos tempos para defeito e falha, respectivamente.

Dado que o estado 3, na Figura 11-18, é a única condição de falha funcional, a confiabilidade do item será simplesmente:

$$R(t)=P_1(t)+P_2(t).$$ *Equação 37*

A distribuição de densidade de probabilidade de uma falha funcional será então:

$$f(t)=\frac{dF(t)}{dt}=\frac{dP_3(t)}{dt}=\frac{\lambda_d\lambda_f}{\lambda_f-\lambda_d}(e^{-\lambda_f t}-e^{-\lambda_d t}),\quad t>0.$$ *Equação 38*

Com isto obtém-se a taxa de falha do item ao longo do tempo pela distribuição de probabilidade condicional para falha funcional:

$$\lambda(t)=\frac{f(t)}{1-F(t)}=\frac{f(t)}{1-P_3(t)}=\frac{\lambda_d\lambda_f(e^{-\lambda_f t}-e^{-\lambda_d t})}{\lambda e^{-\lambda_f t}-\lambda_f e^{-\lambda_d t}}=$$
$$=\frac{\lambda_d\lambda_f(e^{(\lambda_d-\lambda_f)^t}-1)}{\lambda_d e^{(\lambda_d-\lambda_f)^t}-\lambda_f}.$$ *Equação 39*

Os valores médios e variância desta distribuição são facilmente calculados por:

$$MTTF = \frac{1}{\lambda_d} + \frac{1}{\lambda_f}, \text{e} \qquad \textit{Equação 40}$$

$$\text{var} = \frac{1}{\lambda_d^2} + \frac{1}{\lambda_f^2}. \qquad \textit{Equação 41}$$

A Figura 11-19 ilustra a forma típica destas funções para a distribuição Hypo-exponencial:

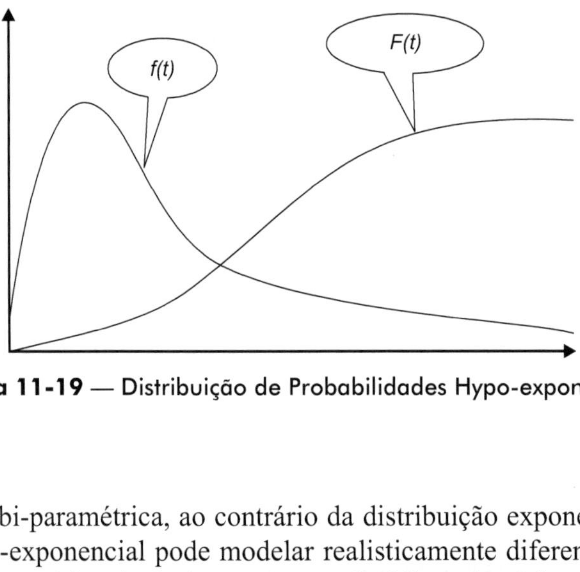

Figura 11-19 — Distribuição de Probabilidades Hypo-exponencial

Por ser bi-paramétrica, ao contrário da distribuição exponencial pura, a função Hypo-exponencial pode modelar realisticamente diferentes situações encontradas na prática, inclusive nos casos de falhas aleatórias, com taxas de falha constantes. Outra vantagem reside no significado físico atribuído a cada um dos parâmetros, associando-os à taxa de defeito e falha respectivamente, dificilmente encontrados em outras distribuições. Estes fatos ajudam na parametrização e modelagem, a partir da amostragem dos dados de falha e manutenção do item.

Modelagem de estados

Além das condições de defeito ou falha, o equipamento ou função pode estar em manutenção preventiva ou corretiva, quando estiver sendo executada uma das tarefas padronizadas da MCC. Desta forma, pode-se conceituar, *a priori*, os seguintes estados mais prováveis de um equipamento:

1. **Normal** – apto a exercer sua função, sem restrições;
2. **Preventivo** – em manutenção preventiva;
3. **Falha** – indisponível, após uma falha funcional;
4. **Defeito** – disponível, mas com falha potencial;
5. **Corretivo** – em manutenção corretiva, após uma falha potencial.

Está numeração será utilizada, doravante, para designar as variáveis relacionadas a cada estado no modelo matemático.

Ressalte-se que os estados "**Preventivo**" (Inspeção Preditiva, Inspeção Funcional, Restauração ou Substituição) e "**Corretivo**" poderão ocorrer mesmo com o equipamento em operação, quando a manutenção for realizada sem desligamento. O estado "**Defeito**" representa um nível de degradação da performance do equipamento ou aumento da probabilidade de falha permanente, mas ainda insuficiente para provocar uma indisponibilidade forçada. O estado "**Falha**" compreende todo o período de indisponibilidade, desde o início da falha funcional até o final do reparo, com o retorno da operacionalidade. Outros estados estatisticamente menos prováveis poderiam ser incluídos, aumentando a dimensão e a complexidade do modelo.

Modelagem de transições

Para completar o modelo, resta identificar as possíveis transições entre estados, e os eventos correspondentes, associando-os às atividades de manutenção. Dependendo da extensão e localização, defeitos internos aumentarão inicialmente a vulnerabilidade do equipamento antes de evoluir para uma falha funcional. Esta vulnerabilidade será modelada por uma transição do estado Normal para Defeito, no qual a probabilidade de evolução para uma falha funcional é maior. Neste estado, apenas uma manutenção preventiva poderá corrigir a falha potencial, antes que ela evolua para uma falha funcional. Assim, pode-se listar, *a priori*, os seguintes eventos que mudam o estado do equipamento:

- **Preventiva** – início de inspeção ou manutenção programada;
- **Corretiva** – início de manutenção corretiva para corrigir falha potencial;
- **Reparo** – final da manutenção forçada para corrigir falha funcional;

- **Defeito** – degradação parcial do funcionamento, ou modo de falha;
- **Falha** – início da interrupção forçada do funcionamento.

Estes eventos disparam as transições entre os estados do modelo, conforme ilustrado na Figura 11-20, para as políticas de manutenção ARP (*Age Replacement Policy*) e BRP (*Block Replacement Policy*) já descritas. Nestas políticas, a ação de reparo após uma falha restaura totalmente a capacidade funcional, trazendo-a ao estado Normal (*good as new*).

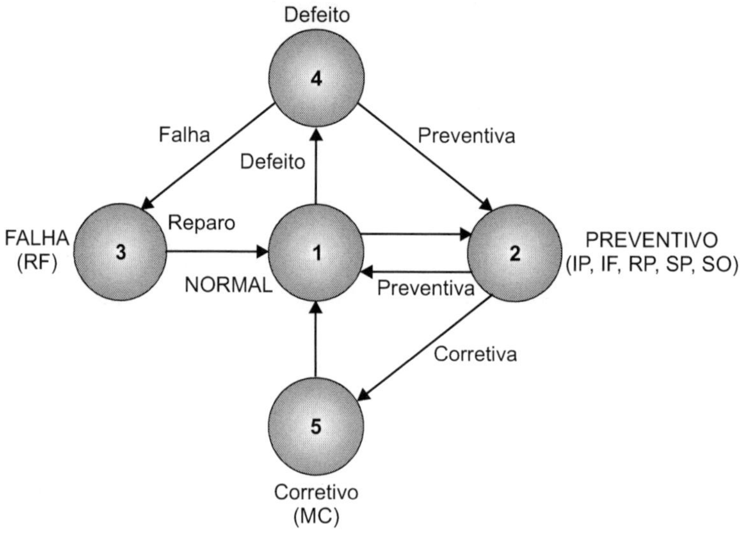

Figura 11-20 — Modelo de Estados ARP e BRP

Se a política de manutenção seguir a lógica MRP (*Minimal Repair Policy*), a ação de reparo após uma falha funcional será mínima, suficiente apenas para restaurar a função ao nível de desempenho imediatamente antes da falha (*bad as old*). A transição, neste caso, será para o estado de defeito que antecedeu a falha, conforme ilustrado na Figura 11-21.

Note que, se a correção de eventuais defeitos ocorrer imediatamente após sua descoberta, durante a manutenção preventiva (Inspeção Preditiva/Funcional ou Restauração/Substituição Preventivas), será suficiente anular o tempo de permanência no estado de número 5 (Corretivo) neste modelo. Analoga-

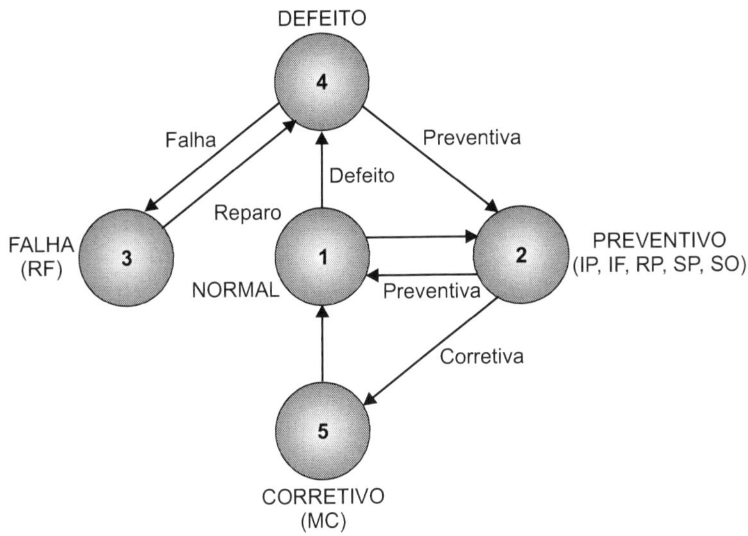

Figura 11-21 — Modelo de Estados MRP

mente, se as falhas forem aleatórias (intempestivas), apenas os estados 1 (Normal), 3 (Falha) e 4 (Defeito) serão suficientes, este último apenas um estado de transição, com tempo de permanência nulo, já que neste caso não tem sentido a manutenção preventiva ou corretiva, apenas o reparo. As taxas de transição para os estados 2 e 5 serão nulas neste caso.

Modelagem de atividades

Estabelecida a estrutura do modelo, resta caracterizar a forma como ele simula todas as atividades padronizadas da MCC: Restauração Preventiva, Substituição Preventiva, Inspeção Preditiva, Inspeção Funcional ou Serviço Operacional. A Tabela 36 resume as interpretações de cada um destes estados, correlacionados com as atividades padronizadas da MCC e o modelo markoviano correspondente das políticas ARP, BRP e MRP, derivados da Figura 11-20 e Figura 11-21.

No **Serviço Operacional**, o ressuprimento regular do material consumível é representado pelo estado Preventivo, enquanto o estado de Defeito modela o decremento do nível pelo consumo. O estado de Falha ocorre quando o nível do material consumível atinge um limite suficiente para interromper a função associada. As taxas de defeito e falha serão baseadas na taxa de consu-

Tabela 36 — Modelos de Estado das Atividades de Manutenção

Atividade	Modelos ARP e Brp	Modelo MRP	Estado				
			Normal 1	**Preventivo 2**	**Falha 3**	**Defeito 4**	**Corretivo 5**
Serviço Operacional	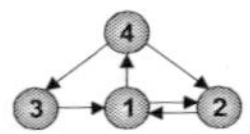	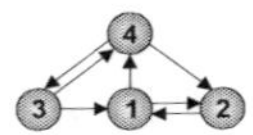	Nível inicial ou adequado do consumível	Ressuprimento do consumível	Correção de falha após falta de consumível	Consumível abaixo do nível de reposição	Não aplicável
Inspeção Preditiva	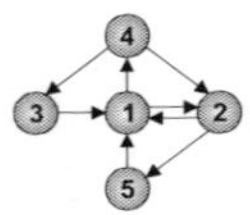	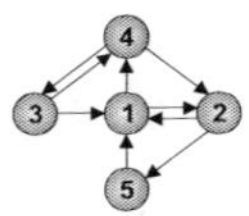	Desempenho adequado da função	Medição do nível de desempenho funcional	Correção do defeito após falha funcional	Degradação excede nível para falha potencial	Correção da degradação da falha potencial
Restauração Preventiva	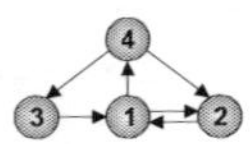	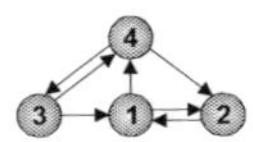	Desempenho adequado da função	Recuperação antes do final da vida útil	Correção após falha no final da vida útil	Degradação excede nível de restauração	Não aplicável
Substituição Preventiva	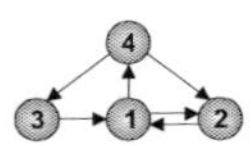	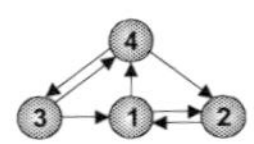	Desempenho adequado da função	Substituição antes do final da vida útil	Correção após falha no final da vida útil	Degradação excede nível de substituição	Não aplicável
Inspeção Funcional	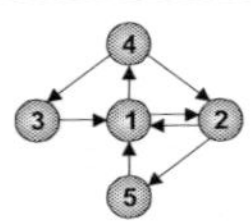	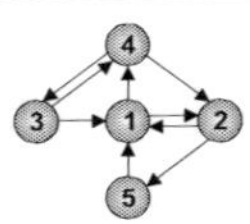	Desempenho adequado, sem falhas ocultas	Realização de ensaio funcional	Correção após falha oculta e outro evento	Falha funcional de uma função oculta	Correção de falha oculta após ensaio
Manutenção Corretiva	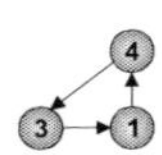	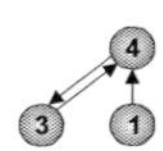	Desempenho adequado da função	Não aplicável	Correção após falha funcional aleatória	Tempo de permanência nulo	Não aplicável

mo do processo e na capacidade/nível do reservatório de armazenagem, além das condições ambientais e do contexto operacional da máquina.

Na **Inspeção Preditiva**, o estado Preventivo no modelo corresponde à realização da inspeção, enquanto o estado de Defeito representa a presença de uma falha potencial. O estado Corretivo ocorre após a identificação de algum defeito ou falha oculta na Inspeção Preditiva. As taxas de defeito e falha serão decorrentes das curvas de resistência à falha, válidas para o modo de falha e contexto operacional vigente.

Já na **Inspeção Funcional**, o estado Preventivo corresponde à realização do ensaio ou inspeção, enquanto o estado de Defeito representa uma falha oculta, e a transição de Defeito para o estado de Falha corresponde a uma falha dupla. O estado Corretivo ocorre quando da identificação de algum defeito ou falha oculta na Inspeção Funcional para restaurar o estado Normal. A taxa de defeito será determinada pela taxa de falha do componente responsável pela função oculta, enquanto a taxa de falha funcional será decorrente da freqüência com que a função é requisitada no contexto operacional específico.

Na **Restauração e Substituição Preventivas**, a probabilidade do estado de Defeito simboliza o nível de desgaste do equipamento, enquanto o evento de Falha modela o final da vida útil. O estado Preventivo ocorre durante a realização da Restauração ou Substituição do item, dispensando a necessidade do estado Corretivo. As taxas de defeito e falha serão determinadas pelas taxas de degradação ou resistência a falha, antes e após o limite de vida útil, respectivamente.

Finalmente, no **Reparo Funcional**, como não existe Manutenção Preventiva, o estado de Defeito, embora existente, não é percebido pelo processo, sendo atribuído um tempo de permanência nulo, absolvido pelo estado Normal. Apenas a taxa de falha será suficiente para modelar o processo.

Em suma, o mesmo modelo matemático pode representar qualquer das atividades padronizadas da MCC, com as devidas adequações na interpretação dos estados e na forma de avaliar as taxas de defeito e falha.

Modelagem matemática

Com o modelo definido, pode-se utilizar as equações clássicas de Chapman-Kolmogorov para quantificar as probabilidades de cada estado, com a numeração indicada na Figura 11-20:

$$dP_i/dt = \sum_j (P_j \lambda_{ji}) - P_i \sum_j \lambda_{ij}, \quad (i \neq j = 1...5) \quad \textit{Equação 42}$$

$$F_{ij} = P_i \lambda_{ij} = 1/T_{ij}, \quad (i \neq j = 1...5) \quad \textit{Equação 43}$$

$$F_i = \sum_j F_{ji}, \quad (i \neq j = 1...5) \quad \textit{Equação 44}$$

$$T_i = P_i / F_i = 1 / \sum_j \lambda_{ij}, \quad (i \neq j = 1...5) \quad \textit{Equação 45}$$

$$\sum_i P_i = 1, \quad (i = 1...5) \quad \textit{Equação 46}$$

onde: P_i = probabilidade do estado i;
F_i = freqüência de ocorrência do estado i;
T_i = tempo de permanência no estado i;
F_{ij} = freqüência de transição de i para j;
T_{ij} = período de transição de i para j; e
λ_{ij} = taxa de transição entre os estados i e j.

Nestas equações, para os modos de falha com mecanismo de desgaste determinado pelo uso do equipamento (tal como quilômetros rodados, ciclos operacionais, etc.), a unidade de tempo deve ser substituída pelo correspondente parâmetro de medida de exposição ao estresse. O modelo permanece invariante para estas substituições, contanto que as unidades dos parâmetros sejam consistentes com o tipo de estresse que origina o modo de falha. A lista a seguir relaciona algumas unidades possíveis como medida de exposição ao estresse:

- Tempo de calendário;
- Tempo em operação;
- Ciclos operacionais;
- Distância percorrida;
- Ciclos de partida e parada;
- Produção acumulada.

As equações são parametrizadas pelas taxas de transição entre os estados (λ_{ij}), as quais modelam tanto os mecanismos de falha e defeito como as freqüências de manutenção adotadas. Para os primeiros, diversos modelos estatísticos podem ser adotados, de acordo com o modo de falha. O modelo mais simples, que exige apenas o conhecimento das taxas de falha e defeito, corresponde à distribuição exponencial negativa para o intervalo entre estes eventos, conforme já estudado na Equação 32 à Equação 39. Além da simplicidade, esta distribuição aplica-se em especial quando se tem uma população razoável de espécimes, gerando eventos renováveis, de forma individual e independente, seguindo uma distribuição de Poison. O mesmo pode se afirmar com relação aos tempos médios de reparo e manutenção preventiva ou corretiva.

11.3 Análise e Simulação

Para que os modelos sejam utilizados, é necessário determinar os valores dos parâmetros, especialmente as taxas de falha e defeito, para o equipamento, e as taxas de manutenção e reparo, específicas para a equipe e estrutura de manutenção da empresa. Diversos métodos de análise e simulação podem ser utilizados para parametrizar o modelo. O método adotado depende do tipo de atividade da MCC.

Parâmetros de mantenabilidade

Para a análise do processo de manutenção, será necessário a obtenção de parâmetros de mantenabilidade para as atividades de Inspeção, Reparo, Restauração e Substituição Preventivas. O principal parâmetro de interesse, neste caso, será o tempo gasto nestas atividades.

Considere-se, inicialmente, a atividade de Reparo, e seja t_R o tempo necessário para corrigir uma falha funcional no equipamento. Como a extensão da falha, em geral, é inicialmente desconhecida, o valor de t_R será uma variável aleatória, sendo melhor caracterizada por uma distribuição de probabilidade.

Para isto, suponha que a probabilidade do reparo ser concluído no intervalo de tempo $(t, t+\Delta t)$, dado que se iniciou no instante 0, seja dada por:

$$m_R(t)\Delta t = P(t \le t_R \le t + \Delta t), \qquad \textit{Equação 47}$$

onde $m_R(t)$ é a função de densidade de probabilidade do reparo. A função cumulativa, ou probabilidade de que o reparo seja realizado no intervalo de $(0,t)$, será definida como a mantenabilidade para reparo do item, $M_R(t)$, ou seja:

$$M_R(t) = \int_0^t m_R(x)dx. \qquad \textit{Equação 48}$$

O tempo médio de reparo, *MTTR* (*Mean Time to Repair*) será obtido então por:

$$MTTR = \int_0^\infty t, m_R(t)dt. \qquad \textit{Equação 49}$$

A probabilidade condicional de que o sistema seja reparado entre os instantes t e $t + \Delta t$, dado que ainda estava com falha no instante t, pode ser calculada por:

$$\nu_R(t)\Delta t = \frac{P\{t \le t_R \le t + \Delta t\}}{P\{t_R > t\}}, \qquad \textit{Equação 50}$$

onde $\nu_R(t)$ é a taxa instantânea de reparo do equipamento. Sabendo-se que:

$$M_R(t) = P\{t_R \le t\} = 1 - P\{t_R \ge t\}, \qquad \textit{Equação 51}$$

obtém-se a taxa de reparo do item, em função da mantenabilidade para reparo:

$$\nu_R(t) = \frac{m_R(t)}{1 - M_R(t)}. \qquad \textit{Equação 52}$$

Considerando a Equação 48, é possível expressar a mantenabilidade e a densidade de probabilidade em função da taxa de reparo, ou seja,

$$M_R(t) = 1 - \exp\left[-\int_0^t \nu_R(x)dx\right], \qquad \textit{Equação 53}$$

$$m_R(t) = \nu_R(t) \cdot \exp\left[-\int_0^t \nu_R(x)dx\right]. \qquad \textit{Equação 54}$$

Um desenvolvimento similar pode ser aplicado ao cálculo do tempo médio e da taxa de manutenção corretiva, substituindo o subscrito R (de reparo) por C (de corretiva) e M (de manutenção preventiva) nas equações acima, e derivando as expressões para o tempo médio de manutenção corretiva *MTTC*

(*Mean Time To Correct*) e tempo médio de manutenção preventiva *MTTM* (*Mean Time do Maintain*), as funções de densidade de probabilidade de manutenção corretiva $m_C(t)$ e preventiva $m_M(t)$, as funções cumulativas de probabilidade de manutenção corretiva $M_C(t)$ *e* preventiva $M_M(t)$, e as taxas de manutenção corretiva $v_C(t)$ e preventiva $v_M(t)$, em função dos tempos t_C e t_M para a realização da manutenção corretiva e preventiva respectivamente.

No caso das manutenções preventivas, este processo pode ser seguido para modelagem das Inspeções Funcionais, Preditivas, Restaurações e Substituições Preventivas. Seguindo o método acima, o tempo médio de manutenção *MTTM* (*Mean Time to Maintain*) do item, será dado por:

$$MTTM = \int_0^\infty t \cdot m_M(t)dt, \quad \textit{Equação 55}$$

onde $m_M(t)$ é a função de densidade de probabilidade da atividade Preventiva, dada por:

$$m_M(t) = \nu_M(t) \cdot \exp\left[-\int_0^t \nu_M(x)dx\right], \quad \textit{Equação 56}$$

e $v_M(t)$ a taxa de realização da atividade Preventiva no item, calculada por:

$$\nu_M(t) = \frac{m_M(t)}{1 - M_M(t)}. \quad \textit{Equação 57}$$

$M_M(t)$, nesta expressão, representa a função cumulativa, ou probabilidade de que a manutenção preventiva seja realizada no intervalo de $(0,t)$, dado por:

$$M_M(t) = \int_0^t m_M(x)dx = 1 - \exp\left[-\int_0^t \nu_M(x)dx\right]. \quad \textit{Equação 58}$$

Considerando que as atividades Preventivas, Corretivas e de Reparo dependem da presença e localização de defeitos no item, e que estes possuem naturezas tipicamente aleatórias, o modelo estatístico mais simples pressupõe taxas de reparo e manutenção constantes, ou seja,

$$\nu_M(t) = \nu_M, \quad \textit{Equação 59}$$

$$\nu_R(t) = \nu_R, \qquad \textit{Equação 60}$$

$$\nu_C(t) = \nu_C, \qquad \textit{Equação 61}$$

conduzindo a distribuições de tempo de manutenção e reparo exponenciais:

$$m_M(t) = \nu_M e^{-\nu_M t}, \qquad \textit{Equação 62}$$

$$m_R(t) = \nu_R e^{-\nu_R t}, \qquad \textit{Equação 63}$$

$$m_C(t) = \nu_C e^{-\nu_C t}, \qquad \textit{Equação 64}$$

Neste caso, os tempos médios de manutenção e reparo serão simplesmente:

$$MTTM = 1/\nu_M, \qquad \textit{Equação 65}$$

$$MTTR = 1/\nu_R, \qquad \textit{Equação 66}$$

$$MTTC = 1/\nu_C. \qquad \textit{Equação 67}$$

Outras distribuições estatísticas têm sido utilizadas para modelar as atividades de manutenção, entre elas a Log-Normal, por possuir uma forma de sino inclinada à esquerda, representando uma tendência dos tempos médios de manutenção para um limite inferior, dado pelo tempo mínimo das seqüências padronizadas dos roteiros de manutenção.

Outra possibilidade consiste em supor tempos constantes de manutenção e reparo, modelando as distribuições por funções de delta de Dirac. Além de dificultar o tratamento matemático, e ignorar as aleatoriedades citadas, verifica-se que estes modelos apresentam tendências gerais idênticas, em especial quanto ao comportamento assintótico.

Estimação da mantenabilidade

Nestes modelos, os parâmetros *MTTM*, *MTTR* e *MTTC* são indicadores da mantenabilidade do equipamento na medida em que estimam a dificuldade em se detectar, reparar e corrigir, respectivamente, falhas potenciais e funcionais no sistema. O valor de *MTTM* pode ser estimado deterministicamente ou por meios estatísticos, uma vez que, para cada tipo de equipamento, considerando uma equipe típica de manutenção, são preestabelecidas as seqüências de tarefas executadas na atividade e, por conseguinte, os tempos médios envolvidos. Já os valores de *MTTR* e *MTTC* devem ser estimados estatisticamente, por serem dependentes da localização da falha, a qual é uma variável aleatória.

A estimação destes parâmetros pode ser realizada por estatísticas simples sobre os dados históricos de manutenção, em uma determinada janela de tempo, através das médias amostrais:

$$MTTR = \frac{1}{\nu_R} = \frac{\sum_{i=1}^{n_R} t_{Ri}}{n_R}, \qquad \textit{Equação 68}$$

$$MTTC = \frac{1}{\nu_C} = \frac{\sum_{i=1}^{n_C} t_{Ci}}{n_C}, \qquad \textit{Equação 69}$$

$$MTTM = \frac{1}{\nu_M} = \frac{\sum_{i=1}^{n_M} t_{Mi}}{n_M}, \qquad \textit{Equação 70}$$

onde: n_R = número de reparos realizados no período;
n_M = número de manutenções preventivas realizadas no período;
n_C = número de manutenções corretivas realizadas no período;
t_{Ri} = tempo gasto no reparo i;
t_{Mi} = tempo gasto na manutenção preventiva i;
t_{Ci} = tempo gasto na manutenção corretiva i.

No modelo de estados da Figura 11-20, estes parâmetros correspondem aos tempos médios de permanência T_3, T_5 e T_2, nos estados respectivos de Reparo, Corretivo e Preventivo.

Parâmetros de confiabilidade

Ao contrário da mantenabilidade, os parâmetros de confiabilidade, ou seja, as taxas de defeito e falha (λ_d e λ_f), em geral, não podem ser observados diretamente, sendo necessário o uso de meios indiretos de estimação, a partir de outros parâmetros observáveis e disponíveis na base de dados históricos da manutenção.

Nas **Atividades Operacionais**, os parâmetros principais correspondem às taxas de consumo de materiais, para atividades de ressuprimento de consumíveis ou como atividades preditivas ou preventivas, quando o modo de falha for adequado a este tipo de atividade.

Nas **Inspeções Preditivas**, a parametrização se dará pelos limites de detecção e taxas de falhas potenciais e funcionais. Ou seja, os parâmetros adotados serão em função dos limites estabelecidos para caracterização dos estados de falha potencial e funcional.

Nas **Inspeções Funcionais**, os parâmetros dos modelos serão dados pelas taxas de falhas de funções ocultas e pelas taxas de falhas funcionais dos dispositivos protegidos, ou dos eventos que provocam falhas múltiplas.

Finalmente, nas **Restaurações** e **Substituições Preventivas**, os parâmetros serão definidos pelos limites de detecção de desgaste, ou vida segura ou econômica, que disparam estas atividades, e as taxas de falhas potenciais e funcionais dos itens.

Estimação da confiabilidade

A identificação destes parâmetros em cada população de equipamentos é uma atividade complexa nos sistemas industriais modernos, já que grande parte dos defeitos internos é invisível ou progressiva, não revelando os instantes exatos em que ocorrem. Em conseqüência, as taxas de falha funcional ($\lambda_f = \lambda_{43}$), e falha potencial ($\lambda_d = \lambda_{14}$), principais parâmetros de confiabilidade, deverão ser deduzidas de outras variáveis observáveis, utilizando o modelo. As variáveis observáveis são ocorrências e durações de eventos visíveis em uma determinada janela de observação, tais como:

- Freqüência de indisponibilidade forçada da função ($F_f = F_{43}$);
- Freqüência de manutenção preventiva ($F_p = 1/T_{21}$);
- Freqüência média de manutenção corretiva ($F_c = 1/T_{42}$);
- Tempo médio de manutenção preventiva ($MTTM = T_2$);
- Tempo médio de reparo ($MTTR = T_3$); e
- Tempo médio de manutenção corretiva ($MTTC = T_5$).

Nestas expressões, os subscritos numéricos correspondem à numeração dos estados no modelo da Figura 11-20. Para um conjunto de equipamentos, estes parâmetros resultam da contribuição ponderada de cada exemplar na população, conforme sua quantidade no sistema, sendo obtidos por estatísticas e médias amostrais na população. A parametrização final pode ser obtida medindo ou estimando os dados observáveis no histórico de cada equipamento, em uma janela de tempo na qual foi mantida constante a freqüência e política de manutenção, por um intervalo longo o suficiente para resolver a Equação 42 em estado permanente, ou seja:

$$\sum_j (P_j \lambda_{ji}) - P_i \sum_j \lambda_{ij} = 0. \qquad (i \neq j = 1...5) \qquad \textit{Equação 71}$$

Isto corresponde à hipótese de estabilidade das probabilidades relativas dos estados, em uma população de itens, após um tempo longo, mantidas constantes a freqüência e política (ARP, BRP ou MRP) de manutenção. Nestas condições, medindo-se as estatísticas *(F_f, F_p, F_c, MTTM, MTTR* e *MTTC)* da base de dados histórica da manutenção, ou através de estimativas por outros métodos, é possível obter uma solução analítica destas equações e deduzir todas as taxas de transição desconhecidas, entre elas a taxa de falha funcional ($\lambda_f = \lambda_{43}$) e potencial ($\lambda_d = \lambda_{14}$), para cada modo de falha. Para as políticas ARP e BRP (*good as new*), ter-se-á:

$$\lambda_f = \frac{F_f F_p}{F_c} = \frac{1}{MTTF}, \qquad \textit{Equação 72}$$

$$\lambda_d = \frac{F_p(F_c + F_f)}{F_p - F_p^2 T_p - F_p F_f T_r - F_c - F_p F_c T_c} = \frac{1}{MTTD}. \qquad \textit{Equação 73}$$

Caso a política de manutenção seja de reparo mínimo MRP (*bad as old*), a taxa de defeito será calculada por:

$$\lambda_d = \frac{F_p F_c}{F_p - F_p^2 T_p - F_p F_f T_r - F_c - F_p F_c T_c} = \frac{1}{MTTD}. \qquad \textit{Equação 74}$$

Estes são dados característicos de cada equipamento, política de manutenção e contexto operacional, e específicos para cada modo de falha e atividade de manutenção. O tempo médio para defeito (*MTTD*) estima o período de funcionamento do equipamento, sem manutenção preventiva, até a contaminação gradual por um defeito latente ou falha potencial, que poderá resultar numa falha funcional ou indisponibilidade forçada. O tempo médio para falha (*MTTF*) define o intervalo entre a contaminação e sua evolução para uma indisponibilidade; corresponde ao intervalo PF ou período de incubação do defeito antes de se transformar em falha. A Figura 11-22 mostra exemplos de valores típicos para estes parâmetros, obtidos do histórico de sistemas de proteção de equipamentos elétricos de alta tensão[29], usando estas equações:

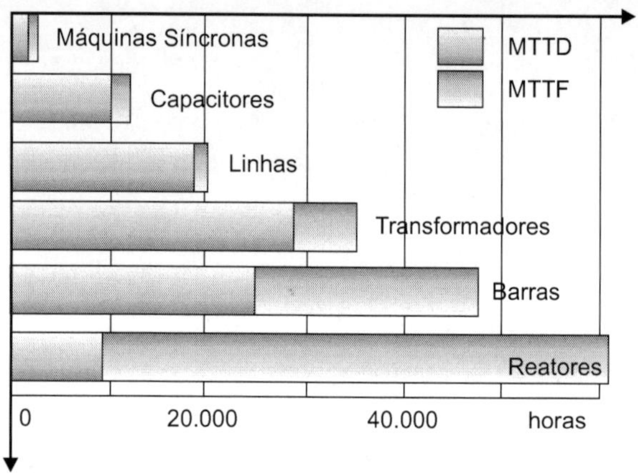

Figura 11-22 — Tempos Médios para Falha e Defeito

Mesmo tratando-se de sistemas de proteção com tecnologias similares, observa-se uma grande diversidade de taxas de defeito e falha, motivadas principalmente pelos diferentes contextos operacionais, que demandam níveis diferentes de solicitações a estes sistemas.

É importante distinguir o parâmetro *MTTF,* descrito acima, do tempo total para falha, contado a partir do instante zero. O primeiro refere-se ao intervalo de tempo médio entre o início do defeito e sua evolução para falha. Já o segundo mede o intervalo entre a última manutenção ou início de operação e o instante da falha; ou seja, a soma (*MTTD + MTTF*) dos parâmetros descritos acima.

Estado permanente

O estado permanente do modelo presta-se à determinação dos resultados de longo prazo, derivados do sistema. Após um tempo longo, mantendo cons-

[29] Dados obtidos do sistema elétrico de alta tensão da Companhia Hidro Elétrica do São Francisco.

tante uma política ARP ou BRP de manutenção (*good as new*), as probabilidades tenderão a valores limites, obtidos da Equação 71. Desprezando-se os tempos médios de manutenção (*MTTM, MTTC* e *MTTR*), caso sejam bastante inferiores em relação aos demais tempos envolvidos, o modelo da Figura 11-20 será reduzido aos estados Normal e Defeito da Figura 11-23, com as taxas de transição indicadas:

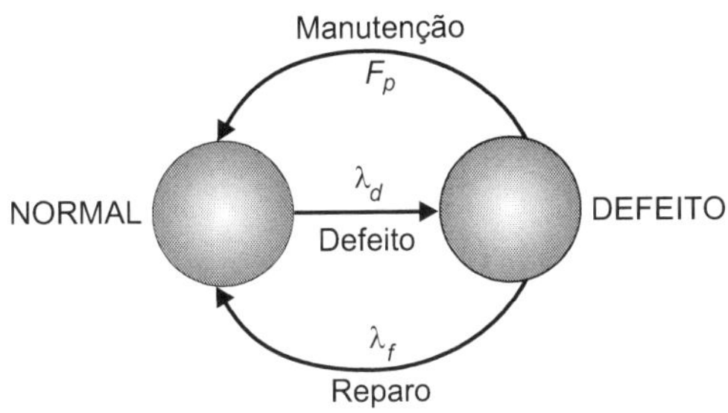

Figura 11-23 — Modelo Simplificado de Estados ARP e BRP

Caso a política de manutenção seja a MRP (*bad as old*), então o modelo será reduzido ao da Figura 11-24.

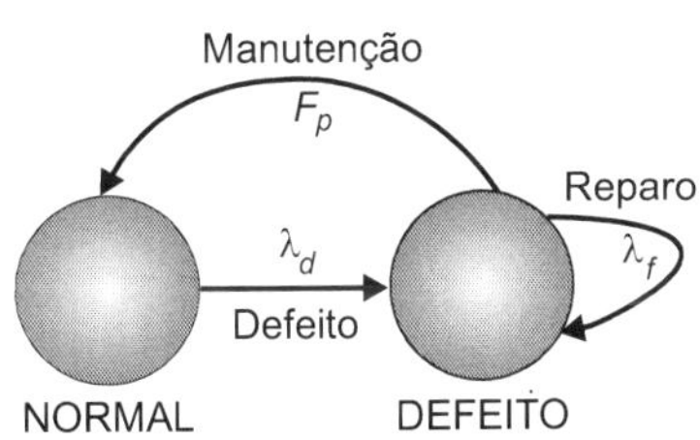

Figura 11-24 — Modelo Simplificado de Estados MRP

Estas configurações modelam adequadamente as situações em que a variável tempo é medida pelo ciclo operacional de disponibilidade funcional, excluindo os tempos gastos em manutenção e reparo. O ciclo operacional inclui apenas os estados Normal e Defeito. Com estas simplificações, as políticas de manutenção ARP e BRP simplificarão a Equação 71 para:

$$\lambda_d P_1 - (F_p + \lambda_f) P_4 = 0, \qquad \textit{Equação 75}$$

Enquanto a política MRP se reduzirá a:

$$\lambda_d P_1 - F_p P_4 = 0, \qquad \textit{Equação 76}$$

onde: λ_d = taxa de defeito;

λ_f = taxa de falha;

F_p = freqüência de manutenção preventiva;

P_1 = probabilidade do estado Normal;

P_4 = probabilidade do estado Defeito.

Considerando que, nestes modelos, P_1 e P_4 são probabilidades complementares, ou seja:

$$P_1 + P_4 = 1, \qquad \textit{Equação 77}$$

pode-se obter a probabilidade do estado Normal, ou disponibilidade do sistema, com as políticas ARP e BRP, por:

$$P_1 = \frac{F_p + \lambda_f}{\lambda_f + \lambda_d + F_p}. \qquad \textit{Equação 78}$$

Ou, no caso da política MRP, por

$$P_1 = \frac{F_p}{\lambda_d + F_p}. \qquad \textit{Equação 79}$$

Com estas simplificações, pode-se obter um ábaco universal (Figura 11-25), que relaciona a disponibilidade à taxa de falha e à freqüência de manutenção, nas políticas ARP e BRP, ambas referidas à taxa de defeito de um equipamento qualquer, para cada valor de disponibilidade desejada.

Neste ábaco, a disponibilidade é medida pela probabilidade, em estado permanente, do equipamento encontrar-se na condição normal (P_1) na Figura 11-20. Note que os eixos neste gráfico são adimensionais e, portanto, aplicáveis a qualquer equipamento. Sua construção segue uma regra simples: cada linha que liga dois pontos *n* qualquer em ambos os eixos corresponde ao *lócus* de disponibilidade *n/(n+1)*.

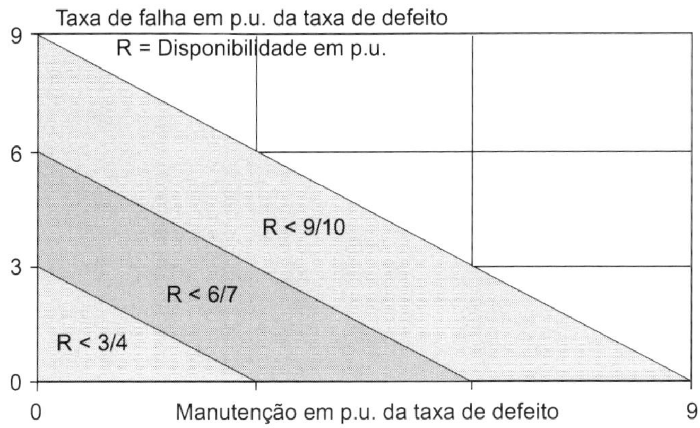

Figura 11-25 — Ábaco de Disponibilidade

Decisores podem usar este gráfico para, através da freqüência de manutenção, garantir níveis mínimos de disponibilidade. Para isto, desenha-se, inicialmente, a reta inclinada correspondente à disponibilidade desejada. Traça-se uma reta horizontal na altura correspondente à taxa de falha. No encontro desta reta com a linha de disponibilidade, obtém-se, no eixo horizontal, a freqüência de manutenção necessária para assegurar aquela disponibilidade, em p.u. da taxa de defeito.

Estado transitório

O comportamento transitório também pode ser estudado resolvendo as equações diferenciais (Equação 42), a partir de uma condição inicial. Admitindo que o equipamento esteja no estado Normal, logo após uma manutenção, as probabilidades de estado serão, inicialmente:

$$P_1 = 1, \qquad \textit{Equação 80}$$

$$P_2 = P_3 = P_4 = P_5 = 0. \qquad \textit{Equação 81}$$

Partindo-se desta condição, pode-se simular a evolução futura dos estados, conhecendo-se a freqüência de manutenção adotada. A Figura 11-26 registra a evolução temporal típica das probabilidades dos estados Normal e Defeito, sem manutenção (P_{1^o}, P_{4^o}) e com manutenção (P_1, P_4), modeladas com estas equações em um simulador simbólico.

É importante diferenciar estas variações dos transitórios reais nos equipamentos. As probabilidades representam transições no nível de informação sobre o estado do sistema, e não transitórios físicos. Em modelos populacionais, representam também as frações temporais esperadas dos equipamentos em cada estado.

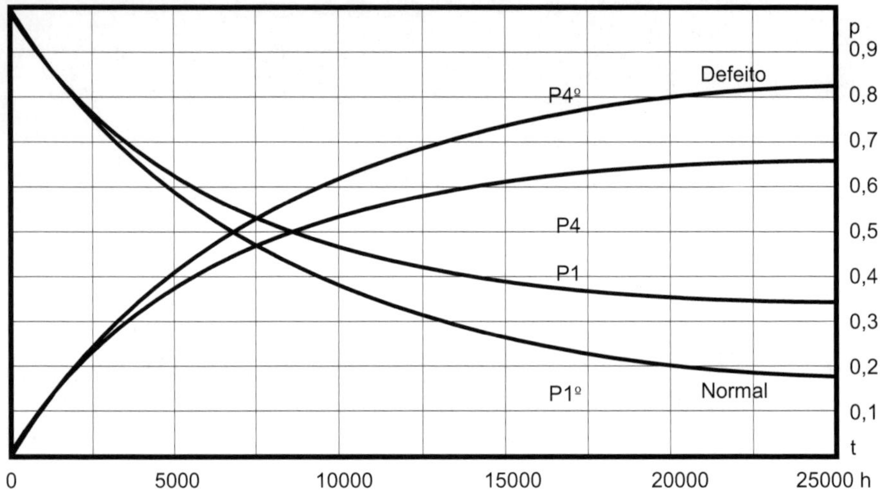

Figura 11-26 — Disponibilidade em Estado Transitório

Estas curvas são úteis no gerenciamento de curto prazo da manutenção. Através delas é possível estimar os riscos incrementais de falhas, resultantes de atrasos na execução de manutenções ou após uma mudança de periodicidade a curto prazo. As mesmas curvas permitem estimar as probabilidades de encontrar o equipamento com defeito na execução da manutenção preventiva. A longo prazo, interessará ao decisor derivar políticas ótimas de decisão, que maximizem os resultados esperados da manutenção.

11.4 Otimização e Decisão

Com o processo parametrizado, o passo decisório seguinte consiste na escolha da periodicidade ideal para cada atividade de manutenção. Para isto, será necessário primeiro escolher o critério de decisão que será adotado.

Critério de decisão

Na definição do critério de decisão será importante identificar que resultados são esperados da manutenção. Aos proprietários ou seus representantes compete estabelecer estes objetivos. Em outras palavras, deve-se estabelecer uma resposta à seguinte questão: que indicadores de resultados serão avaliados e utilizados para otimizar a periodicidade da manutenção?

- Índices de performance e confiabilidade?
- *Benchmarks* empresariais e industriais?
- Atendimento e satisfação do consumidor?
- Disponibilidade e segurança do serviço?
- Políticas e objetivos de manutenção?

Além dos objetivos a perseguir, o decisor precisa definir:

- Qual a prioridade relativa atribuída aos diferentes indicadores?
- Como estratificar a manutenção entre diferentes subsistemas?
- Qual a periodicidade recomendada para cada estrato escolhido?

Como resolver estas questões? E de que forma serão estratificadas as periodicidades das atividades?

- Por tecnologia?
- Por tipo de equipamento?
- Por região geográfica?
- Sem estratificação?

Para responder estas questões, o decisor precisará também identificar os parâmetros de controle e otimização disponíveis para o processo decisório.

Parâmetros de otimização

Em termos matemáticos, otimizar a manutenção consiste em se determinar valores de periodicidade (T_{21}) e outros parâmetros, tais como os tempos médios de manutenção (*MTTM, MTTC*) e Reparo (*MTTR*), que maximizam ou minimizam uma determinada função objetiva. Além disso, as variáveis controladas ou de controle devem obedecer a restrições, tais como viabilidades físicas, disponibilidades de recursos ou requisitos de segurança. Sendo os valores de *MTTM*, *MTTC* e *MTTR* limitados pelas tecnologias disponíveis, e supondo que já sejam mínimos para a empresa, seus recursos e *know-how* operacional, a otimização se dará principalmente através da periodicidade da manutenção. A função objetiva deverá refletir os resultados finais perseguidos, tais como o nível de risco e segurança do processo ou a qualidade do serviço prestado.

Indicadores de qualidade

A qualidade de um processo estocástico, descrito por um modelo markoviano, pode ser avaliada por um indicador escalar que traduza o benefício/desperdício das transições de estado do sistema. Cada transição pode ser ponderada por um coeficiente de retorno (K_{ij}) que traduza o ganho/perda do processo na passagem do estado i ao j. Analogamente, cada instante de permanência no estado i pode ser ponderado por um coeficiente (K_i). O retorno médio total, a longo prazo, que pondere o prêmio/ônus de se permanecer nesta situação, por unidade de tempo, será obtido acumulando os ganhos/perdas, em estado permanente, de todas as transições e permanências de estado. Admitindo uma taxa de desconto unitária ao longo do tempo, ter-se-á, pela Equação 29:

$$R = \sum_{ij} K_{ij} F_{ij} + \sum_{i} K_i F_i T_i . \qquad (i \neq j = 1...5)\ (t > 0) \qquad \textit{Equação 82}$$

Nesta expressão, os coeficientes representam taxas de retorno generalizadas, definidas pela variação unitária no indicador de qualidade, ou avaliador de resultados, para cada transição e permanência do estado do item sob manutenção.

Pelas razões já descritas, o modelo considera constantes os tempos médios de manutenção e reparo, ditados pela tecnologia disponível e contexto operacional. Com taxas de falha e defeito constantes, resultarão, segundo a Equação 45 repetida a seguir, tempos de permanência nos estados também constantes:

$$T_i = P_i / F_i = 1 / \sum_j \lambda_{ij} . \quad (i \neq j = 1...5) \qquad \textit{Equação 83}$$

Sendo a freqüência F_i de ocorrência do estado i a soma das freqüências de transição dos demais estados para o estado i (Equação 44), ou seja:

$$F_i = \sum_j F_{ji}, \qquad (i \neq j = 1...5) \qquad \textit{Equação 84}$$

então a segunda parcela da Equação 82 também será proporcional às freqüências de transição entre os estados, podendo ser absorvida pela primeira parcela, com os ajustes necessários nos coeficientes de retorno K_{ij}. O expurgo da segunda parcela também se justifica quando o objetivo for otimizar a parcela variável do índice, atribuída à manutenção.

Os indicadores estudados não ponderam também as transições por falhas potenciais (F_{14}), já que seus efeitos se manifestam, posteriormente, em falhas funcionais (F_{43}) ou manutenções corretivas (F_{51}). Pela mesma razão, não são ponderadas as transições para os estados Preventivo e Reparo, (F_{42}, F_{43} e F_{12}), no início de uma falha funcional ou Intervenção Preventiva; os retornos serão avaliados no final da manutenção (F_{21}), reparo (F_{31}) ou corretiva (F_{51}). Assim, o indicador pode ser simplificado para:

$$I = K_p F_p + K_r F_r + K_c F_c, \qquad (i \neq j = 1...5)\ (t > 0) \qquad \textit{Equação 85}$$

onde: K_p = taxa de retorno de manutenção preventiva;
K_r = taxa de retorno de reparo funcional;
K_c = taxa de retorno de manutenção corretiva;
F_p = freqüência de manutenção preventiva;
F_r = freqüência de reparo funcional;
F_c = freqüência de manutenção corretiva.

Note que, nesta equação, apenas as parcelas relacionadas a transições de manutenção (preventiva, corretiva e reparo) são consideradas, facilitando a avaliação dos resultados através das Ordens de Serviço dos Sistemas de Gestão da Manutenção para a maioria dos indicadores industriais.

Indicadores industriais e empresariais

A generalidade desta expressão permite aplicá-la a muitos indicadores utilizados na indústria. Neste capítulo, os seguintes índices são utilizados, como exemplos de indicadores industriais, para efeito de cálculos de otimização da periodicidade da manutenção:

- **FIE** – Freqüência de indisponibilidade do equipamento;
- **DIE** – Duração da indisponibilidade do equipamento;
- **FPP** – Freqüência média de perda de produção;
- **PPP** – Probabilidade de perda de produção;
- **DNS** – Demanda média de produção não suprida;
- **PNS** – Produção média não suprida;
- **FEI** – Freqüência equivalente de interrupção da produção;
- **DEI** – Duração equivalente de interrupção da produção;
- **IDP** – Índice de descontinuidade de produção;
- **CVE** – Custo variável empresarial;
- **CVC** – Custo variável do cliente.

A Tabela 37 relaciona exemplos de cálculos dos coeficientes de retorno associados a cada indicador, para cada transição de manutenção do modelo, utilizados na Equação 85. Cada indicador é expresso em função de vários parâmetros típicos da empresa. Consulte a Simbologia no final deste manual, ou o

Tabela 37 — Taxas de Retorno da Manutenção

Índice	Preventiva (K_p)	Reparo (K_r)	Corretiva (K_c)
FIE	$1+K_a$	$1+K_a$	$1+K_a$
DIE	$K_a.T_a+K_t.T_{pi}$	$K_a.T_a+K_t.T_{ei}$	$K_a.T_a+K_t.T_{ci}$
FPP	$K_m+K_a.K_e$	$K_e+K_a.K_e$	$K_m+K_a.K_e$
PPP	$K_m.T_{pi}+K_a.K_e.T_a$	$K_e.T_{ei}+K_a.K_e.T_{ei}$	$K_m.T_{ci}+K_a.K_e.T_a$
DNS	$W_p+K_a.W_a$	$W_e+K_a.W_a$	$W_c+K_a.W_a$
PNS	$(W_p+K_a.W_a)T$	$(W_e+K_a.W_a)T$	$(W_c+K_a.W_a)T$
FEI	$(Q_p+K_a.Q_a)/Q_s$	$(Q_e+K_a.Q_a)/Q_s$	$(Q_c+K_a.Q_a)/Q_s$
DEI	$(W_p+K_a.W_a)T/Q_s$	$(W_e+K_a.W_a)T/Q_s$	$(W_c+K_a.W_a)T/Q_s$
IDP	$(W_p+K_a.W_a)/Q_s$	$(W_e+K_a.W_a)/Q_s$	$(W_c+K_a.W_a)/Q_s$
CVE	$C_t+K_a.C_a$	$C_e+K_a.C_a$	$C_c+K_a.C_a$
CVC	$C_{ts}+K_a.C_{as}$	$C_{es}+K_a.C_{as}$	$C_{cs}+K_a.C_{as}$

Apêndice deste capítulo, para as definições de cada parâmetro desta tabela. Saliente-se que estas expressões são genéricas, devendo ser validadas para cada indústria específica. Outra alternativa é derivar cada taxa de retorno por uma estatística das Ordens de Serviço do Sistema de Gestão da Manutenção.

Cada indicador representa a contribuição da classe do equipamento nos índices de mesmo nome avaliados na empresa, onde apenas os eventos de manutenção são incluídos. Cada célula na tabela representa a contribuição unitária da transição correspondente no indicador, conforme a Equação 85. Segue uma definição sucinta de cada indicador:

- **Freqüência de Indisponibilidade do Equipamento**

  O índice FIE avalia a continuidade funcional através da freqüência de indisponibilidade do equipamento, em um período, por culpa exclusiva da manutenção e do modo de falha modelado. Incluem-se neste índice as indisponibilidades acidentais durante as manutenções, calculadas supondo que sejam proporcionais às intervenções. O coeficiente de proporcionalidade (K_a) será específico para cada equipe e população de equipamentos, e estimado por regressão linear nas séries históricas de indisponibilidades; representa a confiabilidade humana da equipe de manutenção, pela taxa de acidentalidade ou fração das intervenções nas quais ocorre um evento acidental que afete o indicador.

- **Duração da Indisponibilidade do Equipamento**

  A indisponibilidade do equipamento (DIE) é definida pela fração de tempo ou probabilidade dele encontrar-se indisponível, em um instante qualquer. Além dos tempos médios de interrupção durante a manutenção, depende da topologia da linha de produção; este também pode ser avaliado por uma média estatística de ocorrências com indisponibilidade funcional.

- **Freqüência de Perda de Produção**

  O índice FPP mede o número de vezes que a linha de produção deixa de suprir uma fração da demanda de produtos em um intervalo de tempo, por culpa da manutenção no equipamento. A perda de produção é função da topologia da linha de produção, sendo avaliada pelas frações dos equipamentos que podem interromper a produção, da taxa de acidentalidade das equipes de manutenção e da freqüência de intervenções, programadas ou não.

- **Probabilidade de Perda de Produção**
O índice PPP traduz a fração de tempo em que os clientes deixam de ser atendidos plenamente, por causas relacionadas a falhas ou manutenção. Representa uma fração do índice de mesmo nome utilizado no planejamento da capacidade de produção.

- **Demanda e Produção Média Não Suprida**
Os índices DNS e PNS estimam os pedidos de produtos não atendidos, continuamente, por causa do equipamento. As perdas em cada indisponibilidade são ponderadas pela freqüência correspondente. Dois índices derivados, a expectância e duração da perda de produção (XPP = DNS/PPP, XDP = PPP/FPP), estimam a demanda e período da demanda não atendida em cada indisponibilidade originada no equipamento.

- **Freqüência e Duração Equivalentes de Interrupção**
Os índices FEI e DEI expressam o número e tempo equivalentes de cortes da produção máxima (ou média) em um período, por culpa do equipamento. A relação TEI = DEI/FEI define o tempo equivalente de restabelecimento da produção, em interrupções originadas no equipamento.

- **Índices de Descontinuidade e Continuidade de Produção**
Os índices IDP e ICP são complementares, e medem a fração da produção requerida (PRQ) e não suprida, atribuída ao equipamento (PNS/PRQ).

- **Custo Variável Empresarial e dos Clientes**
Finalmente, os custos variáveis, empresarial e dos clientes (CVE, CVC), avaliam as variações nos encargos diretos, para a empresa e clientes, imputados ao equipamento. Os custos fixos não variam com a periodicidade da manutenção, podendo ser ignorados caso o interesse resida na comparação de alternativas econômicas decorrentes da manutenção. Entre os custos fixos citam-se os encargos administrativos e dispêndios com ativos imobilizados, considerados imutáveis pela ação da manutenção. Também são fixos os custos de material de reposição, pois as taxas de falha e defeito constantes no modelo com distribuição hypo-exponencial geram uma demanda fixa de ressuprimento, quando avaliada a longo prazo. Os coeficientes da Tabela 37 agregam custos unitários com pessoal, transporte e produção interrompida, pelos métodos de custeio-padrão, para cada evento gerador de despesa.

Modelo de otimização

Estabelecido(s) o(s) indicador(es) de resultado(s), pode-se equacionar o problema da definição da periodicidade ideal, como um problema tradicional de otimização matemática. Neste caso, a freqüência de manutenção ideal, que otimiza qualquer um dos indicadores acima como função objetiva, pode ser obtida expandindo as freqüências F_p, F_r e F_c, na Equação 85, a partir das equações do modelo (Equação 71), em estado permanente. Isto nos permite montar o seguinte sistema de programação não-linear, em forma canônica, para as políticas de manutenção ARP e BRP (*good as new*):

Minimizar a função objetiva:

$$I = K_p F_p + K_r F_r + K_c F_c = AF_p + + \frac{D(B - F_p)}{C + F_p} + \frac{E(B - F_p)F_p}{C + F_p}, \qquad \textit{Equação 86}$$

sujeito à restrição:

$$\frac{1}{MTTM} \geq F_p \geq 0, \qquad \textit{Equação 87}$$

onde *A, B, C, D* e *E* são parâmetros positivos dados por:

$$A = K_p, \qquad \textit{Equação 88}$$

$$B = \frac{1}{MTTM}, \qquad \textit{Equação 89}$$

$$C = \frac{\lambda_d + MTTR \cdot \lambda_d \lambda_f + \lambda_f}{1 + \lambda_d MTTC}, \qquad \textit{Equação 90}$$

$$D = \frac{K_r MTTM \lambda_d \lambda_f}{1 + \lambda_d MTTC}, \qquad \textit{Equação 91}$$

$$E = \frac{K_c MTTM \cdot \lambda_d}{1 + \lambda_d MTTC}. \qquad \textit{Equação 92}$$

Se a política de manutenção for MRP (*bad as old*), então o parâmetro C deverá ser substituído por:

$$C = \frac{\lambda_d + MTTR \cdot \lambda_d \lambda_f}{1 + \lambda_d MTTC}. \qquad \textit{Equação 93}$$

Todos os parâmetros no lado direito destas equações são estatísticas obtidas do histórico de desempenho dos equipamentos, descritas anteriormente. As taxas de defeito λ_d e de falha λ_f, são parâmetros de confiabilidade, funções, respectivamente, das tecnologias utilizadas no equipamento e no ambiente de produção, sendo estimados do histórico da manutenção pelas estatísticas da Equação 72 e Equação 73.

Os parâmetros K_p, K_c e K_r representam as contribuições unitárias de cada evento de manutenção preventiva, corretiva e reparo, respectivamente, no valor do indicador de resultados. Se forem usados valores aproximados, é suficiente estimar a relação K_c/K_p e K_r/K_p das contribuições relativas de cada manutenção corretiva e reparo funcional, em relação a uma manutenção preventiva, para a qual se assume o valor unitário ($K_p = 1$). Em geral, estas relações são mais fáceis de estimar, com base na experiência e conhecimento *a priori*, sendo fácil demonstrar que o problema de otimização acima permanece invariante após esta transformação.

Os valores de *MTTM*, *MTTC* e *MTTR* são indicadores da mantenabilidade, decorrentes do *know-how* e das tecnologias de manutenção e reparo disponíveis, sendo obtidos das médias amostrais ou estimativas, com base no histórico da manutenção, pela Equação 68, Equação 69 e Equação 70. O único parâmetro controlável será a freqüência de manutenção, a qual poderá ser nula, caso a manutenção se limite a ações de reparo, ou ser diferente de zero, caso se adote a Inspeção Preditiva, Inspeção Funcional, a Restauração ou Substituição Preventivas da MCC.

Os limites inferior e superior para F_p (Equação 87) referem-se à viabilidade física, já que a freqüência de manutenção não pode ser negativa nem superior ao inverso do tempo médio de manutenção (*MTTM*). Na realidade, existe um outro limite superior F_{max} para F_p, ditado pela disponibilidade de recursos humanos e logísticos da empresa, e por restrições de interrupções na linha de produção:

$$F_p \le F_{\max} \le \frac{1}{MTTM}. \qquad \textit{Equação 94}$$

Este limite, na prática, revela-se difícil de se estabelecer *a priori*, já que depende de uma avaliação de custo/benefício, e da sensibilidade, às vezes subjetiva e temporal, dos decisores. A Figura 11-27 ilustra a forma típica da Equação 85, em função destes parâmetros e da freqüência de manutenção. As constantes positivas *A, B, C* e *D* delimitam pontos singulares (de tangência e declividade) das curvas, facilitando sua construção analítica e delimitando a região de viabilidade da freqüência de manutenção.

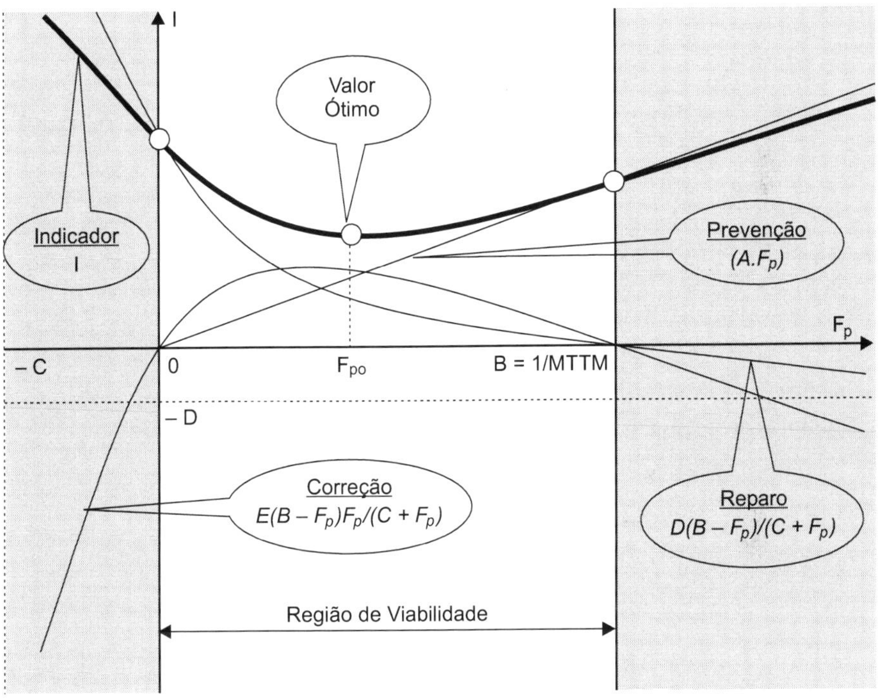

Figura 11-27 — Indicadores de Qualidade

Note que a região positiva da curva do indicador *I* é composta de três parcelas (Equação 85), correspondentes, respectivamente, às três atividades de manutenção:

- **Preventiva** – A primeira parcela, $(A \,.\, F_p)$, cresce linearmente com o aumento da freqüência de manutenção, ponderando o ônus desta atividade no resultado avaliado. A taxa de crescimento ($A = K_p$) corresponde ao retorno unitário de cada manutenção no indicador escolhido.

- **Reparo** – A segunda parcela, $D(B - F_p)/(C + F_p)$, decresce monotonicamente com a freqüência de manutenção preventiva, ponderando o ônus dos reparos no resultado avaliado. O decréscimo monotônico desta parcela decorre da substituição de reparos por manutenções corretivas programadas para corrigir defeitos encontrados na manutenção preventiva.
- **Corretiva** – A terceira parcela, $E(B - F_p)F_p/(C + F_p)$, reflete a contribuição das manutenções corretivas no resultado avaliado. Inicialmente crescente, esta parcela reduz-se à medida que a freqüência de manutenção preventiva aproxima-se do inverso do tempo médio de manutenção ($B = 1/MTTM$), no limiar da região de viabilidade.

Esta composição é encontrada tipicamente em problemas de otimização, gerando um valor ótimo no ponto de equilíbrio das parcelas, no valor mínimo da função objetivo. A figura evidencia também a forma como os três parâmetros controlados pelo decisor (*MTTR, MTTM* e F_p) afetam o indicador de qualidade através das constantes *B* e *D*. Quanto maior *MTTR*, maior o valor de *D*, e a freqüência que minimiza o indicador. O mesmo se aplica a *MTTM* e o parâmetro *B*.

Processo de otimização

Equacionado o problema de decisão, é possível obter-se analiticamente a periodicidade ótima de manutenção. Utilizando os métodos clássicos de solução destes sistemas, tem-se que a freqüência ótima de manutenção será dada por uma das raízes reais não negativas da equação diferencial:

$$\frac{dI}{dF_p} = 0. \qquad \textit{Equação 95}$$

Expandindo o indicador *I* pela Equação 85, pode-se verificar, por substituição, que esta é uma equação quadrática, admitindo duas raízes reais. Em função dos parâmetros generalizados *A, B, C* e *D*, obtém-se a freqüência ótima de manutenção da raiz positiva desta equação, ou seja:

$$F_{po} = \left[C^2 - \frac{AC^2 - D(B+C) + EBC}{A-E} \right]^{1/2} - C. \qquad \textit{Equação 96}$$

A outra raiz da Equação 95 será desprezada por ser sempre negativa, independente dos valores dos parâmetros, o que contradiz a restrição da Equação 87. Note que, dependendo dos parâmetros generalizados *A, B, C, D* e *E*, mesmo a expressão do lado direito da Equação 96 pode também ser negativa. Neste caso, a freqüência de manutenção que otimiza a função objetiva será nula, no limiar da região de viabilidade. Ou seja, nestes casos não é aconselhável realizar manutenção preventiva no equipamento, apenas reparos. Isto pode ocorrer mesmo após a lógica de seleção ter recomendado a atividade como aplicável e efetiva, pelos critérios da MCC.

Se, além da indisponibilidade do equipamento, houver interesse na minimização de outros indicadores, a otimização será complexa, resultando em um problema de decisão com múltiplos critérios (*MCDM*). O mesmo modelo poderá ser usado para calcular o valor ótimo para cada indicador. Em geral, uma solução de compromisso terá que ser negociada entre a disponibilidade do equipamento e o desempenho do sistema de produção.

Com estes valores, uma vez definida a preferência do decisor quanto ao indicador de qualidade, e utilizando a Equação 96, pode-se determinar o melhor instante de realização da manutenção. Graficamente, isto corresponde a encontrar um ponto com declividade β na curva ROC (Figura 11-7 — Característica de Operação Relativa), e, a partir das probabilidades, identificar o instante de manutenção nas curvas de probabilidade cumulativa de cada evento.

Os riscos associados ao adiamento ou antecipação da manutenção, em relação ao instante ótimo, podem também ser determinados calculando as freqüências de ocorrência de defeitos e falhas neste período, através do modelo markoviano, multiplicando-as pelos fatores de risco da Tabela 37, conforme o indicador de preferência do decisor.

11.5 Documentação da Periodicidade

Para atender aos requisitos de documentação e auditoria da MCC, será necessário definir padrões de registro dos levantamentos de dados históricos para parametrização dos modelos, bem como os cálculos das freqüências ótimas de manutenção, para cada atividade e modo de falha.

Levantamento de dados

Uma análise da expressão obtida para a freqüência ótima de manutenção (Equação 96) evidencia a necessidade dos seguintes dados, para cada modo de falha e atividade associada:

- **Dados de Mantenabilidade**
  - **Manter** – Tempo médio para manutenção (*MTTM*);
  - **Reparar** – Tempo médio para reparo (*MTTR*);
  - **Corrigir** –Tempo médio para correção (*MTTC*);

- **Dados de Confiabilidade**
  - **Defeito** – Taxa de defeito generalizada (λ_d);
  - **Falha** – Taxa de falha generalizada (λ_f);

- **Dados de Produtividade**
  - **Manter** – Taxa de retorno para manter (K_p);
  - **Reparar** – Taxa de retorno para reparar (K_r);
  - **Corrigir** – Taxa de retorno para corrigir (K_c);

- **Dados de Periodicidade**
  - **Atual** – Freqüência atual de manutenção (F_p);
  - **Ótima** – Freqüência ótima de manutenção (F_{po}).

Com exceção do último item, todos os demais são dados de entrada para o modelo de otimização, devendo ser fornecidos por outras fontes de informação.

Fontes de informação

A obtenção destas informações não é um processo fácil, considerando a escassez de sistemas de informações confiáveis sobre instalações em operação. A dificuldade aumenta quando se considera um sistema novo, para os quais não existem similares em operação. Independente da dificuldade, compete à engenharia de manutenção fornecer as estimativas mais adequadas para dados não disponíveis, diante do problema de definição da periodicidade da manutenção. A lista a seguir resume algumas fontes de informação que podem ser utilizadas para este fim, em ordem de preferência:

1. Histórico de desempenho;
2. Física do mecanismo de falha;
3. Dados do setor industrial;
4. Bibliotecas de falhas;
5. Especificações e ensaios do fabricante;
6. Comparação por similaridade;
7. Estudos de casos publicados;
8. Estimativas por experiência.

Entre todas estas fontes, a primeira é a mais recomendável por resultar na estimativa mais próxima da realidade operacional do item. Dados do sistema de gestão e acompanhamento da manutenção (*MTTR, MTTM, MTTC*, λ_d e λ_f) deverão ser complementados com informações oriundas do sistema de gestão da produção (K_p, K_c e K_r).

O uso de dados de itens similares é uma alternativa, podendo ser obtidos do mesmo setor industrial, de bibliotecas públicas de dados de confiabilidade ou por similaridade com estudos de casos anteriores. Embora não possa ser chamada exatamente de estimação, no sentido estatístico do termo, este método consiste numa simples transferência de dados de um ambiente para outro, supostos similares. Muitas associações profissionais publicam dados estatísticos sobre desempenho de sistemas, os quais podem ser utilizados para uma primeira estimativa.

Por último, na falta total de dados, caberá ao engenheiro realizar um julgamento de valor, com base em sua experiência ou na vivência de outras pessoas consultadas. A primeira estimativa, uma vez utilizada como valor inicial no modelo de otimização, servirá para modificar/melhorar as estimativas futuras, através da reaplicação do modelo.

Uma forma simples de realizar uma estimativa, baseada em faixas obtidas por consultas a especialistas, ou através de tabelas de referência, consiste no cálculo de médias geométricas dos limites inferior e superior (maior e menor) da estimativa obtida. Este método pode ser estendido a vários especialistas, os quais, através de um sistema de voto, estimam um valor de cada parâmetro necessário ao modelo. A média geométrica utilizada será então:

$$P = (P_1 x P_2 x P_3 x \ldots x P_n)^{1/n}. \qquad \textit{Equação 97}$$

A vantagem desta forma reside na filtragem de viés eventualmente introduzido por valores muitos fora da faixa dos demais valores votantes.

Formulário de histórico do equipamento

A Figura 11-28 ilustra um formulário que pode ser usado para registrar os dados de desempenho histórico, suficientes para estimação dos parâmetros necessários. Um exemplar faz parte do Apêndice A deste manual. Em geral, estes dados são obtidos do acompanhamento dos eventos e ordens de serviço, pelo Sistema de Gestão da Manutenção.

Definição das Fronteiras dos Sistema

Unidade	Código	Facilitador	Data	Folha
Item	Código	Auditor	Data	De

Nº	Componente	FU	FA	MO	Modo	Evento	Início	Duração	Efeito

Figura 11-28 — Formulário de Histórico do Equipamento

A parte superior do formulário é composta de campos de identificação e codificação do sistema e dos analistas de MCC, descritos na Tabela 2, sendo comuns a todos os formulários adotados neste manual. Os campos restantes são utilizados para documentar os eventos históricos de interesse da manutenção, conforme descrito na Tabela 38.

Tabela 38 — Formulário de Histórico do Equipamento

Campo	Título	Descrição
11	Nº	Informar o código de referência do componente do sistema em estudo ao qual se refere o evento registrado.
12	Componente	Preencher com os nomes dos componentes do sistema em estudo aos quais se referem os eventos.
13	FU	Referenciar a função do sistema afetada por este evento.
14	FA	Referenciar a falha funcional do sistema afetada por este evento.
15	MO	Referenciar o modo de falha do componente relativo a este evento.
16	Modo	Nomear o modo de falha deste evento, se aplicável.
17	Evento	Classificar o evento no mínimo nas seguintes categorias: • Falha potencial (em relação à função FA acima); • Falha funcional (perda da função FU acima); • Manutenção preventiva (em relação ao modo MO acima); • Outros (especificar).
18	Início	Especificar o instante (data) de início do evento acima.
19	Duração	Especificar a duração de tempo do evento.
20	Efeito	Quantificar o efeito da falha, em termos de resultados esperados do sistema, tais como Produção Interrompida, Custo, etc.

No mínimo, os seguintes eventos devem ser registrados no histórico de desempenho, para que seja possível a avaliação das estatísticas necessárias ao cálculo da freqüência ótima de manutenção, para cada modo de falha, de acordo com a seqüência da Equação 68 até a Equação 70:

- Manutenções corretivas (após as falhas potenciais);
- Reparos (após as falhas funcionais);
- Manutenções preventivas (inspeções, restaurações e substituições).

Formulário de otimização

Uma vez obtidos, estes valores devem ser registrados em um formulário ou planilha de cálculo da periodicidade tal como o ilustrado na Figura 11-29.

Otimização da Periodicidade da Manutenção

Unidade	Código	Facilitador	Data	Folha
Item	Código	Auditor	Data	De

Referência			Tarefa	Mantenabilidade			Produtividade			Confiabilidade		Periodicidade	
FU	FA	MO		Manter	Reparar	Corrigir	Manter	Reparar	Corrigir	Defeito	Falha	Atual	Ótima

Figura 11-29 — Formulário de Otimização da Periodicidade da Manutenção

Um exemplar faz parte do Apêndice A deste manual. A última coluna fornece o resultado do cálculo da freqüência ótima da manutenção preventiva, de acordo com a Equação 96. Em sistemas avançados de gestão de manutenção, os cálculos necessários podem ser integrados às estatísticas de desempenho avaliados sobre o histórico de Ordens de Serviço.

A parte superior do formulário é composta de campos de identificação e codificação do sistema e dos analistas de MCC, descritos na Tabela 2, sendo comuns a todos os formulários adotados neste manual. Os campos restantes são utilizados para documentar os parâmetros utilizados para otimizar a periodicidade da manutenção, conforme descrito na Tabela 39.

Tabela 39 — Formulário de Otimização da Periodicidade da Manutenção

Campo	Título	Descrição
11	Referência	Transcrever a referência da função (FU), falha (FA) e modo (MO) correspondentes do formulário FMEA.
12	Tarefa	Descrever a tarefa aplicável e efetiva recomendada para este modo de falha pelo formulário de Análise de Decisão.
13	Mantenabilidade	Registrar os tempos médios verificados para execução da tarefa para Manter, Reparar ou Corrigir o item (*MTTM*, *MTTR* e *MTTC*).
14	Confiabilidade	Registrar a freqüência com que, durante a manutenção, foi encontrado Defeito, e a freqüência com que o item foi reparado após uma Falha, ou diretamente as taxas de defeito e falha calculadas do histórico do equipamento.
15	Produtividade	Registrar os resultados esperados em conseqüência da execução da tarefa para Manter, Reparar e Corrigir o item (K_p, K_r e K_c). Opcionalmente, fazer a coluna Reparar = 1 e informar nas colunas Manter e Corrigir a fração (<=1) estimada entre Manter/Corrigir o item, em relação a Reparar.
16	Periodicidade	Informar a freqüência atual da tarefa (F_p), e então calcular a freqüência Ótima de execução recomendada (F_{po}), de acordo com o Modelo de Otimização e da atividade de manutenção.

11.6 Resumo

Este capítulo apresentou um modelo estatístico de defeitos e falhas em equipamentos, e uma metodologia de otimização da periodicidade da manutenção, baseada na Manutenção Centrada na Confiabilidade. As generalidades do modelo e da solução proposta permitem sua aplicação a praticamente qualquer tipo de equipamento e atividade industrial.

Além do modelo de falhas, o capítulo apresentou um resumo das:

- Teorias decisórias disponíveis;
- Modelagem matemática;
- Análise em regime permanente;
- Análise em regime transitório;
- Métodos de otimização da periodicidade.

A disponibilidade de um modelo matemático permite obter-se ganhos adicionais na gestão da manutenção, além da otimização da periodicidade. Na modelagem regional, em indústrias distribuídas geograficamente, por exemplo, além das condições ambientais, pode-se comparar: (a) o desempenho das equipes de manutenção pelos tempos de manutenção corretiva, reparo e taxas de acidentalidade; (b) a eficiência operacional, através dos tempos de retomada da produção; (c) as deficiências da rede produtiva, pelas perdas de produção; e (d) os custos marginais da manutenção e lucros cessantes. O desempenho de famílias de equipamentos pode ser analisado na modelagem por classe de equipamento, comparando os indicadores com padrões de eficiência estabelecidos no setor industrial. A estrutura uniforme do modelo, independente da classe do equipamento modelado ou modo de falha, facilita o intercâmbio de experiências entre equipes, e a adoção de políticas uniformes pela empresa.

Como alternativa ao método matemático, caso não se disponha de modelos dos mecanismos de falha, foi apresentado um método gráfico, baseado na curva ROC, com valores empíricos obtidos no histórico de desempenho dos equipamentos, bem como um ábaco universal que permite calcular graficamente a freqüência de manutenção necessária para se obter um determinado nível de disponibilidade do equipamento.

Este capítulo encerra a última etapa da metodologia MCC (Figura 2-3). O próximo capítulo detalha os requisitos organizacionais e de planejamento, necessários à implantação desta metodologia em uma empresa, segundo as recomendações da série de normas ISO 9000, onde for aplicável.

11.7 Questões de Revisão

1. Quais os principais modelos, características e deficiências dos processos decisórios usados para definição da periodicidade da manutenção?
2. Que vantagens os métodos markovianos apresentam sobre as demais teorias na modelagem dos processos de manutenção?
3. Qual a diferença entre taxa de defeito e taxa de falha de uma função ou item?
4. Qual o significado dos cinco estados do modelo markoviano da MCC?
5. Quais as transições possíveis entre os estados do modelo markoviano da MCC?
6. Como o modelo markoviano representa as atividades padronizadas da MCC?
7. Como são definidos e avaliados os parâmetros de mantenabilidade das atividades padronizadas pela MCC?
8. Como são estimados os parâmetros de confiabilidade dos sistemas avaliados pela MCC?
9. Qual a utilidade da simulação dos modelos markovianos, em estado permanente e transitório, para o gerenciamento da manutenção?
10. Que objetivos podem ser otimizados através da freqüência de manutenção preventiva?
11. Que dados são necessários para calcular a freqüência ótima de manutenção preventiva?

11.8 Apêndice

Este apêndice relaciona os símbolos e dados usados na Tabela 37, não definidos no texto. Colhidos para cada população ou estrato de equipamentos da empresa, e normalizados para um mesmo período, representam uma amostragem censurada, do tipo I, com reposição, do histórico de desempenho da produção, quando afetada pelas indisponibilidades do equipamento. Ou seja, os componentes que falham são substituídos durante a amostragem. Na ausência de dados históricos, alguns itens podem ser estimados por especialistas. Dados topológicos também podem ser gerados em estudos de contingência, simulando os fluxos de produtos na linha de produção, para determinar a produção interrompida em indisponibilidades forçadas e programadas de cada equipamento.

Conhecendo-se o período de observação T, o preço unitário médio do produto e quanto custa para o cliente por unidade de pedido não atendido, um sistema de informações pode ser construído para gerar os seguintes parâmetros e médias estatísticas, em cada estrato, por modo de falha:

C_a – custo médio de uma indisponibilidade acidental;
C_{as} – custo médio de uma indisponibilidade acidental para o cliente;
C_c – custo médio de uma manutenção corretiva;
C_{cs} – custo médio de uma manutenção corretiva para o cliente;
C_e – custo médio de uma interrupção forçada;
C_{es} – custo médio de uma interrupção forçada para o cliente;
C_t – custo médio de uma manutenção preventiva;
C_{ts} – custo médio de uma manutenção preventiva para o cliente;
F_e – freqüência de indisponibilidades forçadas;
K_a – taxa de acidentalidade em manutenção;
K_e – fração de equipamentos que afetam a produção forçados;
K_m – fração de equipamentos que afetam a produção na manutenção;
K_t – fração do tempo programado com indisponibilidade;
Q_a – fluxo de produção suspensa em um desligamento acidental;
Q_e – fluxo de produção suspensa em um desligamento forçado;
Q_p – fluxo de produção suspensa em uma indisponibilidade preventiva;
Q_c – fluxo de produção suspensa em uma indisponibilidade corretiva;
Q_s – fluxo de produção média suprida por equipamento;
T_a – tempo médio de uma interrupção acidental na produção;
T – tempo total de observação e amostragem;
T_{ei} – tempo médio de uma interrupção forçada na produção;
T_{pi} – tempo médio de uma interrupção preventiva na produção;
T_{ci} – tempo médio de uma interrupção corretiva na produção;
W_a – produção interrompida em um desligamento acidental
W_e – produção interrompida em um desligamento forçado;
W_p – produção interrompida em um desligamento preventivo;
W_c – produção interrompida em um desligamento corretivo.

Para cada evento de interesse da manutenção (indisponibilidade acidental, manutenção corretiva, manutenção preventiva e interrupção forçada), são avaliados os valores médios de custo, fluxo de produção suspensa, tempo de interrupção e produção interrompida. Estes dados, em geral, são fornecidos automaticamente pelo sistema de controle de produção, ou calculados por modelos de simulação. Os parâmetros K_a, K_e e K_m são fatores de proporcionalidade calculados, em geral, por regressão linear, estimando a fração de desligamentos acidentais, intempestivos ou programados, respectivamente, e que afetam a produção.

12

Processo de Implantação

Como em todo empreendimento de Engenharia, o sucesso da implementação da Manutenção Centrada na Confiabilidade depende não só da experiência prática e fundamentação teórica de seus processos, mas também da adequacidade dos meios organizacionais e de planejamento utilizados. Por ser uma metodologia bem estruturada, exige-se um nível compatível de organização dos processos administrativos e de suporte, especialmente na aplicação a sistemas industriais complexos, sem os quais estarão comprometidos os resultados esperados.

Este capítulo apresenta alguns requisitos de organização e alocação de responsabilidade sugeridos para implementação da MCC em uma empresa. Além do Plano e Programa de Implantação, definem-se os procedimentos metodológicos recomendados para condução de cada etapa da metodologia. O capítulo encerra-se com uma apresentação dos recursos computacionais normalmente utilizados na MCC, e uma descrição dos processos de avaliação e acompanhamento recomendados. As técnicas de estruturação e documentação adequam-se às recomendações das normas ISO 9000, especialmente na composição do capítulo do Manual da Qualidade sobre os processos de manutenção.

12.1 Organização e Responsabilidades

Implantar a MCC em uma empresa representa uma decisão estratégica, devendo constar dos objetivos e metas estabelecidos no planejamento empresarial da organização. Desta decisão decorrerão mudanças profundas na cultura e métodos utilizados na manutenção, conforme seja a abrangência desejada. Para que seja efetiva, deve ser acompanhada pela definição de níveis compatíveis de organização e alocação de responsabilidades.

Organização

A metodologia MCC exige, para sua implantação, o estabelecimento de níveis adequados de organização e responsabilidade, compatíveis com a complexidade e abrangência dos resultados almejados. Dependendo da dimensão da empresa, e do programa, será necessário a definição de uma estrutura hierárquica ou matricial de responsabilidades para sua condução. Nas grandes empresas, sugere-se a designação de um Gestor do Plano MCC, o qual será assessorado por um Comitê Gestor do Plano MCC, conforme ilustrado no diagrama organizacional da Figura 12-1. Os níveis inferiores da hierarquia poderão

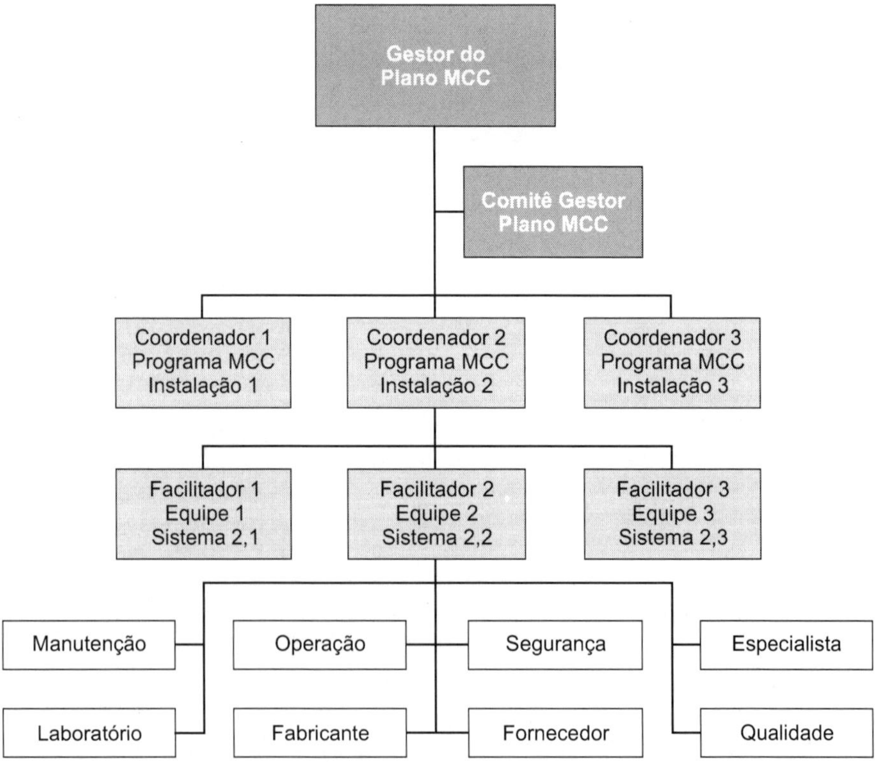

Figura 12-1 — Estrutura Organizacional

ser compostos matricialmente, com participantes de várias unidades organizacionais, segundo sua competência.

O grau de responsabilidade alocada nesta estrutura sugere sua subordinação à autoridade máxima da organização, responsável pela gestão dos ativos, manutenção, operação ou projeto das instalações.

Coordenação

Escolhidos a nível de cada instalação, os Coordenadores devem propor o escopo e abrangência de cada programa, para aprovação pelo Comitê. Dentro de cada instalação são designados os Facilitadores de Equipes, escolhidos a nível de sistema, os quais conduzem as equipes de análise MCC, todos sob a orientação do Coordenador de Programa da instalação.

Responsabilidades

Para a implantação do Programa MCC, deverão ser claramente definidas as responsabilidades sobre vários aspectos. No mínimo, as seguintes funções deverão ser identificadas, com as correspondentes responsabilidades:

Responsabilidades

Gestor do Plano – Escolhido ao nível da organização, define e viabiliza os recursos necessários ao plano e aprova o Escopo da Análise de cada Programa MCC.

Coordenador do Programa – Escolhido ao nível da instalação, define e viabiliza os recursos necessários em cada instalação, e propõe o nível de abrangência da análise em cada sistema.

Facilitador da Equipe – Escolhido ao nível de cada sistema que será analisado, em uma instalação, conduz a equipe de análise MCC.

Comitê gestor

O Comitê Gestor deverá direcionar a atuação dos Coordenadores de Programas. Ao Comitê Gestor geralmente são atribuídas as seguintes responsabilidades:

- Estabelecer a política dos Programas MCC;
- Administrar a política e procedimentos de MCC;
- Revisar Programas de MCC para assegurar a política;

- Avaliar *software* de suporte para MCC;
- Fornecer *software* de suporte para os usuários;
- Treinar os analistas de MCC;
- Atualizar os Manuais de Instrução sobre MCC.

Note que o nível de responsabilidade exigido pressupõe haver poder de decisão sobre a estratégia e política da empresa, razão pela qual estes comitês, em geral, são ligados à mais alta autoridade de gestão de ativos e manutenção na organização.

Equipe de análise

Nas Equipes de Análise, a nível de cada sistema, são alocadas normalmente as seguintes responsabilidades:

- Desenvolver e executar o programa MCC para sistemas e instalações específicas;
- Estabelecer e gerir os recursos necessários à sustentação do Programa.

Dependendo da instalação, as Equipes de Análise serão compostas por representantes das seguintes categorias profissionais:

- Mantenedores da Instalação;
- Operadores da Instalação;
- Inspetores de Segurança;
- Inspetores de Qualidade;
- Especialistas nos Equipamentos;
- Fornecedores dos Equipamentos;
- Fabricantes dos Equipamentos;
- Laboratórios de Ensaios.

Evidentemente, a complexidade e dimensão do sistema serão determinantes na necessidade da participação destes representantes. A relação a seguir ilustra a composição típica de uma Equipe de Análise:

- 1 Facilitador;
- 1 Especialista em MCC (parcial);
- 1 Operador da Instalação;
- 1 Técnico de Manutenção;
- 1 Engenheiro de Operação;
- 1 Engenheiro de Manutenção;
- 1 Especialista em Equipamentos,

Facilitador

Cada Equipe de Análise atuará sob a coordenação de um Facilitador ou Coordenador, o qual terá as seguintes responsabilidades:

- Aplicar a lógica MCC;
- Conduzir a análise;
- Conduzir as reuniões;
- Administrar o tempo;
- Administrar a logística.

O sucesso do processo de análise dependerá da competência do Facilitador, o qual terá de atingir os seguintes objetivos;

- Assegurar a aplicação correta da MCC;
- Buscar o consenso entre os participantes;
- Garantir a avaliação dos itens significantes;
- Agilizar as reuniões de revisão;
- Documentar adequadamente as etapas cumpridas;
- Providenciar aprovação dos resultados.

Ao Facilitador compete também garantir a aderência dos métodos de análise à metodologia estabelecida no Plano de Implementação, limitando-se estritamente ao escopo definido.

Escopo

No escopo deverão ser tomadas duas decisões iniciais, com reflexos sobre os custos e resultados do programa: a primeira refere-se à escolha dos sistemas da instalação que serão submetidos à análise MCC; a segunda estabelece os níveis de detalhamento do processo, aplicáveis a cada sistema.

A primeira definição, de caráter estratégico, definirá a abrangência do programa para cada instalação específica, já que será em função essencialmente dos recursos disponíveis e da predisposição da organização quanto à abrangência do programa. Poderá, por exemplo, estabelecer que apenas as linhas principais de produção serão analisadas, adiando a aplicação aos sistemas auxiliares e secundários para uma etapa posterior. Pela sua importância, deverá ser tomada pelo gestor principal do programa MCC na organização, e referendada pela administração da empresa. O quadro a seguir exemplifica um modelo de definição para uma instalação, para inclusão em um programa MCC:

Escopo de Análise

Abrangência

No Motor a Explosão (instalação), a metodologia MCC será aplicada nos seguintes sistemas:

- Sistema de Ignição;
- Sistema de Controle;
- Sistema de Combustível;
- Sistema de Supervisão;
- Sistema de Propulsão;
- Sistema de Resfriamento;
- Sistema de Partida;
- Sistema Elétrico;
- Sistema de Lubrificação.

A segunda decisão refere-se ao nível de profundidade da análise, servindo para delimitar o esforço a ser despendido pelas Equipes de Análise MCC. Deverão ser documentados em quantos e quais níveis de desmembramento serão expandidos cada um dos sistemas listados na primeira decisão. O quadro a seguir exemplifica um modelo de definição dos níveis de profundidade utilizados.

Escopo de Análise

Nível de Profundidade

No Motor a Explosão, cada sistema deverá ser desmembrado em subsistemas, correspondentes às principais funções. Cada subsistema ou função será adicionalmente desmembrado em componentes físicos, aos quais serão associados os modos de falha identificados, segundo a seguinte hierarquia:

Motor a Explosão
- Sistemas ...
  - Subsistemas (Funções) ...
    - Componentes ...
      - Modos de falha ...

Os componentes deverão ser peças ou partes identificáveis e preferencialmente substituíveis nos sistemas.

A definição do escopo será determinante no volume de trabalho e nível de dificuldade previstos. De maneira geral, o nível mais baixo deve ser escolhido de tal forma que o número de modos de falha esteja entre dois a três por componente ou elemento. Níveis muito detalhados introduzirão excessivo trabalho de identificação das funções e seus níveis de performance. Níveis muito elevados de escopo provocarão um número excessivo de modos de falha por função e componente, aumentando a probabilidade de alguns modos não serem analisados.

De preferência, um diagrama hierárquico deve ser desenvolvido, ilustrando até que nível a análise deverá ser conduzida. A Figura 12-2 ilustra um exemplo deste diagrama.

Quanto da escolha do escopo da análise, será importante considerar os seguintes aspectos:

- O nível de sistema usualmente é recomendado para falhas funcionais;
- O nível de componentes usualmente é recomendado para modos de falha;
- A complexidade ou outros fatores podem recomendar níveis diferentes;
- Diversos níveis podem ser usados na mesma análise.

A definição clara do escopo de análise elimina dúvidas sobre o que deve ou não ser incluído no programa. Idêntico resultado será obtido através da defi-

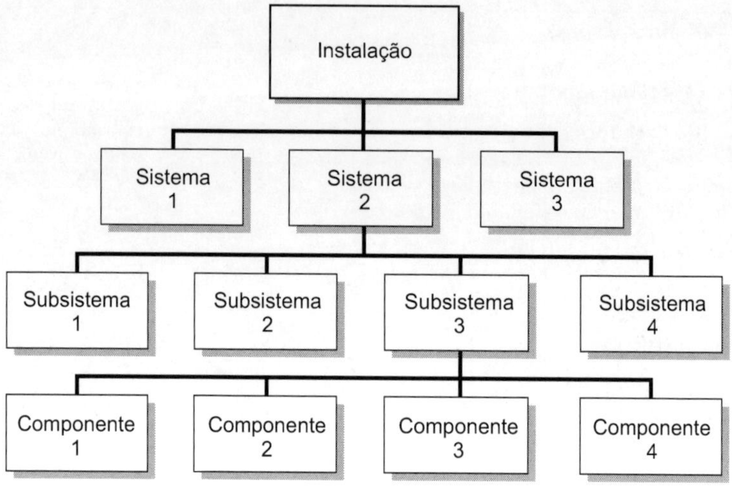

Figura 12-2 — Profundidade da Análise

nição dos limites de risco e severidade das conseqüências das falhas para a organização.

Risco e severidade

Se a severidade das conseqüências das falhas for medida através de uma escala de risco, então o Plano MCC deverá especificar claramente as escalas de freqüência, gravidade, e detectabilidade que serão utilizadas, tais como descritas no Capítulo 6, bem como os limites de aceitabilidade, através de uma matriz de risco, como ilustrado na Tabela 23.

Alternadamente, o plano poderá simplesmente definir uma classificação de severidade como aquela da Tabela 21, estabelecendo o maior nível de severidade aceito pela organização, sem que seja tomada uma ação corretiva no projeto.

12.2 Plano de Implementação

A implantação da Manutenção Centrada na Confiabilidade exige uma decisão empresarial, pela importância das mudanças e volume de recursos exigidos. Para isto, é necessário refletir esta decisão nos diversos níveis de planejamento da organização, incluindo-a nos Planos Estratégico, Tático e Operacional da empresa.

Plano estratégico

Tipicamente, o Plano Estratégico é uma peça de planejamento elaborada a nível empresarial, composta normalmente dos seguintes tópicos:

- Visão e Missão da Organização;
- Cultura, Crenças e Valores Corporativos;
- Negócios Empresariais, com Insumos e Produtos;
- Ambiente Externo, com Ameaças e Oportunidades;
- Ambiente Interno, com Pontos Fortes e Fracos;
- Fatores Críticos de Sucesso;
- Diretrizes e Ações Estratégicas;
- Objetivos e Metas Empresariais;
- Indicadores e Padrões de Desempenho;
- Financiamento e Implementação do Plano.

Além da contribuição na missão, objetivos e negócios da organização, a implantação e uso da MCC deverá constar como uma das diretrizes estratégicas da organização. Em especial, a análise do ambiente interno, deverá identificar se esta área constitui um dos pontos fortes da empresa, ou se será necessário buscar esta competência no mercado externo. Uma vez tomada a decisão, os objetivos e metas deverão ser estabelecidos, e acompanhados por indicadores e padrões de desempenho específicos da manutenção. Os marcos de implantação em cada período de planejamento, deverão ser claramente estabelecidos e difundidos na empresa, sendo avaliados com as demais metas estratégicas. Sem estas definições, a iniciativa não terá o respaldo necessário quando da implementação nos níveis táticos e operacionais da organização.

Plano tático

Desenvolvido pelo Comitê Gestor, o Plano Tático da MCC é uma peça de planejamento que descreve todos os processos e procedimentos usados durante a análise, identificando os recursos necessários. Em geral, o Plano Tático MCC deve conter os seguintes elementos:

- Pressupostos e hipóteses;
- Necessidades de recursos;
- Escopo e nível da análise;
- Procedimentos de manutenção;
- Medidas administrativas;
- Requisitos de treinamento;
- Suporte/interface de contratantes;
- Relatórios necessários;
- Recursos financeiros;
- Plano de ações e marcos;
- Produtos esperados.

Entre os pressupostos e hipóteses considerados no Plano, devem constar os seguintes tópicos documentados:

- Instruções para conduzir a análise;
- Procedimentos operacionais padrões;
- Fontes de dados;
- Métodos analíticos;
- Métodos de análise de custo/benefício;
- Valores *default*.

Muitos destes tópicos envolvem decisões *a priori* sobre métodos e critérios de decisão, que traduzem as políticas e preferências da organização. Os métodos escolhidos determinarão as necessidades de informações e as fontes de dados.

Fontes de dados

Entre as necessidades de recursos, o Plano deverá definir as fontes de dados que estarão disponíveis, tais como:

- Estudos de FMEA;
- Análises de Engenharia;
- Dados de campo;
- Publicações técnicas.

Estes dados poderão ser da própria instalação ou de sistemas similares já analisados.

Recursos

Além dos dados, outros recursos deverão ser claramente especificados, tais como:

- **Pessoal** – quantidade e origem dos recursos humanos;
- **Treinamento** – fonte, duração, período e clientela;
- ***Software*** – origem, número de licenças, alocação, etc.;
- ***Hardware*** – tipo, quantidade e alocação;
- **Consultoria** – especificações do tipo e período;
- **Orçamento** – montante, origem e destino dos recursos financeiros.

A quantidade de cada recurso será função da estratégia de implementação escolhida pela organização.

Treinamento

A metodologia MCC utiliza muitos conceitos que são novos para muitas pessoas, exigindo a transmissão de conhecimento para os condutores do processo. Os requisitos de treinamento variam de acordo com a responsabilidade e papel de cada participante na implantação da MCC. De maneira geral são suficientes os seguintes treinamentos, por participante:

- **Gestor do Plano** – seminário de 2 dias;
- **Coordenador de Programa** – curso de 1 semana;
- **Facilitador de Equipe** – curso de 2 semanas;
- **Participante de Equipe** – curso de 1 semana.

Naturalmente, estes requisitos não incluem o treinamento exigido do Consultor de MCC, o qual deverá ter nível mínimo de especialização nesta área, e experiência anterior na implantação da metodologia em empresas ou instalações de grande porte. O treinamento necessário será determinante na duração do cronograma do Plano MCC.

Cronograma

Como toda peça de planejamento, o Plano Tático MCC deverá conter um cronograma de implementação, o qual deverá ser seguido pelos Coordenadores de Programas. Um cronograma típico conterá, como exemplo, as seguintes estimativas de duração de atividades e recursos humanos:

- **Treinamento** 7 dias;
- **Projeto Piloto** 1 mês;
- **Instalação** 2 anos;
  - **Cada modo de falha** 0,5 hora;
  - **Instalação Típica** 40 mil itens;
  - **Modos por item** 1;
  - **Total** 20 mil hxh.

Além do cronograma, o Plano Tático MCC deverá especificar os recursos humanos e financeiros necessários para sua implementação.

Recursos humanos

Os recursos humanos deverão ser requisitados preferencialmente na própria instalação, mas são possíveis outras variantes, tais como:

- Apenas pessoal local à instalação;
- Pessoal local coordenado por facilitador técnico-normativo;
- Apenas pessoal técnico-normativo;
- Consultoria externa em MCC;
- Pessoal local + consultor externo.

Independente da variante adotada, será indispensável a participação de pessoal operacional, responsável pela execução das atividades operacionais da manutenção, e pelas informações sobre o contexto operacional da instalação.

Recursos financeiros

Para ser exeqüível, o Plano Tático MCC deverá especificar, através de um orçamento, todos os recursos de ordem financeira, necessários à sua execução. A lista a seguir resume um exemplo dos recursos típicos exigidos:

- **Usina Térmica**
  - Custo: $150 mil a $300 mil;
  - Tempo: 2 a 3 anos;
- **Usina Nuclear**
  - Custo: $1,5 milhão a $2,5 milhões;
  - Tempo: 3 a 5 anos.

A discrepância de tempo e recursos financeiros deve-se à diferença de dimensão, complexidade e tecnologia normalmente encontradas nestas instalações. Os recursos serão dependentes do escopo e abrangência da análise do plano, uma das primeiras decisões de nível estratégico incluída no plano.

Sistema de numeração

Também no Plano Tático MCC, um sistema de numeração deve ser padronizado para identificar univocamente cada componente da instalação. É recomendável a utilização de um dos seguintes sistemas:

- Codificação operacional;
- Codificação patrimonial; ou
- Codificação hierárquica,

que for aplicável à instalação. Qualquer que seja o sistema, será importante a adoção de um único modelo de numeração para todos os programas, como parte da estratégia de implementação.

Estratégias de implementação

A MCC pode utilizar várias estratégias de implementação. Entre as mais comuns, citam-se:

- Método de força-tarefa treinada;
- Método seletivo de instalações críticas;
- Método abrangente de instalações simultâneas;
- Método do Projeto Piloto.

Cada método apresenta vantagens e desvantagens, dependendo da organização.

O **Método de força-tarefa treinada** consiste na seleção de um grupo de pessoas, as quais terão como missão conduzir a análise em toda a empresa. Tem a vantagem de produzir resultados rápidos, mas revela-se difícil de assegurar produtos de longo prazo, uma vez que poucas pessoas participam na metodologia.

No **Método seletivo de instalações críticas**, escolhe-se apenas as instalações consideradas críticas para aplicação da metodologia. Apresenta objetividade, rapidez e baixo custo de implementação, mas com resultados parciais e instalações excluídas da análise pela MCC.

O **Método abrangente de instalações simultâneas** consiste na implementação paralela de várias Equipes de Análise, em várias instalações. Produz resultados duradouros em toda empresa, exige recursos elevados, sendo difícil de administrar e treinar os participantes.

Finalmente, o **Método do Projeto Piloto** consiste na escolha de uma pequena instalação onde será aplicada a metodologia, a título de teste e treinamento, antes de estender às demais instalações. Produz resultados imediatos, garantindo segurança no processo e avaliação da metodologia, mas demora longo tempo para expansão ao restante da empresa.

Se a empresa possuir um nível razoável de maturidade e desenvolvimento da Engenharia de Manutenção, a solução mais recomendada será o método abrangente de instalações simultâneas, pelos resultados esperados. O Apêndice B sugere uma metodologia de auditoria para identificar o estágio de evolução da empresa neste aspecto.

Variações metodológicas

Evidentemente, algumas variações metodológicas são possíveis, dentro do processo preconizado pela MCC. Entre as variantes mais comuns, citam-se as seguintes:

- Validação da manutenção existente;
- Exclusão de modos de falha não críticos;
- Análise expedita por analogia;
- Análise expedita por categorias.

Na **validação da manutenção existente**, são analisadas apenas as tarefas atuais, dispensando-se a análise formal de todos os modos de falha da instalação e de outras atividades preventivas possíveis. Esta opção pressupõe que o programa de manutenção atual é suficiente para a prevenção de todos os modos de falha, o que só pode ser confirmado pela documentação existente.

Na **exclusão de modos de falha não críticos** são eliminados, *a priori*, vários modos considerados de difícil ocorrência. A deficiência deste método consiste na possibilidade de erros de avaliação, e na inexistência de registro formal do processos de seleção das funções e modos de falha significantes.

Na **análise expedita por analogia** são copiados os resultados da análise de instalações similares. Desde que seja garantida a similaridade das instalações e dos contextos operacionais, este método produz uma boa economia e ganhos de produtividade no processo MCC.

Da mesma forma, a **análise expedita por categorias** consiste na avaliação simultânea de uma classe de itens, considerados similares. O método exige cuidados para garantir não só a similaridade das instalações, mas também o contexto operacional de cada uma. Se usado com cuidado, pode representar ganhos de produtividade e redução nos custos.

Seja qual for a variante metodológica, será necessário garantir o treinamento adequado dos responsáveis, especialmente nas análises expeditas, para evitar desconhecimento do processo pelos responsáveis pela execução da manutenção.

12.3 Programa de Implementação

Uma vez estabelecido o Plano Tático MCC, o detalhamento por instalação deverá constar no Programa de Implementação ou Plano Operacional MCC, o qual deverá conter as seguintes etapas, por instalação:

- Seleção da Equipe de Análise;
- Treinamento da equipe em MCC;
- Treinamento da Equipe da Instalação;
- Seleção de Projeto Piloto na instalação;
- Extensão do processo ao restante da instalação.

Conduzir um Projeto Piloto em cada instalação é sempre recomendável, para testar e familiarizar o pessoal com os procedimentos metodológicos da MCC.

Procedimentos metodológicos

Além de definir em *que* e *quando* implantar a MCC, será necessário definir *como* será a condução do processo. Aspectos metodológicos incluem a forma das reuniões de análise, e toda a logística de desenvolvimento e documentação do processo.

Reuniões de análise

Cada etapa da metodologia MCC ocorre em uma reunião de análise, que congrega todos os participantes da equipe, sob a direção do Coordenador ou Facilitador. Para garantir a eficácia destas reuniões, cada coordenador deverá exercer as seguintes funções na condução da análise:

- Preparar as reuniões;
- Selecionar as fronteiras do sistema;
- Definir os níveis de análise;
- Analisar os modos de falha complexos;
- Limitar os modos de falha;
- Registrar as decisões em formulários e banco de dados;
- Identificar as limitações da equipe;

- Impedir o reprojeto nas reuniões;
- Preparar o *dossiê* de auditagem.

Durante a realização das reuniões de análise, recomenda-se que o Facilitador adote as seguintes providências:

- Preparar regras de conduta;
- Servir de exemplo;
- Apresentar as questões MCC em ordem;
- Assegurar o entendimento das questões;
- Motivar e incentivar a participação;
- Não responder as questões pela equipe;
- Procurar o consenso;
- Evitar interrupções;
- Esclarecer, mas não treinar a equipe.

Como em toda reunião, o tempo gasto na análise pode facilmente exceder o previsto, se o Coordenador não tomar medidas eficazes de controle de tempo. As sugestões a seguir ajudam a manter o tempo sob controle:

- Controlar o passo da equipe;
- Estimar o número de reuniões;
- Administrar o cronograma;
- Agilizar o *dossiê* de auditagem (máximo de duas semanas);
- Alocar tempo administrativo extra-reuniões.

Estas providências deverão ser complementadas por um sistema adequado de logística para as atividades extra-reuniões.

Logística

Além do controle do tempo, caberá ao Coordenador providenciar os requisitos de logística necessários ao funcionamento da Equipe de Análise. Entre os aspectos a considerar, listam-se:

- Planejar o projeto (5W1H);
- Divulgar o programa;
- Alocar espaço físico para reuniões;
- Comunicar fatos urgentes;
- Relatar progressos;
- Assegurar auditagem dos formulários;
- Apresentar resultados à administração;
- Assessorar na implementação das tarefas;
- Planejar revisões periódicas do programa (1 ano).

Esta última etapa deverá ocorrer em consonância com a periodicidade de revisão do Plano MCC.

Documentação

Finalmente, todo o trabalho da equipe deverá ser devidamente documentado, cabendo ao coordenador garantir o registro dos seguintes informações, em forma padronizada:

- Resultados do processo analisado;
- Banco de dados do processo;
- Como o processo funciona;
- Como o processo falha;
- Quais as causas das falhas;
- Atividades aplicáveis e efetivas;
- Atividades propostas
  - Para manutenção;
  - Para operação;
  - Para projeto;
- Periodicidade das atividades.

É essencial a adoção e padronização de um formato consistente para documentação. O Apêndice A deste manual contém um conjunto de formulários modelos que podem ser utilizados para este fim, em apoio aos recursos computacionais padronizados pela empresa.

12.4 Recursos Computacionais

A metodologia MCC não exige muitos recursos informáticos. Em princípio, apenas os programas tradicionais de automação de escritório, tais como processadores de texto, planilhas eletrônicas e sistemas de banco de dados são necessários, para ajudar no gerenciamento e armazenamento dos formulários utilizados. Se desejável, a organização poderá adotar, além destes programas, um *software* especializado em MCC, dentre os muitos disponíveis no mercado, para armazenamento de dados e suporte ao processo de análise. A vantagem destes programas está na padronização do processo de armazenamento e análise. A desvantagem está na falta de liberdade da organização na personalização da metodologia aos seus interesses mais diretos.

Requisitos computacionais

A disponibilidade de recursos computacionais adequados, nas quantidades necessárias, pode ser decisivo para o sucesso de um Plano MCC. De maneira geral, a metodologia MCC apresenta as seguintes características quanto aos requisitos de recursos computacionais:

- Baixa necessidade de cálculos;
- Preponderância de dados qualitativos;
- Processamento intensivo de textos;
- Armazenamento em bancos de dados.

A quantidade de dados que será manipulada torna quase indispensável um método estruturado para documentação e armazenamento, sendo recomendável um sistema de gerência de banco de dados.

Em qualquer caso, o Plano Tático MCC deverá especificar, com detalhes, que recursos serão utilizados, e de preferência padronizá-los em toda a organização. Isto ajudará na troca de experiência entre instalações e equipes, e na conservação dos resultados entre ciclos de análise MCC. O quadro a seguir ilustra um exemplo típico de padronização utilizado.

> **Recursos de Informática**
>
> **Hardware**
>
> Cada equipe deverá dispor de, no mínimo, um computador (*desktop* ou *laptop*), equipado com os programas seguintes.
>
> **Software**
>
> Cada computador deverá ser equipado com, no mínimo, os seguintes programas:
>
> — Processadores de Texto Microsoft Word ou similar;
> — Modelos dos formulários padronizados;
> — Uma cópia do programa MCC.

Independente dos recursos informáticos disponibilizados, é recomendável utilizar um conjunto de formulários padronizados, como aqueles descritos no Apêndice A deste manual, impressos ou digitalizados, para cada etapa da metodologia, para discussão em grupo, e como entrada de dados para sistemas informatizados. Estes formulários podem ser gerados por simples *softwares* de automação de escritório.

Automação de escritório

A prática tem demonstrado que é suficiente a utilização das ferramentas simples para acelerar e documentar o processo de análise da MCC. Nos sistemas semi-automatizados são utilizados normalmente as seguintes ferramentas de automação de escritório:

- Ferramentas de desenho técnico;
- Processadores de texto;
- Gerenciadores de bancos de dados;
- Planilhas eletrônicas.

A Figura 12-3 ilustra as etapas do processo em que estas ferramentas são mais usadas.

Os *softwares* de desenho técnico têm aplicação na etapa inicial de coleta de informações, para acesso ou elaboração da documentação dos sistemas. As etapas seguintes utilizam essencialmente processadores de textos para registrar os resultados da análise. Finalmente, bancos de dados e planilhas eletrônicas são usados na última etapa para definir a periodicidade das atividades. O

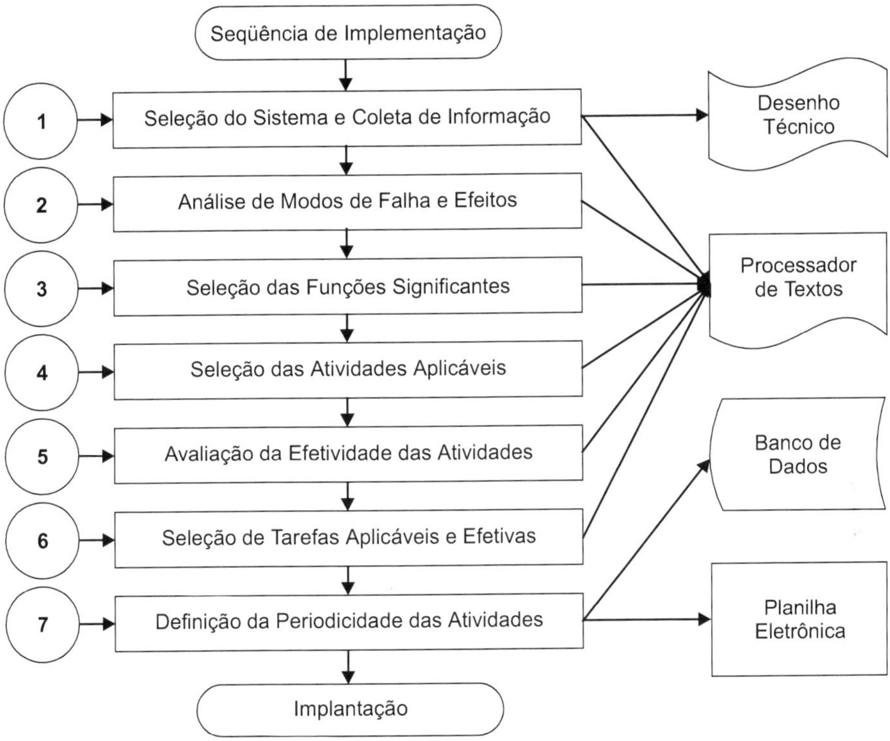

Figura 12-3 — Automação de Escritório

gerenciador de banco de dados é útil para recuperar os dados históricos de desempenho, enquanto as planilhas eletrônicas automatizam os cálculos das freqüências ótimas de manutenção.

Formulários de análise

É possível também combinar as ferramentas acima com o uso de formulários modelos, para cada etapa de análise. O Apêndice A deste manual contém exemplos de modelos dos seguintes formulários recomendados para a MCC:

- Documentação do sistema;
- Seleção do sistema e coleta de informações;
- Definição das fronteiras do sistema;

- Análise de modos de falha e efeitos;
- Árvore de decisão;
- Análise de decisão;
- Histórico do equipamento;
- Otimização da periodicidade;
- Plano de Manutenção.

As correlação destes formulários com as etapas de metodologia MCC encontra-se ilustrada na Figura 12-4.

Observe que o último formulário reúne as informações dos demais formulários usados em cada etapa da MCC, em uma única planilha, com toda a seqüência de análise e o Plano de Manutenção resultante. Esta planilha pode servir de base de dados para um sistema integrado de MCC.

Sistema integrado

Finalmente, o processo de análise da MCC pode ser semi-automatizado através de um sistema integrado de MCC. Estes sistemas são capazes não só de documentar todas as etapas, mas também de conduzi-las na seqüência correta, e mesmo propor soluções e decisões, automatizando os cálculos necessários. A Figura 12-5 ilustra a correlação destes *sofwares* com todas as etapas do processo MCC.

Alguns itens são desejáveis na especificação e escolha de um *software* de MCC:

- **Integração** – funcionar com um sistema de gestão da manutenção;
- **Armazenamento** – usar bancos de dados padronizados no mercado;
- **Importação** – ler dados em formatos abertos padronizados (XML, etc.);
- **Exportação** – publicar em formatos padronizados (HTML, XML, RTF);
- **Especificação** – seguir um padrão reconhecido sobre a metodologia MCC;
- **Instalação** – guiar o processo de implantação da metodologia;
- **Replicação** – permitir a multiplicação de resultados de análise;

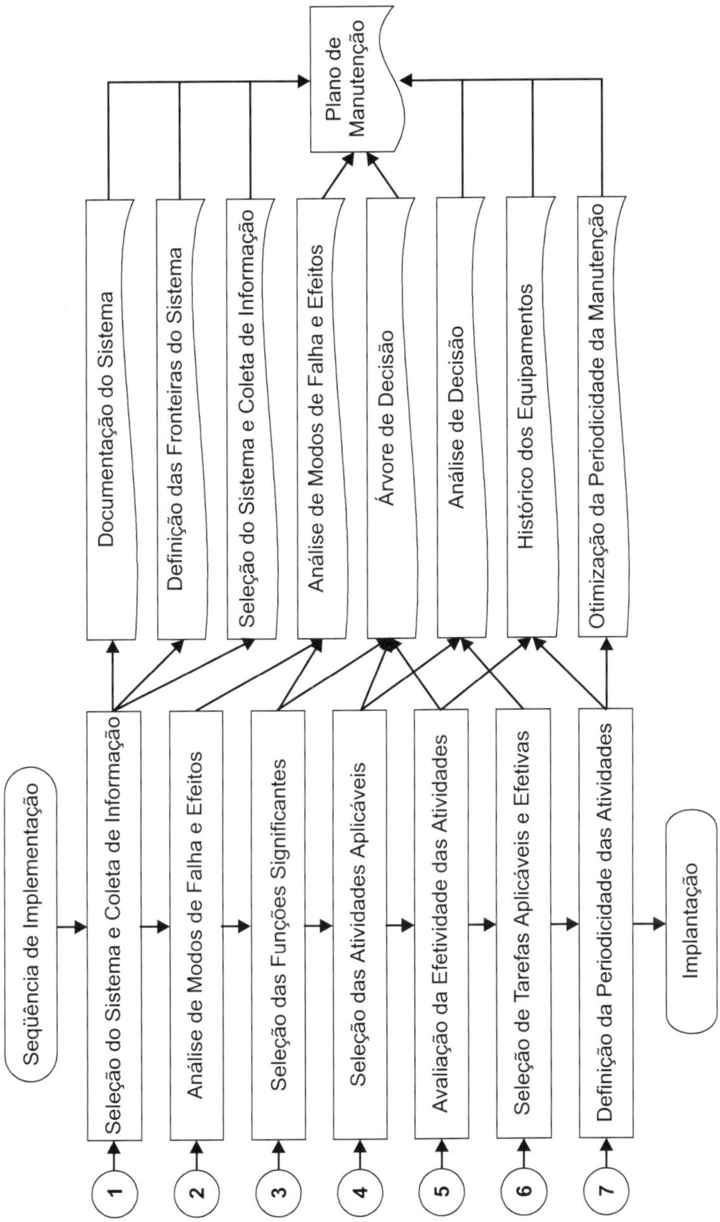

Figura 12-4 — Formulários MCC

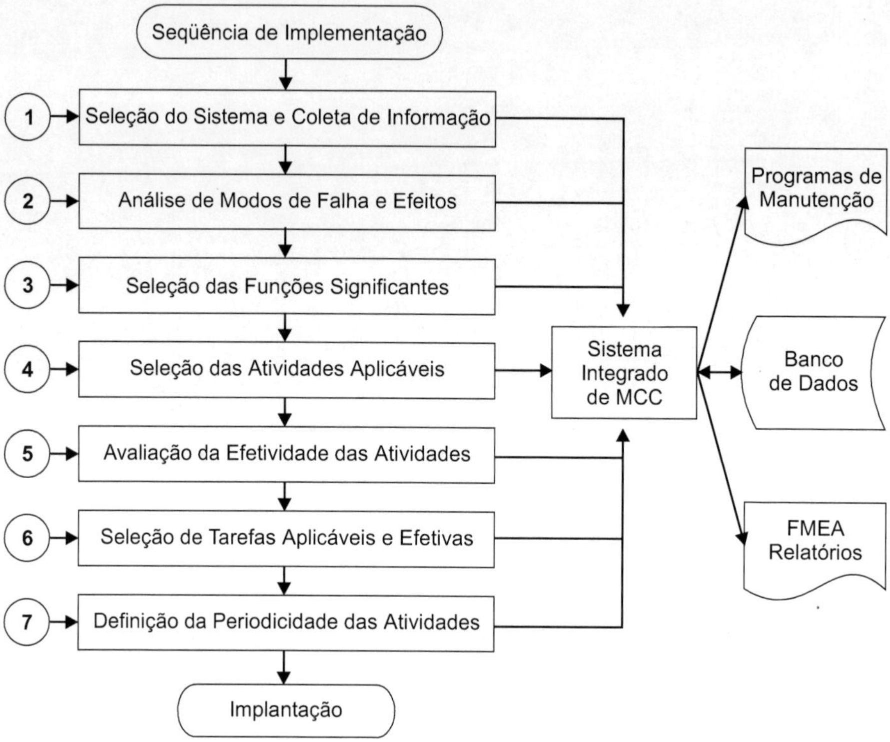

Figura 12-5 — Software Integrado de MCC

- **Normalização** – obedecer às normas internacionais de MCC;
- **Documentação** – permitir o registro ilimitado de detalhes em cada etapa;
- **Multimídia** – viabilizar a inclusão de detalhes visuais, sonoros e gráficos;
- **Ajuda** – dispor de sistema de ajuda *online* para cada etapa;
- **Auditoria** – possuir sistema interno de auditoria do processo;
- **Segurança** – adotar um sistema seguro de credenciamento para acesso;
- **Escalabilidade** – permitir a operação isolada ou em rede multiusuária;
- **Acompanhamento** – gerenciar as pendências de análise de cada item;
- **Otimização** – calcular a freqüência ótima para cada atividade;

- **Programação** – distribuir as atividades em blocos de programação;
- **Multiplicidade** – permitir a análise de múltiplas instalações e sistemas;
- **Performance** – reduzir tempo de acesso e tráfego de dados em rede;
- **Controlabilidade** – permitir o controle gerencial de dados e acessos;
- **Distribuição** – distribuir novas versões automaticamente;
- **Centralização** – facilitar a consolidação de servidores;
- **Recuperação** – restaurar versões anteriores de bancos de dados;
- **Integridade** – incluir ferramentas de *backup* e compactação de dados.

A Tabela 40 contém uma relação de *softwares* disponíveis no mercado que se propõem a este fim.

Tabela 40 — Softwares Comerciais de MCC

Software	**Companhia**
WinMBF	Corin Solutions
Reliability Workbench	Item Software
RCMcost	Item Software
CARE	BQR Reliability Engineering
Gtrack	United Dynamics AT Corporation
ON KEY Analyser	Pragma
Relex FMEA/FMECA	Relex Software Corporation
TDBU	Maintenance Management
RCM Turbo	Stategic
Software in Reliability	Fractal Solutions
FMEA Tools	The Haviland Consulting
Reliability Improvement Software	Lincoln Technologies
Ivara.EXP	Ivara Corporation
IRCMS	US Navy
RCM Workstation	EPRI

Destes *softwares*, alguns são fornecidos gratuitamente na Internet, tal como o IRCMS (*Integrated Reliability-Centered Maintenance System*). O

IRCMS é uma ferramenta integrada usada para realizar o processo de análise da MCC pela Marinha Americana.

Vale ressaltar que, por mais sofisticado que seja o *software* MCC, ele é apenas uma ferramenta de suporte ao analista. De forma alguma ele dispensa o conhecimento e experiência do Consultor e Facilitador na metodologia MCC. O uso indiscriminado de uma ferramenta integrada para "conduzir o processo", em detrimento de uma consultoria profissional, pode ter uma influência negativa na percepção da metodologia, associando-a a um exercício mecanicista de alimentação de um banco de dados em lugar de explorar as necessidades reais de manutenção da instalação.

Considerando que o *software* de MCC irá usar dados de desempenho operacional das instalações, e fornecer os planos de manutenção correspondentes, será desejável que ela possua recursos de importação e exportação, em formatos padronizados, ou específicos para o sistema de gestão da manutenção (CMMS), facilitando o processo de integração. Invariavelmente, esta integração será facilitada se ambos forem oriundos do mesmo fornecedor.

12.5 Processo de Integração

Concluído o processo de análise da MCC, deve-se realizar a integração das atividades recomendadas ao Sistema de Gestão da Manutenção da organização, e à rotina das equipes executivas de manutenção e operação (Figura 12-6). A integração ocorre através do Plano de Manutenção gerado pela MCC.

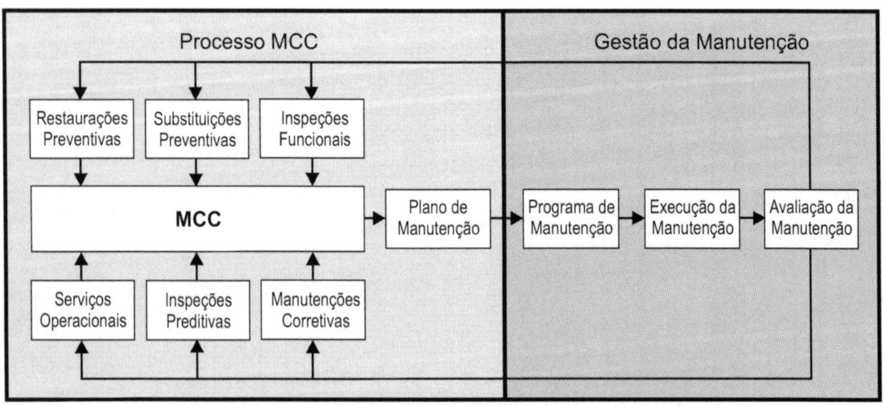

Figura 12-6 — Processo de Integração da MCC

Plano de Manutenção

O Plano de Manutenção representa a peça principal de um Sistema de Gestão da Manutenção. Fornecido pelo processo de análise da MCC, ele contém a especificação de cada atividade de manutenção recomendada para cada ativo e modo de falha da instalação, com a respectiva freqüência de execução recomendada pela MCC. Serve de insumo para a geração dos Programas de Manutenção de cada período de planejamento.

Programa de manutenção

Considerando que cada atividade foi recomendada para um modo de falha isolado, é necessário agrupá-las, levando em conta sua interação, e o impacto na produtividade das equipes e disponibilidade da instalação.

Na elaboração do Programa de Manutenção deve se considerar os seguintes objetivos:

- Traduzir fielmente as atividades recomendadas pela MCC;
- Minimizar o impacto das atividades na disponibilidade dos equipamentos;
- Maximizar o uso dos recursos humanos e materiais disponíveis; e
- Documentar os resultados obtidos, para auditoria e revisão.

Em geral, a otimização simultânea destes objetivos é impossível, sendo necessário a adoção de soluções de compromisso, as quais podem, inclusive, resultar em alterações nas recomendações da Equipe de Análise da MCC. Os seguintes passos são adotados na elaboração do Programa de Manutenção:

1. **Identificação de condicionantes e oportunidades** – janelas de oportunidade na programação da produção, oriundas de sasonalidades na demanda de produtos, limitações de recursos humanos, oficinas, laboratórios, etc.;
2. **Priorização e ordenamento de atividades** – pela complexidade das tarefas, freqüência de realização, etc.;
3. **Agrupamento de atividades** – pela especialidade, recursos utilizados, prioridades, etc.;

4. **Estabelecimento de ciclos e intervalos de execução** – com freqüências de execução múltiplas entre si, para maximizar a superposição de intervenções;
5. **Sequenciamento de grupos de atividades** – minimizando tempos de execução e deslocamento, recursos materiais, etc.;
6. **Documentação das instruções de execução** – atualizadas segundo os conceitos da MCC; e
7. **Carregamento no sistema de Gerenciamento da Manutenção** – para controle automático da execução e acompanhamento.

Freqüências de manutenção

Algumas recomendações são pertinentes quando do ajuste da freqüência de execução das atividades, para adequação ao Plano de Manutenção, objetivando preservar os princípios da MCC:

- As periodicidades das atividades relacionadas à preservação da segurança e meio ambiente não podem ser estendidas além do limite de garantia do padrão mínimo de segurança adotado na análise MCC, inclusive nas Inspeções Funcionais, quando uma falha múltipla afetar a segurança;
- Atividades com impactos operacionais ou econômicos podem ter freqüência de execução ajustada após uma análise de custo/benefício com as demais atividades do programa;
- Atividades de Restauração Preventiva e Substituição Preventiva não devem ser adiadas além do limite de vida útil estabelecido pela equipe de MCC;
- Atividades de Inspeção Preditivas podem ter a freqüência ajustada no Programa de Manutenção, dentro dos limites estabelecidos pelo intervalo PF, após uma análise de custo/benefício com as demais atividades;
- Analogamente, para Inspeções Funcionais de itens com falhas múltiplas que não afetem a segurança, mas apenas a operação ou economia do processo, a freqüência poderá, após uma análise de custo/benefício, ser ajustada ao Programa de Manutenção.

Muitas destas atividades podem ser apoiadas por *softwares* especializados na elaboração de Programas de Manutenção e gerenciamento de projetos.

Algumas são essencialmente rotinas operacionais, com predominância de atividades manuais.

Rotinas operacionais

Tendo em vista a freqüência com que são executadas, as atividades operacionais sugeridas pela MCC não são normalmente controladas individualmente pelo sistema de Gerenciamento da Manutenção. Entretanto, merecem atenção especial em sua integração à rotina operacional, com ênfase nos seguintes aspectos:

- **Instruções detalhadas** – considerando não ser a especialidade do operador a execução de manutenção;
- **Treinamento adequado** – para entender os objetivos das atividades, e como executá-las;
- **Motivação e compensação** – para garantir a mudança cultural necessária à atividade;
- **Meios de comunicação** – para relatar em tempo as anormalidades além de sua capacidade de solução, e inclusão no Sistema de Gerenciamento da Manutenção;
- **Padrões de documentação** – para registro dos resultados, segundo os modelos operacionais adotados na instalação;
- **Padrões de desempenho** – definidos com clareza para facilitar o julgamento do operador;
- **Recomendações para exceções** – quando o item não atender ao padrão de desempenho.

Muitas destas etapas também são necessárias para as atividades de manutenção, especialmente quando representarem mudanças nas atividades atuais. O impacto destas mudanças pode exigir recursos de gerenciamento condizentes com a dimensão do projeto.

Gerenciamento do projeto

Dependendo das recomendações da Equipe de Análise da MCC, as seguintes atividades deverão ser planejadas e executadas, para garantir a integração das atividades da MCC à rotina da manutenção:

- Mudanças nos ciclos operacionais de equipamentos;
- Treinamento de operadores;
- Normalização dos procedimentos adotados nas atividades;
- Estabelecimento de processos disciplinares para quebra de procedimentos;
- Modificações nos procedimentos técnicos de manutenção;
- Treinamento de pessoal para reparo;
- Redimensionamento do sistema de gestão da manutenção;
- Avaliação e implantação de mudanças de projeto ditadas pela MCC;
- Confirmação de dados estatísticos (*MTBF*, *MTTM*, *MTTR*, etc.);
- Execução de ensaios de envelhecimento e testes de tipo;
- Confirmação de intervalos PF; e
- Disponibilização de novos recursos logísticos.

Naturalmente, nem todas estas atividades são necessárias em cada integração da MCC, mas sempre existe uma lista extensa de atividades que precisam ser adequadamente planejadas e gerenciadas na implementação. O sucesso dependerá da capacidade do departamento de manutenção de gerenciar o projeto. Muitas iniciativas de implantação da MCC falharam por subestimar a necessidade de administrar adequadamente estes aspectos, e de avaliar e acompanhar os resultados.

12.6 Avaliação e Acompanhamento

Por mais perfeito que seja, todo planejamento exige avaliação e acompanhamento de sua execução, visando monitorar e corrigir eventuais desvios de implementação (Figura 12-6). No caso de Planos MCC, recomenda-se monitorar e acompanhar os seguintes eventos, durante e após a implantação das atividades do programa:

- Reparos Funcionais não cobertos por atividades preventivas;
- Modificações no projeto das instalações;
- Disponibilidade de novas técnicas e informações;
- Custos e benefícios;
- Modificações no contexto operacional dos sistemas da instalação.

O acompanhamento destes aspectos objetiva detectar oportunidades de atualização e adaptação nas atividades sugeridas, garantindo a otimização dos resultados, e minimizando as chances de fracasso.

Oportunidades de fracasso

Por ser um processo complexo, a metodologia MCC também oferece amplas oportunidades de fracasso. Entre as causas mais comuns, citam-se:

- Ausência de liderança e suporte gerencial;
- Falta de visão sobre o "final" do processo;
- Desconhecimento do processo MCC;
- Falta de recursos humanos e financeiros;
- Força da cultura tradicional;
- Desistência face ao volume de trabalho;
- Erros técnicos cometidos no processo;
- Dificuldades para obter informações;
- Semelhança com a manutenção atual;
- Tempo longo para os primeiros resultados;
- Falta de motivação da equipe;
- Falta de conhecimento em técnicas estatísticas.

Estas oportunidades, se não forem corretamente antecipadas e administradas, podem conduzir a erros sérios de implementação.

Erros de implementação

De maneira geral, todos os erros podem ser atribuídos a falhas de planejamento e condução do programa, motivados principalmente por falta de experiência dos condutores do processo. O treinamento adequado, conjugado com um suporte de consultoria competente e o patrocínio efetivo da direção da empresa, são indispensáveis para evitar estes erros. Com isto evitam-se as causas de erros mais comuns, tais como:

- Níveis de análise muito detalhados;
- Tempo insuficiente para análise;

- Excesso ou escassez de ênfase em dados históricos;
- Confiança nas respostas de uma única pessoa;
- Uso exclusivo do pessoal de manutenção;
- Delegação ao fabricante do processo MCC;
- Terceirização total do processo MCC;
- Delegação da condução do processo ao computador;
- Desconhecimento das técnicas estatísticas;
- Ausência de internalização e divulgação do processo.

Planejamento, experiência e competência são as chaves para evitar e corrigir os erros e desvios que sempre ocorrem na implementação de programas complexos.

12.7 Resumo

Este capítulo forneceu uma visão geral dos aspectos de implementação da MCC, incluindo recomendações quanto aos seguintes tópicos:

- Plano e Programas de implementação;
- Organização e Responsabilidades;
- Procedimentos Metodológicos;
- Recursos Computacionais;
- Avaliação e Acompanhamento.

Como em todo empreendimento humano, também na MCC são necessários os três requisitos básicos para o sucesso de qualquer processo decisório, podendo ser chamado de modelo cúbico de decisão (*R3*), ilustrado na Figura 12-7.

Este modelo identifica os três pilares ou requisitos básicos para o sucesso de um processo decisório:

- **Querer** – é necessário a existência de uma *vontade* explicita de resolver o problema;
- **Saber** – é indispensável a disponibilidade de *conhecimento* sobre o assunto; e
- **Poder** – é essencial que haja a *possibilidade* de encontrar uma solução.

Figura 12-7 — Requisitos R3 de Decisão

O pilar do ***querer*** aplica-se não só à vontade dos executores de políticas, mas principalmente aos elaboradores e implementadores de decisões. O pilar do ***saber*** refere-se não só ao conhecimento teórico e prático sobre o problema, mas também à disponibilidade de base de dados consistentes sobre o sistema objeto. Finalmente, no pilar do ***poder***, além da viabilidade de soluções, é necessária a autoridade para implementar decisões. É indispensável que o grupo detenha a autoridade ou sua delegação para implementá-las, sem o que o processo limitar-se-á a um exercício teórico, sem resultados positivos para a empresa.

Se você *quer*, *sabe* e *pode*, então não hesite. E boa sorte!

12.8 Questões de Revisão

1. Quais os níveis, denominações e principais atribuições dos gestores responsáveis pela implantação da metodologia MCC em uma organização?
2. Quais as funções do Comitê Gestor da MCC em uma organização?
3. Qual a composição recomendada para os Equipes de Análise MCC?

4. Que itens devem fazer parte da definição do escopo de um Plano MCC?
5. Como o Plano MCC se relaciona com o Planejamento Estratégico e Empresarial da organização?
6. Que recursos devem ser definidos no Plano MCC?
7. Que estratégias de implementação e variações metodológicas podem ser adotadas na elaboração de um Plano Tático MCC?
8. Que etapas devem constar de um Plano Operacional para implantação da MCC em uma instalação?
9. Que funções e providências devem ser garantidas pelo Facilitador nas sessões de análise da MCC?
10. Que itens devem ser documentados pelo Facilitador nas sessões de análise da MCC?
11. Que requisitos computacionais são necessários à implantação da MCC em uma organização?
12. Quais as características dos sistemas documentais baseadas em formulários, *softwares* de automação de escritório e sistemas integrados de MCC?
13. Que características são desejáveis na especificação de um *software* integrado de MCC?
14. Que passos são necessários para integrar o Plano de Manutenção gerado pela MCC com o Programa de Manutenção emitido pelo Sistema de Gerenciamento da Manutenção?
15. Como devem ser integradas as atividades de serviço operacional da MCC com a rotina operacional dos operadores da instalação?
16. Que tipos de erros e causas podem provocar o fracasso da implementação da metodologia MCC em uma organização?

APÊNDICES

Formulários de Documentação
Auditoria de Manutenção

A

Formulários de Documentação

Cada etapa da metodologia MCC deve ser suportada por um padrão de documentação que deve ser mantido, de forma consistente, até a formulação do Plano de Manutenção, e preservado para revisões futuras, auditoria e treinamento. A forma mais simples de documentar o processo MCC consiste em registrar o desenvolvimento de cada etapa, através de formulários, planilhas ou *softwares* especializados, os quais podem servir de entrada de dados para sistemas de informação empresariais ou de gestão da manutenção. Os formulários podem ser utilizados isoladamente, ou em conjunto com um sistema de informação comercial para gerenciamento dos dados, ou adaptados aos padrões de documentação da organização. Cada formulário pode também fazer parte de uma planilha eletrônica, contendo todo o Plano de Manutenção.

Este Apêndice descreve o conjunto de formulários para documentação das atividades e decisões da MCC, utilizados neste manual. Uma tabela acompanha cada formulário, com o significado dos campos, as opções e instruções de preenchimento. Cada exemplar possui um cabeçalho padronizado, onde consta, além do logotipo da empresa, a identificação da instalação e sistema analisados, assim como o analista e auditor de MCC responsáveis pela análise. Constituem, em essência, um sistema documental completo do processo de engenharia de Manutenção Centrada na Confiabilidade, adequado para compor o Manual da Qualidade da manutenção, segundo a norma NBR ISO 10013.[30]

Os seguintes formulários compõem o conjunto:

---

[30] NBR ISO 10013, "*Diretrizes para o Desenvolvimento de Manuais da Qualidade*", ABNT, 1995.

- Documentação do sistema;
- Seleção do sistema e coleta de informações;
- Definição das fronteiras do sistema;
- Análise de modos de falha e efeitos;
- Árvore de decisão;
- Análise de decisão;
- Histórico do equipamento;
- Otimização da periodicidade;
- Plano de Manutenção Centrada na Confiabilidade.

Com exceção do cadastro de Histórico do Equipamento, o qual pode, *a priori*, já existir em um banco de dados na empresa, os demais devem ser utilizados seqüencialmente, conforme ilustrado na Figura A-1.

Segue-se uma reprodução de cada formulário, junto com a tabela que descreve cada campo. Podem ser utilizados como modelos para registrar as decisões na implantação da MCC, ou adaptados às necessidades e padrões de documentação da organização. Cada formulário representa uma etapa na cons-

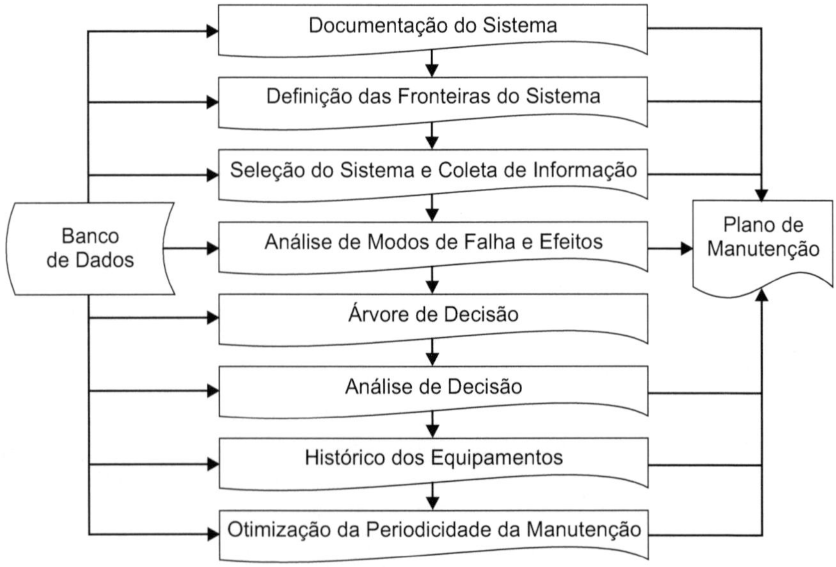

Figura A-1 — Formulários de Documentação

trução do Plano de Manutenção, documentado no último formulário desta lista. Em tese, apenas este formulário precisa ser utilizado, já que ele condensa todas as etapas anteriores. Entretanto, a separação em formulários seqüenciados ajuda a estruturar e documentar o processo de análise.

A.1 Documentação do Sistema

O formulário de Documentação do Sistema destina-se a registrar as informações descritivas sobre o funcionamento, projeto e contexto operacional do sistema objeto da análise. A maior parte do formulário é composta por um campo livre, em branco, adequado para documentar uma descrição textual ou gráfica do sistema, ou simplesmente uma lista de desenhos de engenharia ou arquitetura da instalação, sobre a qual se baseará a análise. A Tabela 41

Tabela 41 — Formulário de Documentação do Sistema

Campo	Título	Descrição
1	Unidade	Preencher com a denominação da unidade ou instalação sob análise. Adotar uma denominação mais próxima possível do nome usado pela área de produção ou do projeto original.
2	Código	Adotar um código de identificação para a unidade. Usar um código que seja o mais próximo possível do que for usado pela área de produção ou do projeto original.
3	Facilitador	Identificar o nome do facilitador que conduziu a análise. Caso não exista, identificar o responsável pela análise.
4	Data	Informar a data em que foi concluída a análise. Esta data deve coincidir com a data de aprovação do facilitador.
5	Folha	Numerar seqüencialmente as folhas do formulário, iniciando pelo numeral 1.
6	Item	Preencher com a denominação do item ou sistema sob análise. Adotar uma denominação mais próxima possível do nome usado pela área de produção ou do projeto original.
7	Código	Adotar um código de identificação para o item ou subsistema. Usar um código que seja o mais próximo possível do que for usado pela área de produção ou do projeto original.
8	Auditor	Identificar o nome do auditor da tarefa. Caso não exista, identificar o responsável pela aprovação do resultado.
9	Data	Informar a data em que foi concluída a auditoria. Esta data deve ser a de aprovação final da tarefa.
10	De	Informar o número total de páginas deste formulário.
11	Tipo	Informar o tipo de informação contida no campo inferior, tal como: • Diagrama Organizacional; • Diagrama Funcional; • Diagrama Lógico Funcional; • Descrição Textual; • Relação de Desenhos; • Etc.

Documentação do Sistema

Unidade	Código	Facilitador	Data	Folha
Item	Código	Auditor	Data	De

Tipo:

reúne a descrição dos campos que compõem este formulário. Os campos de 1 a 10 são cabeçalhos padronizados comuns a todos os formulários deste manual, destinados a identificar a instalação e os analistas responsáveis pela análise.

A.2 Seleção do Sistema e Coleta de Informações

O formulário de Seleção do Sistema e Coleta de Informações destina-se à identificação precisa de cada sistema analisado, associando-o às funções desempenhadas. Além de registrar o texto da definição das funções, o formulário permite documentar os subsistemas associados, e os componentes destes subsistemas que desempenham cada função. A Tabela 42 reúne a descrição dos campos que compõem este formulário.

Tabela 42 — Formulário de Seleção do Sistema e Coleta de Informações

Campo	Título	Descrição
1	Unidade	Preencher com a denominação da unidade ou instalação sob análise. Adotar uma denominação mais próxima possível do nome usado pela área de produção ou do projeto original.
2	Código	Adotar um código de identificação para a unidade. Usar um código que seja o mais próximo possível do que for usado pela área de produção ou do projeto original.
3	Facilitador	Identificar o nome do facilitador que conduziu a análise. Caso não exista, identificar o responsável pela análise.
4	Data	Informar a data em que foi concluída a análise. Esta data deve coincidir com a data de aprovação do facilitador.
5	Folha	Numerar seqüencialmente as folhas do formulário, iniciando pelo numeral 1.
6	Item	Preencher com a denominação do item ou sistema sob análise. Adotar uma denominação mais próxima possível do nome usado pela área de produção ou do projeto original.
7	Código	Adotar um código de identificação para o item ou subsistema. Usar um código que seja o mais próximo possível do que for usado pela área de produção ou do projeto original.
8	Auditor	Identificar o nome do auditor da tarefa. Caso não exista, identificar o responsável pela aprovação do resultado.
9	Data	Informar a data em que foi concluída a auditoria. Esta data deve ser a de aprovação final da tarefa.
10	De	Informar o número total de páginas deste formulário.
11	Nº	Numerar seqüencialmente os subsistemas constantes no sistema atual.
12	Subsistema	Identificar os subsistemas que compõem o sistema atual.
13	Nº	Numerar seqüencialmente as funções desempenhadas pelo subsistema em referência, dentro do sistema atual.
14	Função	Descrever as funções desempenhadas pelo subsistema cadastrado.
15	Nº	Informar os códigos de referência dos componentes do sistema que participam no desenvolvimento de cada função.
16	Componente	Preencher com os nomes dos componentes do sistema em estudo que participam do desenvolvimento de cada função.

Seleção do Sistema e Coleta de Informações

Unidade	Código	Facilitador	Data	Folha
Item	Código	Auditor	Data	De

Nº	Subsistema	Nº	Função	Nº	Componente

A.3 Definição das Fronteiras dos Sistemas

O formulário de Definição das Fronteiras dos Sistemas destina-se à identificação precisa dos limites que separam cada sistema da instalação, através da documentação dos componentes e subsistemas que compõem cada fronteira, e a interface de comunicação com os sistemas vizinhos. Além da documentação, destina-se a impedir que o mesmo componente pertença a mais de um sistema, evitando a duplicidade da análise. A Tabela 43 reúne a descrição dos campos que compõem este formulário.

Tabela 43 — Formulário de Definição das Fronteiras dos Sistemas

Campo	Título	Descrição
1	Unidade	Preencher com a denominação da unidade ou instalação sob análise. Adotar uma denominação mais próxima possível do nome usado pela área de produção ou do projeto original.
2	Código	Adotar um código de identificação para a unidade. Usar um código que seja o mais próximo possível do que for usado pela área de produção ou do projeto original.
3	Facilitador	Identificar o nome do facilitador que conduziu a análise. Caso não exista, identificar o responsável pela análise.
4	Data	Informar a data em que foi concluída a análise. Esta data deve coincidir com a data de aprovação do facilitador.
5	Folha	Numerar seqüencialmente as folhas do formulário, iniciando pelo numeral 1.
6	Item	Preencher com a denominação do item ou sistema sob análise. Adotar uma denominação mais próxima possível do nome usado pela área de produção ou do projeto original.
7	Código	Adotar um código de identificação para o item ou subsistema. Usar um código que seja o mais próximo possível do que for usado pela área de produção ou do projeto original.
8	Auditor	Identificar o nome do auditor da tarefa. Caso não exista, identificar o responsável pela aprovação do resultado.
9	Data	Informar a data em que foi concluída a auditoria. Esta data deve ser a de aprovação final da tarefa.
10	De	Informar o número total de páginas deste formulário.
11	Tipo	Classificar a interface como de Entrada (IE) ou Saída (IS), conforme o sistema em estudo importe ou exporte algum fluxo (de dados, energia, produto, insumo, etc.) nesta interface.
12	Subsistema	Identificar o subsistema que se interliga com outros sistemas da instalação atual.
13	Nº	Informar o código de referência do componente do sistema em estudo no qual se situa a interface.
14	Componente	Preencher com o nome do componente do sistema em estudo no qual se situa a interface.
15	Nº	Numerar seqüencialmente as interfaces do sistema atual.
16	Interface	Informar os tipos de itens (informação, energia, fluxo, etc.) que o sistema exporta ou importa através desta interface.

Definição das Fronteiras dos Sistemas

Unidade	Código	Facilitador	Data	Folha
Item	Código	Auditor	Data	De

Tipo	Subsistema	Nº	Componente	Nº	Interface

A.4 Análise de Modos de Falha e Efeitos

O formulário de Análise de Modos de Falha e Efeitos destina-se à identificação de todos os modos de falha de cada componente do sistema, e análise de seus efeitos sobre a instalação, o meio ambiente, a segurança e a operação do processo. A Tabela 44 reúne a descrição dos campos que compõem este formulário.

Tabela 44 — Formulário de Análise de Modos de Falha e Efeitos

Campo	Título	Descrição
1	Unidade	Preencher com a denominação da unidade ou instalação sob análise. Adotar uma denominação mais próxima possível do nome usado pela área de produção ou do projeto original.
2	Código	Adotar um código de identificação para a unidade. Usar um código que seja o mais próximo possível do que for usado pela área de produção ou do projeto original.
3	Facilitador	Identificar o nome do facilitador que conduziu a análise. Caso não exista, identificar o responsável pela análise.
4	Data	Informar a data em que foi concluída a análise. Esta data deve coincidir com a data de aprovação do facilitador.
5	Folha	Numerar seqüencialmente as folhas do formulário, iniciando pelo numeral 1.
6	Item	Preencher com a denominação do item ou sistema sob análise. Adotar uma denominação mais próxima possível do nome usado pela área de produção ou do projeto original.
7	Código	Adotar um código de identificação para o item ou subsistema. Usar um código que seja o mais próximo possível do que for usado pela área de produção ou do projeto original.
8	Auditor	Identificar o nome do auditor da tarefa. Caso não exista, identificar o responsável pela aprovação do resultado.
9	Data	Informar a data em que foi concluída a auditoria. Esta data deve ser a de aprovação final da tarefa.
10	De	Informar o número total de páginas deste formulário.
11	FU	Numerar seqüencialmente as funções do sistema atual. Este número será referenciado em outros formulários.
12	Função	Identificar cada função desempenhada pelo sistema.
13	FA	Numerar seqüencialmente as falhas possíveis da função atual, reiniciando a contagem em cada nova função. Este número será referenciado em outros formulários.
14	Falha	Nomear cada falha possível da função atual.
15	MO	Numerar seqüencialmente os modos possíveis da falha atual, reiniciando a contagem em cada nova falha. Este número será referenciado em outros formulários.
16	Modo	Nomear cada modo de falha possível para a falha atual
17	Efeito	Descrever o efeito da falha, em termos de resultados esperados na função, sistema e instalação em análise.
18	C	Classificar a criticidade do efeito provocado pela falha, em termos de impacto operacional, ambiental, econômico ou de segurança, através de um código numérico de severidade do risco, usando a Matriz de Risco adotada no Plano MCC.

Análise de Modos de Falha, Efeitos e Criticidade

Unidade	Código	Facilitador	Data	Folha
Item	Código	Auditor	Data	De

FU	Função	FA	Falha	MO	Modo	Efeito	C

A.5 Árvore de Decisão

O formulário de Árvore de Decisão destina-se à identificação e classificação das conseqüências de cada modo de falha identificado no sistema, sobre o meio ambiente, a segurança e a operação da instalação, como primeira etapa da lógica de seleção da atividade de manutenção. A Tabela 45 reúne a descrição dos campos que compõem este formulário.

Tabela 45 — Formulário de Árvore de Decisão

Campo	Título	Descrição
1	Unidade	Preencher com a denominação da unidade ou instalação sob análise. Adotar uma denominação mais próxima possível do nome usado pela área de produção ou do projeto original.
2	Código	Adotar um código de identificação para a unidade. Usar um código que seja o mais próximo possível do que for usado pela área de produção ou do projeto original.
3	Facilitador	Identificar o nome do facilitador que conduziu a análise. Caso não exista, identificar o responsável pela análise.
4	Data	Informar a data em que foi concluída a análise. Esta data deve coincidir com a data de aprovação do facilitador.
5	Folha	Numerar seqüencialmente as folhas do formulário, a partir de 1.
6	Item	Preencher com a denominação do item ou sistema sob análise. Adotar uma denominação mais próxima possível do nome usado pela área de produção ou do projeto original.
7	Código	Adotar um código de identificação para o item ou subsistema. Usar um código que seja o mais próximo possível do que for usado pela área de produção ou do projeto original.
8	Auditor	Identificar o nome do auditor da tarefa. Caso não exista, identificar o responsável pela aprovação do resultado.
9	Data	Informar a data em que foi concluída a auditoria. Esta data deve ser a de aprovação final da tarefa.
10	De	Informar o número total de páginas deste formulário.
11	FU	Numerar seqüencialmente as funções do sistema atual. Este número será referenciado em outros formulários.
12	FA	Numerar seqüencialmente as falhas possíveis da função atual, reiniciando a contagem em cada nova função. Este número será referenciado em outros formulários.
13	MO	Numerar seqüencialmente os modos possíveis da falha atual, reiniciando a contagem em cada nova falha. Este número será referenciado em outros formulários.
14	Modo de Falha	Nomear cada modo de falha possível para a falha atual
15	Visível & Evidente	Informar, com SIM ou NÃO, se a falha é evidente ou visível ao operador da instalação.
16	Segurança Ambiental	Informar, com SIM ou NÃO, se a falha afeta a segurança ou o meio ambiente.
17	Econômico Operacional	Informar, com SIM ou NÃO, se a falha tem conseqüências operacionais ou econômicas.
18	Categoria	Classificar a categoria da falha em uma das seguintes classes: **EEO** – Evidente Econômico/Operacional; **ESA** – Evidente Segurança/Ambiental; **OEO** – Oculta Econômico/Operacional; **OSA** – Oculta Segurança/Ambiental.

Árvore de Decisão

Unidade	Código	Facilitador	Data	Folha
Item	Código	Auditor	Data	De

FU	FA	MO	Modo de Falha	Visível e Evidente	Segurança Ambiental	Econômico Operacional	Categoria

A.6 Análise de Decisão

O formulário de Análise de Decisão destina-se à documentação das respostas às sete questões padronizadas da MCC, e a escolha da atividade de manutenção correspondente, para cada modo de falha. A Tabela 46 reúne a descrição dos campos que compõem este formulário.

Tabela 46 — Formulário de Análise de Decisão

Campo	Título	Descrição
1	Unidade	Preencher com a denominação da unidade ou instalação sob análise. Adotar uma denominação mais próxima possível do nome usado pela área de produção ou do projeto original.
2	Código	Adotar um código de identificação para a unidade. Usar um código que seja o mais próximo possível do que for usado pela área de produção ou do projeto original.
3	Facilitador	Identificar o nome do facilitador que conduziu a análise. Caso não exista, identificar o responsável pela análise.
4	Data	Informar a data em que foi concluída a análise. Esta data deve coincidir com a data de aprovação do facilitador.
5	Folha	Numerar seqüencialmente as folhas do formulário, iniciando pelo numeral 1.
6	Item	Preencher com a denominação do item ou sistema sob análise. Adotar uma denominação mais próxima possível do nome usado pela área de produção ou do projeto original.
7	Código	Adotar um código de identificação para o item ou subsistema. Usar um código que seja o mais próximo possível do que for usado pela área de produção ou do projeto original.
8	Auditor	Identificar o nome do auditor da tarefa. Caso não exista, identificar o responsável pela aprovação do resultado.
9	Data	Informar a data em que foi concluída a auditoria. Esta data deve ser a de aprovação final da tarefa.
10	De	Informar o número total de páginas deste formulário.
11	Referência	Transcrever os números de referência da Função (FU), Falha (FA) e Modo (MO) correspondentes do formulário FMEA.
12	Conseqüência	Informar o enquadramento da conseqüência, segundo a codificação: **ESA** (Evidente de Segurança/Ambiental); **EEO** (Evidente Econômico/Operacional); **OSA** (Oculto Segurança/Ambiental); **OEO** (Oculto Econômico/Operacional).
13	Questões	Responder com S (Sim) ou N (Não) às sete questões da lógica de seleção MCC, conforme indicado nos diagrama lógico da MCC, para cada tipo de conseqüência: 1. Um Serviço Operacional é aplicável e efetivo? 2. Uma Inspeção Preditiva é aplicável e efetiva? 3. Uma Restauração Preventiva é aplicável e efetiva? 4. Uma Substituição Preventiva é aplicável e efetiva? 5. Uma Inspeção Funcional é aplicável e efetiva? 6. Uma Manutenção Combinada é aplicável e efetiva? 7. Uma Mudança de Projeto é justificável?
14	Tarefa Proposta	Descrever a tarefa aplicável e efetiva recomendada para este modo de falha.
15	Intervalo Inicial	Especificar o intervalo inicial proposto para esta atividade
16	Realizada por	Identificar a equipe responsável ou nível de especialização necessária para execução desta tarefa, segundo uma classificação adotada no Plano MCC, tal como 1º, 2º e 3º escalão.

Análise de Decisão

Unidade	Código	Facilitador	Data	Folha
Item	Código	Auditor	Data	De

Referência			Conseqüência	Questões							Tarefa Proposta	Intervalo Inicial	Realizada por
FU	FA	MO		1	2	3	4	5	6	7			

A.7 Histórico do Equipamento

O formulário de Histórico do Equipamento destina-se ao registro temporal de todos os eventos relacionados a cada modo de falha dos componentes do sistema, para análise estatística e parametrização dos modelos de otimização. A Tabela 47 reúne a descrição dos campos que compõem este formulário.

Tabela 47 — Formulário de Histórico do Equipamento

Campo	Título	Descrição
1	Unidade	Preencher com a denominação da unidade ou instalação sob análise. Adotar uma denominação mais próxima possível do nome usado pela área de produção ou do projeto original.
2	Código	Adotar um código de identificação para a unidade. Usar um código que seja o mais próximo possível do que for usado pela área de produção ou do projeto original.
3	Facilitador	Identificar o nome do facilitador que conduziu a análise. Caso não exista, identificar o responsável pela análise.
4	Data	Informar a data em que foi concluída a análise. Esta data deve coincidir com a data de aprovação do facilitador.
5	Folha	Numerar seqüencialmente as folhas do formulário, iniciando pelo numeral 1.
6	Item	Preencher com a denominação do item ou sistema sob análise. Adotar uma denominação mais próxima possível do nome usado pela área de produção ou do projeto original.
7	Código	Adotar um código de identificação para o item ou subsistema. Usar um código que seja o mais próximo possível do que for usado pela área de produção ou do projeto original.
8	Auditor	Identificar o nome do auditor da tarefa. Caso não exista, identificar o responsável pela aprovação do resultado.
9	Data	Informar a data em que foi concluída a auditoria. Esta data deve ser a de aprovação final da tarefa.
10	De	Informar o número total de páginas deste formulário.
11	Nº	Informar o código de referência do componente do sistema em estudo ao qual se refere o evento registrado.
12	Componente	Preencher com os nomes dos componentes do sistema em estudo aos quais se referem os eventos.
13	FU	Referenciar a função do sistema afetada por este evento.
14	FA	Referenciar a falha funcional do sistema afetada por este evento.
15	MO	Referenciar o modo de falha do componente relativo a este evento.
16	Modo	Nomear o modo de falha deste evento se aplicável.
17	Evento	Classificar o evento no mínimo nas seguintes categorias: Falha potencial (em relação à função FA acima); Falha funcional (perda da função FU acima); Manutenção preventiva (em relação ao modo MO acima); Outros (especificar).
18	Início	Especificar o instante (data) de início do evento acima.
19	Duração	Especificar a duração de tempo do evento.
20	Efeito	Quantificar o efeito da falha, em termos de resultados esperados do sistema, tais como Produção Interrompida, Custo, etc.

Histórico do Equipamento

Unidade	Código	Facilitador	Data	Folha
Item	Código	Auditor	Data	De

Nº	Componente	FU	FA	MO	Modo	Evento	Início	Duração	Efeito

A.8 Otimização da Periodicidade da Manutenção

O formulário de Otimização da Periodicidade da Manutenção destina-se à documentação dos dados necessários ao cálculo da freqüência ótima de execução de cada atividade selecionada pela MCC. Para cada modo de falha identificado, devem ser registrados os dados de Mantenabilidade (tempos para manutenção, reparo e correção), dados de Confiabilidade (taxas de defeito e falha) e dados sobre as conseqüências para a Produtividade (taxas de retorno para manter, corrigir e reparar), além da freqüência atual de execução da atividade. De posse destes dados é possível o cálculo da freqüência ótima de manutenção. A Tabela 48 reúne a descrição dos campos que compõem este formulário.

Tabela 48 — Formulário de Otimização da Periodicidade da Manutenção

Campo	Título	Descrição
1	Unidade	Preencher com a denominação da unidade ou instalação sob análise. Adotar uma denominação mais próxima possível do nome usado pela área de produção ou do projeto original.
2	Código	Adotar um código de identificação para a unidade. Usar um código que seja o mais próximo possível do que for usado pela área de produção ou do projeto original.
3	Facilitador	Identificar o nome do facilitador que conduziu a análise. Caso não exista, identificar o responsável pela análise.
4	Data	Informar a data em que foi concluída a análise. Esta data deve coincidir com a data de aprovação pelo facilitador.
5	Folha	Numerar seqüencialmente as folhas do formulário, iniciando pelo numeral 1.
6	Item	Preencher com a denominação do item ou sistema sob análise, a mais próxima possível do nome usado pela área de produção ou do projeto original.
7	Código	Adotar um código de identificação para o item que seja o mais próximo possível do que for usado pela área de produção ou do projeto original.
8	Auditor	Identificar o nome do auditor da tarefa. Caso não exista, identificar o responsável pela aprovação do resultado.
9	Data	Informar a data em que foi concluída a auditoria. Esta data deve ser a de aprovação final da tarefa.
10	De	Informar o número total de páginas deste formulário.
11	Referência	Transcrever a referência da Função (FU), Falha (FA) e Modo (MO) correspondentes do formulário FMEA.
12	Tarefa	Descrever a tarefa aplicável e efetiva recomendada para este modo de falha, do formulário de Análise de Decisão.
13	Mantenabilidade	Registrar os tempos médios verificados para execução da tarefa para Manter, Reparar ou Corrigir o item (*MTTM*, *MTTR* e *MTTC*).
14	Confiabilidade	Registrar a freqüência com que, durante a manutenção, foi encontrado Defeito (F_c), e a freqüência com que o item foi reparado após uma Falha (F_r), ou diretamente as taxas de defeito e falha calculadas do Histórico do Equipamento.
15	Produtividade	Registrar os resultados esperados em conseqüência da execução da tarefa para Manter, Reparar e Corrigir o item (K_p, K_r e K_c). Opcionalmente, fazer a coluna Reparar = 1 e informar nas colunas Manter e Corrigir a fração (<=1) estimada entre Manter/Corrigir o item, em relação a Reparar.
16	Periodicidade	Informar a freqüência Atual da tarefa (F_p), e então calcular a freqüência Ótima de execução recomendada (F_{po}), de acordo com o Modelo de Otimização e da atividade de manutenção.

Otimização da Periodicidade da Manutenção

Unidade	Código	Facilitador	Data	Folha
Item	Código	Auditor	Data	De

Referência			Tarefa	Mantenabilidade			Produtividade			Confiabilidade		Periodicidade	
FU	FA	MO		Manter	Reparar	Corrigir	Manter	Reparar	Corrigir	Defeito	Falha	Atual	Ótima

A.9 Plano de Manutenção Centrada na Confiabilidade

O formulário de Plano de Manutenção destina-se à documentação, em um único formulário, de todas as etapas da Manutenção Centrada na Confiabilidade, desde a definição das funções do sistema, até a seleção da atividade proposta, para cada modo de falha. A Tabela 49 reúne a descrição dos campos que compõem este formulário.

Tabela 49 — Formulário de Plano de Manutenção

Campo	Título	Descrição
1	Unidade	Preencher com a denominação da unidade ou instalação sob análise. Adotar uma denominação mais próxima possível do nome usado pela área de produção ou do projeto original.
2	Código	Adotar um código de identificação para a unidade. Usar um código que seja o mais próximo possível do que for usado pela área de produção ou do projeto original.
3	Facilitador	Identificar o nome do facilitador que conduziu a análise. Caso não exista, identificar o responsável pela análise.
4	Data	Informar a data em que foi concluída a análise. Esta data deve coincidir com a data de aprovação pelo facilitador.
5	Folha	Numerar seqüencialmente as folhas do formulário, iniciando pelo numeral 1.
6	Item	Preencher com a denominação do item ou sistema sob análise, a mais próxima possível do nome usado pela área de produção ou do projeto original.
7	Código	Adotar um código de identificação para o item que seja o mais próximo possível do que for usado pela área de produção ou do projeto original.
8	Auditor	Identificar o nome do auditor da tarefa. Caso não exista, identificar o responsável pela aprovação do resultado.
9	Data	Informar a data em que foi concluída a auditoria. Esta data deve ser a de aprovação final da tarefa.
10	De	Informar o número total de páginas deste formulário.
11	Função	Identificar cada função desempenhada pelo sistema.
12	Falha	Nomear cada falha possível da função atual.
13	Componente	Preencher com o nome do componente do sistema em estudo ao qual se associa o modo de falha.
14	Codificação	Transcrever a referência da Unidade, Sistema, Componente, Função (FU), Falha (FA) e Modo de Falha (MO) correspondentes do formulário FMEA.
15	Modo de Falha	Nomear cada Modo de Falha possível para a falha atual.

(Continua)

Campo	Título	Descrição
16	Efeito da Falha	Descrever o efeito da falha, em termos de resultados esperados na função, sistema e instalação em análise.
17	Criticidade	Classificar a criticidade do efeito provocado pela falha, em termos de impacto operacional, ambiental, econômico ou de segurança, através de um código numérico de severidade do risco, usando a Matriz de Risco adotada no Plano MCC.
18	Visível Evidente	Informar, com SIM ou NÃO, se a falha é evidente ou visível ao operador da instalação.
19	Segurança Ambiente	Informar, com SIM ou NÃO, se a falha afeta a segurança ou meio ambiente
20	Operação Economia	Informar, com SIM ou NÃO, se a falha tem conseqüências operacionais ou econômicas
21	Conseqüência	Informar o enquadramento da conseqüência, segundo a codificação: **ESA** (Evidente de Segurança/Ambiental); **EEO** (Evidente Econômico/Operacional); **OSA** (Oculto Segurança/Ambiental). **OEO** (Oculto Econômico/Operacional)
22	Serviço Operacional	Responder com S (Sim) ou N (Não) à primeira questão da lógica de seleção MCC, sobre a aplicabilidade e efetividade do Serviço Operacional no combate a este Modo de Falha.
23	Inspeção Preditiva	Responder com S (Sim) ou N (Não) à segunda questão da lógica de seleção MCC, sobre a aplicabilidade e efetividade da Inspeção Preditiva no combate a este Modo de Falha.
24	Restauração Preventiva	Responder com S (Sim) ou N (Não) à terceira questão da lógica de seleção MCC, sobre a aplicabilidade e efetividade da Restauração Preventiva no combate a este Modo de Falha.
25	Substituição Preventiva	Responder com S (Sim) ou N (Não) à quarta questão da lógica de seleção MCC, sobre a aplicabilidade e efetividade da Substituição Preventiva no combate a este Modo de Falha.
26	Inspeção Funcional	Responder com S (Sim) ou N (Não) à quinta questão da lógica de seleção MCC, sobre a aplicabilidade e efetividade da Inspeção Funcional no combate a este Modo de Falha.
27	Manutenção Combinada	Responder com S (Sim) ou N (Não) à sexta questão da lógica de seleção MCC, sobre a aplicabilidade e efetividade da Manutenção Combinada no combate a este Modo de Falha.
28	Mudança de Projeto	Responder com S (Sim) ou N (Não) à sétima questão da lógica de seleção MCC, sobre a aplicabilidade e efetividade da Mudança de Projeto no combate a este Modo de Falha.
29	Atividade	Descrever a tarefa aplicável e efetiva recomendada para este modo de falha, do formulário de Análise de Decisão
30	Periodicidade	Informar a periodicidade recomendada para esta atividade.

Plano de Manutenção Centrada na Confiabilidade

Unidade	Código	Facilitador	Data	Folha
Item	Código	Auditor	Data	De

Função	Falha	Componente	Codificação						Modo de Falha	Efeito da Falha	Criticidade	Análise de Decisão											Atividade	Periodicidade
			Unidade	Sistema	Componente	Função	Falha	Modo de Falha				Visivelmente	Segurança/Ambiente	Operação/Economia	Categoria	Serviço Operacioonal	Inspeção Preditiva	Restauração Preventiva	Substituição Preventiva	Inspeção Funcional	Manutenção Combinada	Mudança de Projeto		

B

Auditoria de Manutenção

A auditoria constitui-se em uma ferramenta auxiliar no desenvolvimento da Manutenção Centrada na Confiabilidade. A partir da comparação das práticas adotadas com padrões normalizados internacionalmente, obtém-se uma imagem nítida da situação da empresa, com indicadores de pontos de excelência e deficiência, e recomendações de melhoria específicas para cada caso.

A auditoria de manutenção consiste em um exame detalhado e objetivo dos sistemas e procedimentos utilizados por uma organização para definição dos requisitos de manutenção. Quando desenvolvida em estrita consonância com as normas internacionais, pode ser aplicada antes da introdução da MCC, para avaliar o grau de aderência dos processos correntes aos princípios da norma e, principalmente, após a implantação da MCC, como forma de quantificar em que áreas a empresa atingiu níveis de excelência na Manutenção Centrada na Confiabilidade, e em que áreas são necessárias melhorias. As auditorias internas e externas serão requisitos obrigatórios para certificação da qualidade do processo de Engenharia de Manutenção, segundo a série de normas NBR ISO 9000.

Este apêndice apresenta uma metodologia de auditoria da MCC, baseada nas normas SAE JA1011 e SAE JA1012, destinada a identificar e avaliar a qualidade e conformidade dos processos de manutenção de uma organização. Uma escala de pontuação é utilizada para classificar os aspectos normalizados, em classes crescentes de excelência e conformidade em relação aos princípios da norma. A metodologia proposta segue as diretrizes para auditoria de sistemas de qualidade, normalizada pela norma NBR ISO 10011.[31]

[31] NBR ISO 10011. "Diretrizes para Auditoria de Sistemas de Qualidade", ABNT, 1993.

B1. Objetivo

Um processo de auditoria de manutenção analisa as práticas de Engenharia de Manutenção de uma organização, buscando atingir um ou mais dos seguintes objetivos:

- Melhorar o planejamento das atividades de manutenção;
- Melhorar a execução da manutenção;
- Avaliar o estágio atual de desenvolvimento da Engenharia de Manutenção;
- Alertar níveis superiores da organização sobre a necessidade de melhorias;
- Relatar, por fonte externa independente, a situação atual da manutenção;
- Comparar o estágio da empresa com as melhores práticas de manutenção;
- Recomendar melhorias contínuas no processo de manutenção;
- Acompanhar o progresso do plano de manutenção na empresa;
- Aferir o ponto de partida para o plano estratégico da manutenção;
- Comparar objetivamente as diversas instalações da empresa;
- Avaliar serviços contratados de consultoria e manutenção.

Estes objetivos tornam-se claros se a auditoria toma como referência os princípios normalizados da MCC, para estruturação do processo. Quando realizada internamente, objetiva fornecer à alta administração dados sobre o desempenho do sistema de gestão da qualidade da manutenção, através das não-conformidades detectadas. Quando realizada externamente, por auditores independentes, poderá fazer parte obrigatória de um processo formal de certificação da qualidade por um Organismo Certificador da Qualidade (OCQ).

B2. Processo de Auditoria

Como em todo processo de auditoria externa, auditar a Manutenção Centrada na Confiabilidade consiste em uma série de etapas, tradicionais da Auditoria Operacional e de Gestão, como listadas a seguir:

- Estabelecer os objetivos e expectativas da auditoria;
- Coletar os documentos necessários da organização auditada;
- Explanar a metodologia e objetivos aos principais envolvidos;
- Visitar as instalações de planejamento e execução auditadas;
- Entrevistar responsáveis pelos processos, com questionários padronizados;
- Testar *in-loco* os sistemas informatizados quanto à aderência à MCC;
- Verificar os sistemas e registros manuais de manutenção;
- Discutir as constatações com os responsáveis antes das conclusões finais;
- Apresentar os comentários, observações e recomendações de melhorias;
- Tabular e escalonar todos os itens auditados;
- Apresentar as eventuais medidas imediatas de melhoria;
- Elaborar e apresentar o relatório final com todas as propostas de melhoria;

Estas etapas são geralmente agrupadas em macroatividades de auditoria, na seguinte seqüência:

- **Reunião de abertura** – dos auditores e auditados para definir objetivos, programação, canais de comunicação e documentos necessários;
- **Levantamento de dados** – via entrevistas, visitas, inspeções, consultas, testes e verificações;
- **Análise de dados** – através da comparação com padrões, identificando inadequações e não-conformidades;
- **Reunião de encerramento** – dos auditores e auditados, para apresentação e discussão do parecer da auditoria.

A tabulação dos itens auditados serve de guia no processo de auditoria, e *check-list* de acompanhamento de todo o processo.

B3. Check-list de Auditoria

O processo usado consiste em um *check-list* completo dos requisitos exigidos por norma para que um processo seja adequadamente classificado como

Manutenção Centrada na Confiabilidade. O *check-list* contem uma série de afirmativas relacionadas a aspectos específicos do processo de engenharia de manutenção, construído segundo os seguintes critérios:

- Avaliar o nível de aderência da engenharia de manutenção com a MCC;
- Sistematizar os critérios de avaliação para cada item auditado;
- Permitir a comparação entre vários aspectos da MCC;
- Identificar as oportunidades de melhorias e economias no processo MCC;
- Associar os comentários e recomendações com o item auditado.

O *check-list* completo contém 49 itens de verificação, os quais devem ser analisados e classificados pelo auditor em classes padronizadas, permitindo a identificação de pontos de excelência e deficiência, e separação dos tópicos em níveis de desenvolvimento relativos.

B4. Tópicos da Auditoria

A Auditoria envolve a análise dos diversos aspectos normalizados da MCC, tais como:

1. **Funções** – identificação das funções das instalações;
2. **Falhas Funcionais** – identificação das falhas de cada função;
3. **Modos de Falha** – identificação dos modos de cada falha;
4. **Efeitos das Falhas** – identificação dos efeitos provocados por cada falha;
5. **Conseqüências das Falhas** – avaliação das conseqüências de cada falha;
6. **Processo de Seleção** – critérios de seleção das atividades de manutenção;
7. **Atividades Programadas** – classificação das atividades de manutenção;
8. **Inspeções Preditivas** – critérios adotados para atividades preditivas;
9. **Substituições Preventivas** – critérios adotados para substituições;

10. **Restaurações Preventivas** – critérios adotados para restaurações;
11. **Inspeções Funcionais** – critérios adotados para ensaios funcionais;
12. **Mudanças de Projeto** – critérios adotados para mudar o projeto;
13. **Reparos Funcionais** – razões para não realizar manutenções;
14. **Fórmulas Matemáticas e Estatísticas** – solidez/aceitação pelos usuários.

Note que a correta identificação das funções corresponde ao que, nos programas de qualidade, costuma-se associar ao foco no cliente e seus requisitos de manutenção. Todos estes aspectos são normalizados na MCC, facilitando a análise de conformidade e qualidade da manutenção.

A lista a seguir contém as principais não-conformidades geralmente encontradas em cada item da norma:

1. **Funções**
   - Falta de definição do contexto operacional;
   - Exclusão de funções (primárias, secundárias ou protetivas);
   - Formato inadequado da definição das funções;
   - Funções com padrões de desempenho não aprovadas pelo usuário.
2. **Falhas Funcionais**
   - Estados de falha da função incompletos;
   - Falhas incompatíveis com a definição da função.
3. **Modos de Falha**
   - Exclusão de modos prováveis;
   - Modos improváveis na visão dos usuários ou proprietários;
   - Modos inadequados para identificação da política de gestão;
   - Exclusão de Modos de Falha já ocorridos;
   - Exclusão de modos gerenciados por programas de manutenção;
   - Exclusão de modos que jamais ocorreram;
   - Exclusão de modos provocados por operadores;
   - Exclusão de modos provocados por mantenedores;
   - Exclusão de modos oriundos de falha de projeto.

4. **Efeitos das Falhas**
   - Descrição do efeito amenizado por tarefa de manutenção existente;
   - Descrição do efeito insuficiente para avaliar as conseqüências;
   - Descrição do efeito insuficiente para definir sua recomposição.
5. **Conseqüências das Falhas**
   - Falta de separação das conseqüências de falhas ocultas das evidentes;
   - Falta de separação das conseqüências de segurança das econômicas;
   - Conseqüências alteradas por tarefa de manutenção existente.
6. **Processo de Seleção**
   - Processo ignora a evolução da probabilidade condicional de falha;
   - Processo ignora a aplicabilidade e efetividade da atividade;
   - Processo não compara a atratividade econômica de atividades;
   - Processo considera as atividades já existentes como estabelecidas.
7. **Atividades Programadas**
   - Atividade não reduz o risco ambiental ou pessoal a níveis aceitáveis;
   - Atividade não reduz as chances de falha múltipla em modos ocultos;
   - Atividade não reduz os custos em atividades com efeitos econômicos.
8. **Inspeções Preditivas**
   - Falta definição da falha potencial;
   - Falta identificação do período (PF) de desenvolvimento da falha;
   - Intervalo da inspeção maior que o menor intervalo PF previsto;
   - Impossibilidade de realizar em intervalos menores que o PF;
   - Tempo insuficiente entre a descoberta do defeito e a evolução da falha.
9. **Substituições Preventivas**
   - Substituição de itens sem final de vida útil definida;
   - Substituição de itens economicamente reparáveis.
10. **Restaurações Preventivas**
    - Restauração de itens sem final de vida útil definida;
    - Restauração de itens a níveis intoleráveis pelo usuário.

11. **Inspeções Funcionais**
    - Inspeções não reduzem a probabilidade de falha múltipla;
    - Inspeções insuficientes para confirmar a funcionalidade do sistema;
    - Inspeções podem deixar a função oculta inoperante;
    - Impossibilidade de execução da inspeção nos intervalos especificados.
12. **Mudanças de Projeto**
    - Ausência de análise de atividades de manutenção aplicáveis e efetivas;
    - Permanência do projeto com riscos não combatidos pela manutenção;
    - Mudanças de projeto mais dispendiosas que a manutenção do projeto.
13. **Reparos Funcionais**
    - Reparos programados em itens com risco de segurança;
    - Reparos em itens com falhas visíveis viáveis de prevenção.
14. **Fórmulas Matemáticas e Estatísticas**
    - Fórmulas erradas utilizadas para definir os intervalos das manutenção;
    - Fórmulas não aprovadas ou desconhecidas do proprietário.

B.5 Análise de Conformidade

O processo sugerido para auditoria consiste na verificação de conformidade com todos os itens da norma SAE JA1011. Cada método adotado na empresa é avaliado e qualificado segundo cinco critérios de conformidade, descritas na Tabela 50:

Tabela 50 — Critérios de Conformidade em Auditoria

Item	Critério	Descrição
A	Correto	Auditado e em conformidade com o conceito normalizado.
B	Documentado	Registrado e arquivado em formato permanente e prazo fixo.
C	Revisado	Atualizado periodicamente.
D	Auditado	Conferido por auditor independente e interno.
E	Divulgado	Informado e disponibilizado para acesso pelos interessados.

A análise deve considerar o texto pertinente da norma, acrescido das especificidades de cada tecnologia utilizada na empresa. Destaque-se que o item A (Correto) refere-se à adequacidade e conformidade técnica com que este aspecto é tratado, segundo os princípios de engenharia vigentes e geralmente aceitos para cada especialidade. Os demais itens (B, C, D e E) tratam dos aspectos documentais e de difusão do conhecimento da Engenharia de Manutenção, no ambiente auditado, em conformidade com a norma. A lista a seguir resume as não-conformidades mais comuns encontradas em cada critério:

A. **Correto**
   - Conforme a lista de não-conformidades do item B.4.

B. **Documentado**
   - Falta de documentação em mídia permanente;
   - Arquivamento inadequado.

C. **Revisado**
   - Ausência de periodicidade para as revisões;
   - Periodicidade inadequada para as revisões.

D. **Auditado**
   - Ausência de auditoria interna;
   - Ausência de auditoria externa;
   - Não cumprimento de determinações de auditoria;
   - Falta de periodicidade para as auditorias;
   - Periodicidade inadequada para as auditorias.

E. **Divulgado**
   - Falta de meio formal de divulgação do processo;
   - Indisponibilidade dos resultados da análise processual.

Qualquer destas não-conformidades pode comprometer a credibilidade do processo adotado e o nível de qualidade da manutenção,

B.6 Níveis de Qualidade

Considerando que cada item acima é independente dos demais, pode-se pontuar cada tópico e estabelecer uma escala de excelência composta de cinco níveis, onde o nível mais alto corresponde ao atendimento integral dos 49 aspectos padronizados da MCC, segundo a norma SAE JA1011. Os 245 (49 x 5) pontos possíveis são rateados igualmente e cumulativamente pelos demais níveis, formando uma hierarquia de cinco estágios, conforme a Figura B-1.

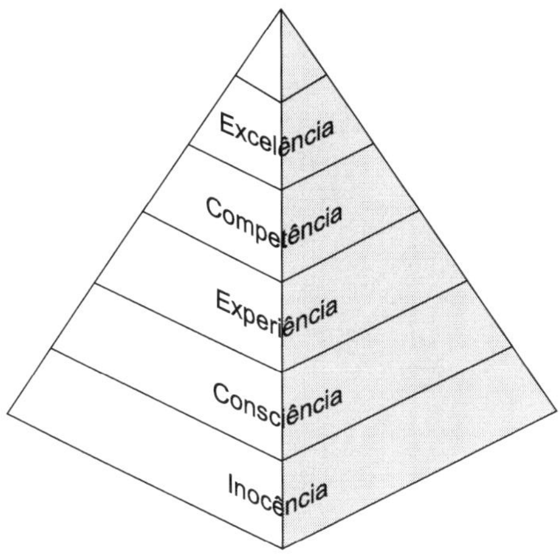

Figura B-1 — Hierarquia de Conformidade

Os cinco níveis são caracterizados de acordo com a pontuação obtida na auditoria, conforme a Tabela 51:

Tabela 51 — Níveis de Conformidade da MCC

Conformidade	Descrição	Pontos
Inocência	Quase nenhum requisito da MCC é atendido	0 a 49
Consciência	Poucos requisitos da MCC são atendidos	50 a 99
Experiência	Vários requisitos da MCC são atendidos	100 a 149
Competência	Maioria dos requisitos da MCC são atendidos	150 a 199
Excelência	Quase todos os requisitos da MCC são atendidos	200 a 249

Estes níveis também são utilizados para classificar os itens de acordo com os critérios de conformidade da Tabela 50.

Se os níveis forem normalizados em percentuais, para cada item da norma, poderão ser representados em um gráfico tipo radar, conforme ilustrado na Figura B-2.

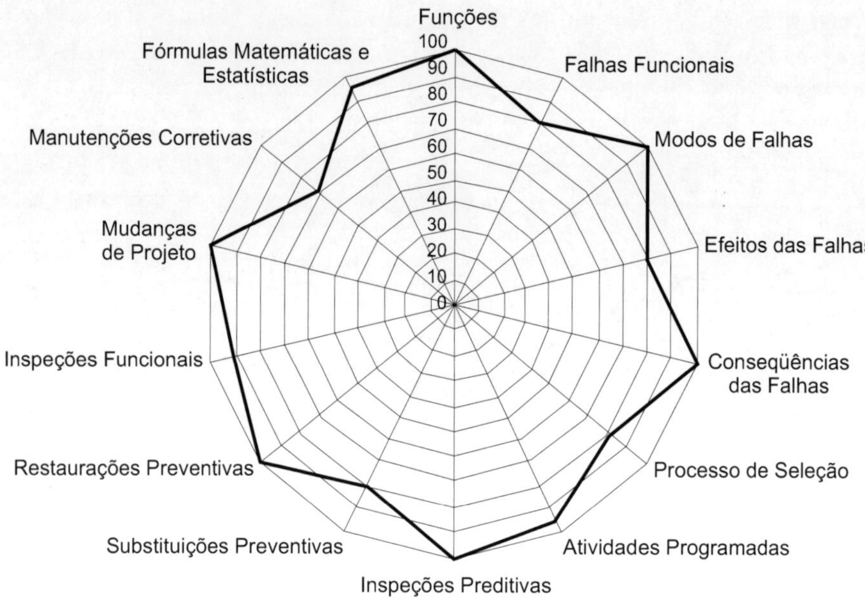

Figura B-2 — Diagrama Radar de Auditoria

Este gráfico ilustra adequadamente o perfil do nível de conformidade da manutenção da unidade auditada, em relação à norma SAE JA1011, identificando os aspectos onde a empresa precisa melhorar.

B.7 Relatório de Auditoria

Como produto final do trabalho de auditoria, o relatório deverá registrar todos os fatos e conclusões importantes, bem como as recomendações de correções e melhorias nos processos de MCC adotados na organização. Assinado pelos auditores responsáveis, deve, de preferência, seguir a itemização da Norma ISO 10011-1[32], e conter, quando aplicável, os seguintes itens:

- Escopo e objetivos da auditoria;
- Detalhes do programa de auditoria;
- Identificação da equipe de auditoria;

[32] NBR ISO 10011-1. "Diretrizes para auditoria de sistemas de qualidade", ABNT, Rio de Janeiro, 1990.

- Identificação da organização auditada;
- Identificação dos representantes do auditado;
- Documentos de referência utilizados;
- Observações de não-conformidades; e
- Avaliação da extensão de conformidade com a norma aplicável.

Sugere-se que as não-conformidades sejam tabuladas, para fácil referência, usando os macro itens da norma SAE JA1011 com os critérios de conformidade da Tabela 50. A Tabela 52 ilustra uma forma típica desta tabulação.

Tabela 52 — Não-conformidades da MCC

Item	Correto	Documentado	Revisado	Auditado	Divulgado
Funções					
Falhas Funcionais					
Modos de Falha					
Efeitos das Falhas					
Conseqüências das Falhas					
Processo de Seleção					
Atividades Programadas					
Inspeções Preditivas					
Substituições Preventivas					
Restaurações Preventivas					
Inspeções Funcionais					
Mudanças de Projeto					
Reparos Funcionais					
Fórmulas Matemáticas					

As células desta tabela deverão conter as descrições das não-conformidades relacionadas aos conceitos técnicos utilizados, ao sistema de documentação, revisão, auditoria e divulgação de resultados. A verificação da aderência à norma deverá ser registrada através de um processo consistente e sistemático de documentação.

B.8 Documentação da Auditoria

A exemplo de todas as etapas da MCC, o resultado do processo de auditoria deverá ser documentado para referência futura e relatoria. A planilha a seguir ilustra o modelo de formulário sugerido para registrar as não-conformidades e evidências objetivas de todos os resultados da análise, e servir como guia estruturado, evitando a omissão de pontos importantes. Evidências objetivas são dados e informações, qualitativas ou quantitativas, cuja veracidade pode ser comprovada, baseadas em fatos obtidos através de inspeções ou entrevistas, sem margens de contestação lógica.

A parte superior do formulário é composta de campos de identificação e codificação do sistema e dos analistas de MCC, descritos na Tabela 2, sendo comuns a todos os formulários adotados neste manual. Os campos restantes são utilizados para documentar as conclusões da auditoria, conforme descrito na Tabela 53.

Tabela 53 — Formulário de Auditoria de Manutenção

Campo	Título	Descrição
1	Unidade	Preencher com a denominação da unidade ou instalação sob análise. Adotar uma denominação mais próxima possível do nome usado pela área de produção ou do projeto original.
2	Código	Adotar um código de identificação para a unidade. Usar um código que seja o mais próximo possível do que for usado pela área de produção ou do projeto original.
3	Facilitador	Identificar o nome do facilitador que conduziu a análise. Caso não exista, identificar o responsável pela análise.
4	Data	Informar a data em que foi concluída a análise. Esta data deve coincidir com a data de aprovação pelo facilitador.
5	Folha	Numerar seqüencialmente as folhas do formulário, iniciando pelo numeral 1.
6	Item	Preencher com a denominação do item ou sistema sob análise, a mais próxima possível do nome usado pela área de produção ou do projeto original.
7	Código	Adotar um código de identificação para o item que seja o mais próximo possível do que for usado pela área de produção ou do projeto original.

(Continua)

Campo	Título	Descrição
8	Auditor	Identificar o nome do auditor da tarefa. Caso não exista, identificar o responsável pela aprovação do resultado.
9	Data	Informar a data em que foi concluída a auditoria. Esta data deve ser a de aprovação final da tarefa.
10	De	Informar o número total de páginas deste formulário.
11	Item	Itemização seqüencial pré-definida dos tópicos da auditoria.
12	Descrição	Afirmativa sobre um requisito da norma SAE JA1011 a ser verificado e classificado pelo auditor.
13	Norma SAE JA1011	Número do item da norma SAE JA1011 correspondente
14	Correto	Os itens auditados atendem aos aspectos técnicos e às exigências do texto da norma.
15	Documentado	Os itens auditados estão registrados e documentados em meio físico permanente e armazenados em local seguro e acessível.
16	Revisado	Os itens auditados são regularmente revistos e atualizados, com uma freqüência estabelecida, e quando de ocorrências de circunstancias específicas.
17	Auditado	Os itens verificados são auditados e aprovados internamente, logo após sua elaboração ou revisão, por auditor ou entidade diferente daquele que elaborou a análise.
18	Divulgado	Os itens auditados são difundidos e informados a pessoas e entidades responsáveis por decisões, planejamento e execução da manutenção.
19	Total	Totalizar os pontos correspondentes ao número de características afirmativas, registradas nas colunas anteriores, do item auditado (Correto, Documentado, Revisado, Auditado, Divulgado), na faixa de 0 a 5.
20	Observação	Relacionar os itens auditados, razões técnicas para a classificação adotada, documentos analisados, principalmente as não-conformidades encontradas, revisores e auditores entrevistados, e meios de divulgação conferidos.

Auditoria de Manutenção Centrada na Confiabilidade

Unidade	Código	Facilitador	Data	Folha
Item	Código	Auditor	Data	De

Item	Descrição	Norma SAE JA1011	Correto	Documentado	Revisado	Auditado	Divulgado	Total	Observação
1	**Funções**	**5.1**	**A**	**B**	**C**	**D**	**E**	**TOTAL**	**OBSERVAÇÃO**
1.1	Definição do contexto operacional da instalação	5.1.1	❑	❑	❑	❑	❑		
1.2	Identificação de todas as funções da instalação/ sistema (primárias/secundárias/ protetivas)	5.1.2	❑	❑	❑	❑	❑		
1.3	Definições de todas as funções contem um verbo, um objeto, e um padrão de desempenho (quantificado em cada caso possível)	5.1.3	❑	❑	❑	❑	❑		
1.4	Padrões de performance incorporados nas definições das funções são níveis de performance desejados pelo proprietário ou usuário do item/sistema no seu contexto operacional	5.1.4	❑	❑	❑	❑	❑		
2	**FALHAS FUNCIONAIS**	**5.2**	**A**	**B**	**C**	**D**	**E**	**TOTAL**	**OBSERVAÇÃO**
2.1	Identificação de todos os estados de falha associados com cada função	5.2	❑	❑	❑	❑	❑		
3	**MODOS DE FALHA**	**5.3**	**A**	**B**	**C**	**D**	**E**	**TOTAL**	**OBSERVAÇÃO**
3.1	Identificação de todos os modos de falha razoavelmente prováveis de causar cada falha funcional	5.3.1	❑	❑	❑	❑	❑		

Item	Descrição	Norma SAE JA1011	Correto	Documentado	Revisado	Auditado	Divulgado	Total	Observação
3.2	Aceitabilidade, pelo proprietário ou usuário da instalação, do método usado para decidir o que constitui um modo de falha "razoavelmente provável"	5.3.2	❑	❑	❑	❑	❑		
3.3	Identificação dos modos de falha a um nível de causalidade que torna possível identificar uma política apropriada para gerenciamento da falha	5.3.3	❑	❑	❑	❑	❑		
3.4	Inclusão, na lista de modos de falha, de modos de falha que tenham ocorrido antes, modos de falha que estão correntemente sendo prevenidos por programas de manutenção existentes, e modos de falha que ainda não aconteceram, mas que são julgados como razoavelmente prováveis de ocorrer (factíveis) no contexto operacional	5.3.4	❑	❑	❑	❑	❑		
3.5	Inclusão, na lista de modos de falha, de qualquer evento ou processo que seja provável causar uma falha funcional, incluindo deterioração, defeitos de projeto, e erros humanos se causados por operadores ou mantenedores (exceto se os erros humanos estiverem sendo tratados ativamente por processos analíticos separados da RCM)	5.3.5	❑	❑	❑	❑	❑		
4	**EFEITOS DE FALHAS**	**5.4**	**A**	**B**	**C**	**D**	**E**	**TOTAL**	**OBSERVAÇÃO**
4.1	Descrição dos efeitos das falhas incluem o que aconteceria se nenhuma tarefa específica fosse realizada para antecipar, prevenir, ou detectar a falha	5.4.1	❑	❑	❑	❑	❑		

Item	Descrição	Norma SAE JA1011	Correto	Documentado	Revisado	Auditado	Divulgado	Total	Observação
4.2	Inclusão nos efeitos das falhas de todas as informações necessárias para suportar a avaliação das conseqüências da falha, tais como evidência (se existente) de que a falha tenha ocorrido (no caso de falhas ocultas, o que aconteceria se uma falha múltipla ocorresse)	5.4.2a	❑	❑	❑	❑	❑		
4.3	Inclusão nos efeitos das falhas de todas informações necessárias para suportar a avaliação das conseqüências da falha, tais como possibilidade (se existente) de matar ou ferir alguém, ou provocar um efeito adverso no meio ambiente	5.4.2b	❑	❑	❑	❑	❑		
4.4	Inclusão nos efeitos das falhas de todas informações necessárias para suportar a avaliação das conseqüências da falha, tais como possibilidade (se existente) de afetar adversamente a operação ou produção	5.4.2c	❑	❑	❑	❑	❑		
4.5	Inclusão nos efeitos das falhas de todas informações necessárias para suportar a avaliação das conseqüências da falha, tais como possibilidade (se existente) de causar danos físicos	5.4.2d	❑	❑	❑	❑	❑		
4.6	Inclusão nos efeitos das falhas de todas informações necessárias para suportar a avaliação das conseqüências da falha, tais como o que deve ser feito (se é que deve) para restaurar a função do sistema após a falha	5.4.2e	❑	❑	❑	❑	❑		

Item	Descrição	Norma SAE JA1011	Correto	Documentado	Revisado	Auditado	Divulgado	Total	Observação
5	**CONSEQUÊNCIAS DAS FALHAS**	**5.5**	**A**	**B**	**C**	**D**	**E**	**TOTAL**	**OBSERVAÇÃO**
5.1	As conseqüências de cada modo de falha são categorizadas formalmente conforme se segue: modos de falha ocultos separados de modos de falha evidentes	5.5.1.1	❑	❑	❑	❑	❑		
5.2	As conseqüências de cada modo de falha são categorizadas formalmente conforme se segue: distinção clara entre eventos (modos de falha ou falhas múltiplas) que tenham conseqüências de segurança/ambientais daqueles com apenas conseqüências econômicas (operacionais ou não)	5.5.1.2	❑	❑	❑	❑	❑		
5.3	A avaliação das conseqüências das falhas é realizada como se nenhuma tarefa específica estivesse sendo realizada para antecipar, prevenir ou detectar a falha	5.5.2	❑	❑	❑	❑	❑		
6	**PROCESSO DE SELEÇÃO**	**5.6**	**A**	**B**	**C**	**D**	**E**	**TOTAL**	**OBSERVAÇÃO**
6.1	O processo de seleção da gestão da falha considera o fato de que a probabilidade condicional de alguns modos de falha aumenta com a idade (ou exposição ao estresse), que a de outros não muda com a idade, e, ainda, que a de outros diminui com a idade	5.6.1	❑	❑	❑	❑	❑		
6.2	Todas as atividades programadas são tecnicamente viáveis e atrativas (aplicáveis e efetivas), e os meios pelos quais os requisitos são atendidos correspondem aos descritos no item 7 da norma SAE JA1011	5.6.2	❑	❑	❑	❑	❑		

Item	Descrição	Norma SAE JA1011	Correto	Documentado	Revisado	Auditado	Divulgado	Total	Observação
6.3	Se duas ou mais políticas de gestão de falhas são tecnicamente viáveis e atrativas (aplicáveis e efetivas), a política selecionada é aquela mais efetiva em termos de custos	5.6.3	❑	❑	❑	❑	❑		
6.4	A seleção de políticas de gestão de falhas é conduzida como se nenhuma tarefa específica estivesse sendo executada atualmente, para antecipar, prevenir ou detectar a falha	5.6.4	❑	❑	❑	❑	❑		
7	**ATIVIDADES PROGRAMADAS**	**5.7**	**A**	**B**	**C**	**D**	**E**	**TOTAL**	**OBSERVAÇÃO**
7.1	No caso de um evento de modo de falha que tenha conseqüências de segurança ou ambientais, a atividade programada (se existente) reduz a probabilidade do modo de falha a um nível que é tolerável ao proprietário ou usuário da instalação	5.7.1.1	❑	❑	❑	❑	❑		
7.2	No caso de um modo de falha oculto onde a falha múltipla associada tenha conseqüências de segurança e ambientais, a atividade programada (se existente) reduz a probabilidade do modo de falha oculta a um valor que diminui a probabilidade da falha múltipla associada a um nível que é tolerável ao proprietário ou usuário da instalação	5.7.1.2	❑	❑	❑	❑	❑		
7.3	No caso de um modo de falha evidente que não tenha conseqüências de segurança e ambientais, os custos diretos e indiretos de execução da tarefa programada (se existente) são menores que os custos diretos e indiretos do modo de falha quando medidos em períodos comparáveis de tempo	5.7.1.3	❑	❑	❑	❑	❑		

Item	Descrição	Norma SAE JA1011	Correto	Documentado	Revisado	Auditado	Divulgado	Total	Observação
7.4	No caso de um modo de falha oculto onde a falha múltipla associada não tenha conseqüências de segurança ou ambientais, os custos diretos e indiretos de execução da tarefa programada (se existente) são menores que os custos diretos e indiretos da falha múltipla mais o custo de reparo do modo de falha oculto quando medidos em períodos comparáveis de tempo	5.7.1.4	❑	❑	❑	❑	❑		
8	**INSPEÇÕES PREDITIVAS**	**5.7.2**	**A**	**B**	**C**	**D**	**E**	**TOTAL**	**OBSERVAÇÃO**
8.1	Existe uma falha potencial claramente definida para cada Inspeção Preditiva programada	5.2.7.1	❑	❑	❑	❑	❑		
8.2	Existe um intervalo PF identificável (ou período de desenvolvimento da falha) para cada Inspeção Preditiva programada	5.2.7.2	❑	❑	❑	❑	❑		
8.3	O intervalo da atividade é menor que o menor intervalo PF provável para cada Inspeção Preditiva programada	5.2.7.3	❑	❑	❑	❑	❑		
8.4	É fisicamente possível realizar a atividade a intervalos menores que o intervalo PF para cada Inspeção Preditiva programada	5.2.7.4	❑	❑	❑	❑	❑		
8.5	O menor tempo entre a descoberta de uma falha potencial e a ocorrência da falha funcional (o intervalo PF menos o intervalo da tarefa) é suficiente para que a ação determinada seja tomada para evitar, eliminar, ou minimizar as conseqüências do modo de falha para cada Inspeção Preditiva programada	5.2.7.5	❑	❑	❑	❑	❑		

Item	Descrição	Norma SAE JA1011	Correto	Documentado	Revisado	Auditado	Divulgado	Total	Observação
9	**SUBSTITUIÇÃO PREVENTIVA**	**5.7.3**	**A**	**B**	**C**	**D**	**E**	**TOTAL**	**OBSERVAÇÃO**
9.1	Existe uma idade claramente definida (preferivelmente demonstrável) na qual ocorre um aumento na probabilidade condicional do modo de falha em consideração para cada Substituição Preventiva programada	5.7.3.1	❑	❑	❑	❑	❑		
9.2	Uma proporção razoavelmente elevada de ocorrências deste modo de falha ocorre após esta idade, para reduzir a probabilidade de falha prematura a um nível que é tolerável pelo proprietário ou usuário da instalação, para cada Substituição Preventiva programada	5.7.3.2	❑	❑	❑	❑	❑		
10	**RESTAURAÇÃO PREVENTIVA**	**5.7.4**	**A**	**B**	**C**	**D**	**E**	**TOTAL**	**OBSERVAÇÃO**
10.1	Existe uma idade claramente definida (preferivelmente demonstrável) na qual ocorre um aumento na probabilidade condicional do modo de falha em consideração para cada Restauração Preventiva programada	5.7.4.1	❑	❑	❑	❑	❑		
10.2	Uma proporção razoavelmente elevada de ocorrências deste modo de falha ocorre após esta idade, para reduzir a probabilidade de falha prematura a um nível que é tolerável pelo proprietário ou usuário da instalação, para cada Restauração Preventiva programada	5.7.4.2	❑	❑	❑	❑	❑		

Item	Descrição	Norma SAE JA1011	Correto	Documentado	Revisado	Auditado	Divulgado	Total	Observação
10.3	A atividade restaura a resistência à falha (condição) do componente a um nível que é tolerável pelo proprietário ou usuário da instalação, para cada Restauração Preventiva programada	5.7.4.3	❑	❑	❑	❑	❑		
11	**INSPEÇÃO FUNCIONAL**	**5.7.5**	**A**	**B**	**C**	**D**	**E**	**TOTAL**	**OBSERVAÇÃO**
11.1	As bases sobre as quais o intervalo da tarefa é selecionado levam em conta a necessidade de reduzir a probabilidade da falha múltipla do sistema protegido associado, a um nível que é tolerável pelo proprietário ou usuário da instalação, para cada Inspeção Funcional programada (não aplicável a modos de falha evidentes)	5.7.5.1	❑	❑	❑	❑	❑		
11.2	A tarefa confirma que todos os componentes cobertos pela descrição do modo de falha estão funcionando, para cada Inspeção Funcional programada (não aplicável a modos de falha evidentes)	5.7.5.2	❑	❑	❑	❑	❑		
11.3	A tarefa de Inspeção Funcional e o processo de seleção do intervalo associado levam em conta qualquer probabilidade de que a tarefa por si só pode deixar a função oculta em um estado de falha, para cada Inspeção Funcional programada (não aplicável a modos de falha evidentes)	5.7.5.3	❑	❑	❑	❑	❑		
11.4	É fisicamente possível realizar a tarefa nos intervalos especificados para cada Inspeção Funcional programada (não aplicável a modos de falha evidentes)	5.7.5.4	❑	❑	❑	❑	❑		

Item	Descrição	Norma SAE JA1011	Correto	Documentado	Revisado	Auditado	Divulgado	Total	Observação
12	**MUDANÇA DE PROJETO**	**5.8.1**	**A**	**B**	**C**	**D**	**E**	**TOTAL**	**OBSERVAÇÃO**
12.1	O processo MCC tenta extrair a performance desejada do sistema, tal como está configurado e operado atualmente, pela aplicação de tarefas programadas apropriadas	5.8.1.1	❑	❑	❑	❑	❑		
12.2	Quando as tarefas programadas não são aplicáveis e efetivas, nos casos em que a falha é oculta, e a falha múltipla associada tem conseqüências de segurança e ambientais, é obrigatória uma Mudança de Projeto que reduza a probabilidade da falha múltipla a um nível tolerável para o proprietário ou usuário da instalação	5.8.1.2.1	❑	❑	❑	❑	❑		
12.3	Quando as tarefas programadas não são aplicáveis e efetivas, nos casos em que o modo de falha é evidente e tem conseqüências de segurança ou ambientais, é obrigatória uma Mudança de Projeto que reduza a probabilidade do modo de falha a um nível tolerável para o proprietário ou usuário da instalação	5.8.1.2.2	❑	❑	❑	❑	❑		
12.4	Quando as tarefas programadas não são aplicáveis e efetivas, nos casos em que o modo de falha é oculto, e a falha múltipla associada não tem conseqüências de segurança e ambientais, qualquer Mudança de Projeto é atrativa em termos de custo na opinião do proprietário ou usuário da instalação	5.8.1.2.3	❑	❑	❑	❑	❑		

Item	Descrição	Norma SAE JA1011	Correto	Documentado	Revisado	Auditado	Divulgado	Total	Observação
12.5	Quando as tarefas programadas não são aplicáveis e efetivas, nos casos em que o modo de falha é evidente, e não tem conseqüências de segurança e ambientais, qualquer Mudança de Projeto é atrativa em termos de custo na opinião do proprietário ou usuário da instalação	5.8.1.2.4	❑	❑	❑	❑	❑		
13	**MANUTENÇÃO CORRETIVA**	**5.8.2**	**A**	**B**	**C**	**D**	**E**	**TOTAL**	**OBSERVAÇÃO**
13.1	Reparos Funcionais são utilizadas nos casos onde a falha é oculta e não existe uma atividade programada apropriada, e a falha múltipla associada não possui conseqüências de segurança ou ambientais	5.8.2.1	❑	❑	❑	❑	❑		
13.2	Reparos Funcionais são utilizadas nos casos onde a falha é evidente e não existe uma atividade programada apropriada, e o modo de falha associado não possui conseqüências de segurança ou ambientais	5.8.2.2	❑	❑	❑	❑	❑		
14	**FÓRMULAS MATEMÁTICAS/ESTATÍSTICAS**	**5.10**	**A**	**B**	**C**	**D**	**E**	**TOTAL**	**OBSERVAÇÃO**
14.1	Fórmulas matemáticas e estatísticas usadas na aplicação do processo (especialmente aquelas usadas para computar os intervalos de cada tarefa) são logicamente robustas, e disponibilizadas e aprovadas pelo proprietário ou usuário da instalação	5.10.1	❑	❑	❑	❑	❑		

Simbologia

Símbolo	Significado
β	Constante
$\Lambda(t)$	Razão de verossimilhança
λ_{ij}	Taxa de transição entre os estados *i* e *j*
γ_j	*J*-ésimo peso do objetivo x_j de uma função de utilidade linear
Δt	Intervalo de tempo
A	Constante
B	Constante
C	Constante
C_a	Custo médio de uma indisponibilidade acidental
C_{as}	Custo médio de uma indisponibilidade acidental do cliente
C_c	Custo médio de uma manutenção corretiva
C_{cs}	Custo médio de uma manutenção corretiva para o cliente
C_e	Custo médio de uma interrupção forçada
C_{es}	Custo médio de uma interrupção forçada para o cliente
C_t	Custo médio de uma manutenção preventiva
C_{ts}	Custo médio de uma manutenção preventiva para o cliente
CVC	Custo variável do cliente.
CVE	Custo variável empresarial
D	Constante, Defeito
DEI	Duração equivalente de interrupção da produção
DIE	Duração da indisponibilidade do equipamento
DNS	Demanda média de produção não suprida

Símbolo	Significado
Dt	Diferencial de tempo
E	Base de logaritmo neperiano
E	Constante
E(R)	Valor esperado do ganho total na manutenção
F	Falha
F(t)	Distribuição de probabilidade acumulada de falhas
F(t)	Função densidade de probabilidade de falha
F	Freqüência de falha observada em um período
F_c	Freqüência de manutenção corretiva
F_e	Freqüência de indisponibilidades forçadas
FEI	Freqüência equivalente de interrupção da produção
F_i	Freqüência de ocorrência do estado *i*
FIE	Freqüência de indisponibilidade do equipamento
F_{ij}	Freqüência de transição do estado *i* para *j*
F_{max}	Freqüência máxima de manutenção preventiva
F_p	Freqüência de manutenção preventiva
F_{po}	Freqüência ótima de manutenção preventiva
FPP	Freqüência média de perda de produção
F_r	Freqüência de reparo
IDP	Índice de descontinuidade de produção
K_a	Taxa de acidentalidade em manutenção
K_c	Taxa de retorno de manutenção corretiva
K_e	Fração de equipamentos que afetam a produção forçados
K_i	Coeficiente de retorno da permanência no estado *i*
K_{ij}	Coeficiente de retorno da transição do estado *i* para *j*
K_m	Fração de equipamentos que afetam a produção em manutenção
K_p	Taxa de retorno de manutenção preventiva
K_r	Taxa de retorno de reparo
K_t	Fração do tempo programado com indisponibilidade
$M_C(t)$	Função cumulativa de probabilidade de manutenção corretiva
$m_C(t)$	Função de densidade de probabilidade de manutenção corretiva
$M_M(t)$	Função cumulativa de probabilidade de manutenção preventiva
$m_M(t)$	Função de densidade de probabilidade de manutenção preventiva
$M_R(t)$	Função cumulativa de probabilidade de reparo
$m_R(t)$	Função de densidade de probabilidade do reparo
MTTC	Tempo médio de manutenção corretiva
MTTD	Tempo médio para defeito
MTTM	Tempo médio de manutenção preventiva

Símbolo	Significado
$MTTR$	Tempo médio para reparo
n_C	Número de manutenções corretivas realizadas no período
n_M	Número de manutenções preventivas realizadas no período
n_R	Número de reparos realizados no período
P	Matriz de probabilidade de transição
p	Probabilidade
$p(D)$	Probabilidade de ganho de oportunidade ao realizar a manutenção
$p(D\|t)$	Densidade de probabilidade de defeito
$p(F)$	Probabilidade de perda de oportunidade ao adiar a manutenção
$p(F\|t)$	Densidade de probabilidade de falha
$p(t\|D)$	Densidade de probabilidade condicional de falha potencial
$P(t\|D)$	Probabilidades cumulativas de ganhos por corrigir o defeito
$p(t\|F)$	Densidade de probabilidade condicional de falha funcional
$P(t\|F)$	Probabilidade cumulativa de perda por falha do equipamento
P_1	Probabilidade do estado 1
P_2	Probabilidade do estado 2
P_3	Probabilidade do estado 3
P_4	Probabilidade do estado 4
P_5	Probabilidade do estado 5
PF	Intervalo entre a falha potencial e uma falha funcional
P_i	Probabilidade do estado i
PNS	Produção média não suprida
PPP	Probabilidade de perda de produção
Q_a	Fluxo de produção suspensa em um desligamento acidental
Q_c	Fluxo de produção suspensa em indisponibilidade corretiva
Q_e	Fluxo de produção suspensa em um desligamento forçado
Q_p	Fluxo de produção suspensa em indisponibilidade preventiva
Q_s	Fluxo de produção média suprida por equipamento
R	Resultado produzido pelo processo, por unidade de tempo
$R(t)$	Confiabilidade
RnD	Ganho de oportunidade da manutenção antes do defeito
RnF	Perda de oportunidade da manutenção antes da falha
RSD	Ganho de oportunidade da manutenção após o defeito
RsF	Perda de oportunidade da manutenção após a falha
t	Tempo
T	Tempo total de observação e amostragem
T	Tempo médio de falha observada em um período
t_1	Início de intervalo de tempo

Símbolo	Significado
T_1	Tempo de permanência no estado 1
t_2	Final de intervalo de tempo
T_2	Tempo de permanência no estado 2
T_3	Tempo de permanência no estado 3
T_4	Tempo de permanência no estado 4
T_5	Tempo de permanência no estado 5
T_a	Tempo médio de interrupção acidental na produção
T_c	Tempo médio de manutenção corretiva realizada em um período
t_{Ci}	Tempo gasto na manutenção corretiva *i*
T_{ci}	Tempo médio de interrupção corretiva na produção
t_D	Instante de ocorrência de defeito
T_{ei}	Tempo médio de interrupção forçada na produção
t_F	Instante de ocorrência de falha funcional
T_i	Tempo de permanência no estado *i*
T_{ij}	Período de transição de *i* para *j*
t_{Mi}	Tempo gasto na manutenção preventiva *i*
T_p	Tempo médio de manutenção preventiva realizada em um período
T_{pi}	Tempo médio de interrupção preventiva na produção
t_R	Tempo necessário para corrigir uma falha funcional no equipamento
t_{Ri}	Tempo gasto no reparo *i*
U	Função de utilidade linear
ν	Coeficiente de segurança
Var	Variância
ν_C	Taxa ou probabilidade condicional de manutenção corretiva
ν_M	Taxa de manutenção ou probabilidade condicional de manutenção
ν_R	Taxa de reparo ou probabilidade condicional de reparo
W_a	Produção interrompida em um desligamento acidental
W_c	Produção interrompida em desligamento corretivo.
W_e	Produção interrompida em um desligamento forçado
W_p	Produção interrompida em desligamento preventivo
x_j	*J*-ésimo objetivo de uma função de utilidade linear
α	Taxa de juro composto ou de desconto
y	Fator de desconto no tempo do resultado *R*
$\lambda(t)$	Taxa de falha ou probabilidade condicional de falha
λ_d	Taxa de defeito ou falha potencial
λ_f	Taxa de falha funcional

Abreviaturas

Sigla	Significado
ABNT	Associação Brasileira de Normas Técnicas
ABRAMAN	Associação Brasileira de Manutenção
ANSI	American National Standard Institute
ARP	Age Replacement Policy
ASTM	American Society For Testing and Materials
ATA	Air Transport Association of America
BRP	Block Replacement Policy
CIGRÉ	International Council on Electric Power Systems
CMMS	Computerized Maintenance Management System
CVC	Custo variável do cliente
CVE	Custo variável empresarial
DEI	Duração equivalente de interrupção da produção
DIE	Duração da indisponibilidade do equipamento
DNS	Demanda média de produção não suprida
DoD	Department of Defense
EEO	Operacional/Econômico Evidente
EMV	Estimador de Máxima Verossimilhança
EPRI	Electric Power Research Institute
ESA	Segurança/Ambiental Evidente
FA	Falha
FAA	Federal Aviation Authority
FEI	Freqüência equivalente de interrupção da produção

Sigla	Significado
FIE	Freqüência de indisponibilidade do equipamento
FMEA	Failure Mode and Effects Analysis
FMECA	Failure Mode, Effects and Criticality Analysis
FPP	Freqüência média de perda de produção
FTA	Failure Tree Analysis
FU	Função
GPSID	Grupo de Pesquisa em Sistemas de Informação e Decisão
ICP	Índice de Continuidade de Produção
IDP	Índice de descontinuidade de produção
IEC	International Electrotechnical Commission
IF	Inspeção Funcional
IP	Inspeção Preditiva
ISBN	International Standard Book Number
ISO	International Standard Organization
MBC	Manutenção Baseada em Condição
MBF	Maintenance Basée sur la Fiabilité
MC	Manutenção Corretiva
MCC	Manutenção Centrada na Confiabilidade
MCDM	Multi Criteria Decision Making
MO	Modo
MP	Manutenção Preventiva
MRP	Minimal Repair Policy
MSG	Maintenance Steering Group
MTBF	Mean Time Between Failures
MTTC	Minimum Time do Correct
MTTD	Mean Time do Deffect
MTTF	Mean Time do Failure
MTTM	Minimum Time to Maintain
MTTR	Minimum Time to Repair
NASA	National Aeronautics and Space Administration
NBR	Norma Brasileira
NRC	National Regulatory Commission
OCC	Organismo Certificador da Qualidade
OEM	Original Equipment Manufacturer
OEO	Operacional/Econômico Oculta
OSA	Segurança/Ambiental Oculta
PF	Potential Failure
PNS	Produção média não suprida

Sigla	Significado
PPP	Probabilidade de perda de produção
PRA	Probabilistic Risk Assessment
PRQ	Produção Requerida
RCM	Reliability Centered Maintenance
RF	Reparo Funcional
ROC	Relative Operating Characteristic
RP	Restauração Preventiva
SAE	Society of Automotive Engineers
SO	Serviço Operacional
SP	Substituição Preventiva
TEI	Tempo Equivalente de Interrupção
TPM	Total Productive Maintenance
TQM	Total Quality Management
UFMG	Universidade Federal de Minas Gerais
UFPE	Universidade Federal de Pernambuco
USA	United States of America
USP	Universidade de São Paulo
XDP	Duração da Perda de Produção
XPP	Expectância de Perda de Produção

Glossário

Age Replacement Policy (ARP) – Política de manutenção realizada de acordo com a idade operacional do componente, assegurando seu funcionamento como novo (*good as new*) ou providenciando sua substituição, reiniciando a contagem de tempo operacional após cada falha funcional.

Análise de Modos de Falha e Efeitos – Um método estruturado de determinação das funções, falhas funcionais e modos ou causas das falhas de um equipamento, e seus efeitos.

Análise de Modos de Falha, Efeitos e Criticidade – Um método estruturado de determinação das funções, falhas funcionais e modos ou causas das falhas de um equipamento, e seus efeitos probabilísticos no restante do processo.

ARP – Ver *Age Replacement Policy.*

Ativo – Unidade básica de manutenção, composta de qualquer máquina, edifício ou sistema.

Block Replacement Policy (BRP) – Política de manutenção realizada a intervalos fixos de tempo, assegurando o funcionamento do item como novo (*good as new*) ou providenciando sua substituição, reiniciando a contagem de tempo após cada falha funcional.

BRP – Ver *Block Replacement Policy.*

Busca de Falha – Ver Inspeção Funcional.

Capacidade Inicial – O nível de performance que um bem físico ou sistema é capaz de atingir no momento em que ele entra em serviço.

Causa da Falha – Ver Modo de Falha.

Confiabilidade – Capacidade ou probabilidade de um item continuar exercendo sua função original, por um período especificado.

Confiabilidade Inerente – Uma medida da confiabilidade de um item, no seu contexto operacional atual, admitindo aderência a sua estratégia ideal de manutenção.

Conseqüências Ambientais – Um modo de falha ou falha múltipla tem conseqüências ambientais se pode infringir qualquer norma ou regulamento ambiental ou corporativo, municipal, regional, nacional ou internacional aplicável ao bem físico ou sistema em consideração.

Conseqüências da Falha – A(s) maneira(s) na(s) qual(is) o(s) efeito(s) de um modo de falha se materializa(m) (evidência da falha, impacto na segurança, no ambiente, na capacidade operacional, nos custos diretos e indiretos de reparo).

Conseqüências de Segurança – Um modo de falha ou uma falha múltipla têm conseqüências de segurança se puderem ferir ou matar um ser humano.

Conseqüências Não-Operacionais – Uma categoria de conseqüências de falha que não afeta negativamente a segurança, o ambiente, e a operação, mas apenas requer reparo ou reposição de quaisquer item(s) que tenha sido afetado pela falha.

Conseqüências Operacionais – Uma categoria de conseqüências de falha que afeta adversamente a capacidade operacional de um bem físico ou sistema (saída, qualidade do produto, serviço ao consumidor, capacidade militar, ou custos operacionais em acréscimo ao custo do reparo).

Contexto Operacional – A circunstância na qual espera-se que um bem físico ou sistema opere.

Criticidade – O grau de prioridade de um modo de falha baseado em algum critério de avaliação.

Defeito – Uma falha potencial ou outra condição que irá requerer a atenção da manutenção em algum instante no futuro, mas que não está impedindo atualmente o equipamento de desempenhar suas funções. Ver Falha Potencial.

Deterioração – Degradação na qualidade, confiabilidade ou desempenho funcional de um item devido à idade, uso ou ambiente.

Disponibilidade – Proporção de tempo total que um item de equipamento é capaz de executar sua função especificada, normalmente expressa como uma percentagem.

Dispositivo de Proteção ou Sistema de Proteção – Um dispositivo ou Sistema destinado a evitar, eliminar ou minimizar as conseqüências de falha de algum outro sistema.

Efeito da Falha – O que acontece quando um modo de falha ocorre.

Failure-Finding – Ver Inspeção Funcional.

Falha Evidente – Um modo de falha cujos efeitos se tornam aparentes para a equipe operacional sob circunstâncias normais se o modo de falha ocorre por si só.

Falha Incipiente – Ver Falha Potencial.

Falha Funcional – Um estado em que o bem físico ou sistema está incapaz de desempenhar uma função específica a um nível desejado de performance.

Falha Múltipla – Um evento que ocorre se uma função protegida falha enquanto o dispositivo de proteção ou sistema de proteção estiver em um estado de falha.

Falha Oculta – Um modo de falha cujos efeitos não se tornam aparentes para a equipe operacional sob condições normais.

Falha Potencial – Uma condição identificável ou defeito que indica que uma falha funcional está prestes a acontecer ou em processo de evolução. Ver Defeito.

FMEA – Ver Análise de Modos de Falha e Efeitos.

FMECA – Ver Análise de Modos de Falha, Efeitos e Criticidade.

Função – O que o proprietário ou usuário de um bem físico ou sistema deseja que ele faça.

Função Evidente – Uma função cuja falha por si só se torna aparente para a equipe operacional sob condições normais.

Função Oculta – Uma função cuja falha por si só não se torna aparente para a equipe operacional sob condições normais.

Função(ões) Primária(s) – A(s) função(ões) que constitui(em) a razão(ões) principal(is) porque um bem físico ou sistema foi adquirido pelo seu proprietário ou usuário.

Funções Secundárias – Funções que um bem físico ou sistema tem que desempenhar além de sua(s) função(ões) principal(is), tal como aquelas necessárias ao atendimento de requisitos regulatórios e aquelas relacionadas a assuntos tais como proteção, controle, contenção, conforto, aparência, eficiência energética e integridade estrutural, entre outras.

Hard-Time – Ver Substituição Preventiva e Restauração Preventiva.

Idade – Uma medida da exposição ao estresse calculada a partir do momento em que um item entra em serviço quando novo ou é reativado após uma tarefa destinada a restaurar sua capacidade inicial, podendo ser medida em termos do tempo de calendário, tempo de operação, distância percorrida, ciclos de trabalho ou unidades de saída ou produção.

Indisponibilidade – Tempo que um item de equipamento está fora de serviço, como resultado de uma falha, ou durante a realização de manutenção.

Inspeção – Qualquer atividade destinada a determinar a condição de um equipamento.

Inspeção Funcional (Failure-Finding) – Uma atividade rotineira de manutenção, normalmente um teste, destinada a determinar se uma falha oculta ocorreu.

Inspeção Preditiva (On-Condition) – Uma tarefa programada destinada a detectar uma falha potencial, através da inspeção de um parâmetro.

Intervalo PF – O intervalo entre o ponto no qual uma falha potencial se torna detectável, a um nível inaceitável, e o ponto no qual ela se degrada em uma falha funcional (também conhecido como "período de desenvolvimento da falha" e "tempo de avanço da falha").

Intervalo PF Residual – O intervalo mínimo esperado que ocorra entre a descoberta de uma falha potencial e a ocorrência de uma falha funcional.

Mantenabilidade – A facilidade e rapidez com que se pode realizar uma atividade de manutenção em um item.

Manutenção Baseada em Condição – Uma estratégia de manutenção baseada na medição da condição do equipamento para avaliar se ele irá falhar durante um período futuro, e tomar alguma ação apropriada para evitar as conseqüências desta falha.

Manutenção Corretiva – Restauração ou substituição da capacidade funcional de um item, quando da ocorrência de defeitos ou falhas potenciais, antes da evolução para falha funcional.

Manutenção Proativa – Manutenção executada antes que uma falha ocorra, a fim de impedir que o item passe ao estado de falha (restauração preventiva, substituição preventiva ou inspeção preditiva).

Manutenção Programada – Qualquer manutenção que foi programada para um determinado período.

MBC – Ver Manutenção Baseada em Condição.

MC – Ver Manutenção Corretiva.

MCC – Manutenção Centrada na Confiabilidade

Mecanismo de Falha – Relação entre a probabilidade condicional de falha de um item e sua idade.

***Minimal Repair Policy* (MRP)** – Política de manutenção que consiste na realização de reparos mínimos suficientes para restaurar a funcionalidade do item após as falhas, entre as manutenções preventivas, ao nível em que se encontrava imediatamente antes da falha (*bad as old*), com substituições ou restaurações periódicas a intervalos fixos de tempo.

Modo de Falha – Um evento único, ou condição, que causa uma falha funcional.

Monitoramento de Condição – Uso de equipamento especializado para medir a condição de um equipamento, durante sua operação.

Mortalidade Infantil – A probabilidade condicional de falha relativamente elevada durante o período imediatamente após a ativação ou retorno de um item à operação.

MRP – Ver *Minimal Repair Policy*

MTBF – Ver Tempo Médio Entre Falhas.

MTTM – Ver Tempo Médio Para Manutenção.

MTTR – Ver Tempo Médio Para Reparo.

Mudança de Projeto (*One-Time Change*) – Qualquer ação tomada para mudar a configuração física de um bem ou sistema (reprojeto ou modificação), para mudar o método usado por um operador ou mantenedor para executar uma tarefa específica, para mudar o contexto operacional do sistema, ou para mudar a capacidade de um operador ou mantenedor (treinamento).

On-Condition – Ver Inspeção Preditiva.

One-Time-Change – Ver Mudança de Projeto.

Operational-Service – Ver Serviço Operacional.

Performance Desejada – O nível de performance desejada pelo proprietário ou usuário do bem físico ou sistema.

PF – Ver Intervalo PF.

Política de Gerenciamento de Falha – Um termo genérico que abrange tarefas de inspeção preditiva, restauração preventiva, substituição preventiva, inspeção funcional, manutenção corretiva, reparo funcional e mudança de projeto.

Probabilidade Condicional de Falha – A probabilidade de que uma falha irá ocorrer em um período específico, condicionada a que o item tenha sobrevivido até o início do período.

Programado – Realizado a intervalos fixos, predeterminados, inclusive monitoramento contínuo (onde o intervalo é zero efetivamente).

Proprietário – Uma pessoa ou organização que possa sofrer ou ser responsabilizado pelas conseqüências de um modo de falha por motivo de posse do bem ou sistema.

RCM – *Reliability-centered Maintenance*. Ver MCC.

Reparo – Restauração da capacidade funcional de um item após uma valha funcional.

Reparo Funcional (*Run-To-Failure*) – Uma política de gerenciamento de falha que permite um modo de falha específico de ocorrer sem nenhuma tentativa de antecipar ou prevenir sua ocorrência.

Restauração Preventiva (Hard-Time) – Uma tarefa programada que restaura a capacidade de um item antes ou em um intervalo especificado (idade limite), independente de sua condição naquele instante, para um nível que forneça uma probabilidade tolerável de sobrevivência até o final de outro intervalo especificado.

Revisão (*Overhaul*) – Uma tarefa de manutenção baseada na desmontagem, recondicionamento e reconstrução do equipamento.

Risco – Potencial para a realização de um evento indesejável, com conseqüências negativas. Produto da probabilidade condicional de um evento, e seu resultado.

Run-To-Failure – Ver Reparo Funcional.

Serviço Operacional (Operational Service & Lubrication) – Atividade repetitiva, executada pelo operador, necessária à manutenção do processo.

Sintoma – Evidência observável de uma falha potencial.

Substituição Preventiva (Hard-Time) – Uma tarefa programada que consiste na substituição de um item antes ou em uma idade limite especificada, independente de sua condição naquele instante.

Tarefa Apropriada – Uma tarefa que é simultaneamente viável tecnicamente e compensatória (aplicável e efetiva).

Tempo Médio Entre Falhas (MTBF) – Tempo médio esperado entre duas falhas consecutivas de um item reparável.

Tempo Médio Para Manutenção (MTTM) – Tempo médio necessário para execução de manutenção preventiva em um item.

Tempo Médio Para Reparo (MTTR) – Tempo médio necessário para execução de um reparo, após a falha de um item.

Termografia – Processo de monitoramento da condição de um equipamento através da medição e análise da emissão de calor, em geral na faixa de infravermelho.

Time-Of-On-Set (Tos) – Ver Intervalo PF.

Usuário – Uma pessoa ou organização que opera um bem ou sistema e possa sofrer ou ser responsabilizado pelas conseqüências de um modo de falha daquele sistema.

Vida Econômica – Tempo total esperado que um ativo permaneça ativamente em serviço antes que seja mais econômico substituí-lo do que continuar mantendo-o.

Vida Média – Quanto, em média, um componente funcionará antes que sofra uma falha.

Vida Útil – O tempo máximo que um componente pode operar antes que apresente um rápido crescimento da taxa de falha.

Bibliografia

1. ALMEIDA, A.T., "Decision Making in Reliability and Maintenance Problems under Uncertainty Situations – The Decision Theory Approach", PhD Thesis, The University of Birmingham, England, 1994.
2. AMBROSOVICH, V.D., Ed., "Automatic Control of Power Systems and Electric Equipment", Israel Program for Scientific Translations, Jerusalem, 1971.
3. ANDERSON, H., LOUGHLIN, R., ZIPP, J., "Use of Preventive Maintenance and System Performance Data to Optimize Scheduled Maintenance Intervals". Forty-Ninth Annual Conference for Protective Relay Engineers, Texas A&M University, College Station, Texas.
4. ANDERSON, P.M., "Analysis of Faulted Power Systems", The Iowa State University Press, Ames, 1973.
5. ARAÚJO, F.R., "ASFS – Avaliação de Segurança de Funcionamento de Sistemas – Um Ambiente Computacional", MSc Thesis, Universidade Federal de Pernambuco, Recife, 1993.
6. ATA, "MSG-1 – Maintenance Evaluation and Program Development", Air Transport Association of America. Washington, DC, USA.
7. ATA, "MSG-2 – Airline/Manufacturer Maintenance Program Planning Document", Air Transport Association of America. Washington, DC, USA.
8. ATA, "MSG-3 – Operator/Manufacturer Scheduled Maintenance Development", Air Transport Association of America. Washington, DC, USA.
9. AVEN, T., JENSEN, U., "Stochastic Models in Reliability", Springer-Verlag, New York, 1999.

10. BARLOW, R.E.; FUSSELL, J.B.; SINGPURWALLA, N.D.; "Reliability and Fault Tree Analysis – Theoretical and Applied Aspects of System Reliability and Safety Assessment"; Society for Industrial and Applied Mathematics, Philadelphia, 1975.

11. BARROS, L.C., "Modelos de Decisão Aplicados à Avaliação da Mantenabilidade – O Caso de Telecomunicações da CHESF", MSc Thesis, Universidade Federal de Pernambuco, Recife, 1995.

12. BECKER, P.W.; JENSEN, F.; "Design of Systems and Circuits for Maximum Reliability or Maximum Production Yield", McGraw-Hill Book Company, New York, 1977.

13. BECKMAN, O.R.; COSTA, P.L.O, "Análise Estatística da Decisão", Editora Edgard Blucher Ltda, São Paulo, 1980.

14. BHARUCHA-REID, A.T., "Elements of the Theory of Markov Processes and Their Applications", Dover Publications, New York, 1997.

15. BICKFORD, J.P.; MULLINEUX, N.; REED, J.R., "Computation of Power-System Transients", Peter Peregrinus Ltd., England, 1976.

16. BILLINTON, R., ALLAN, R.N., "Reliability Evaluation of Engineering Systems: Concepts and Techniques", Pitman Advanced Publishing Program, Boston, 1983.

17. BLACKWELL, D.; GIRSHICK, M.A., "Theory of Games and Statistical Decisions", Dover Publications, New York, 1954.

18. BRAUER, D.C.; BRAUER, G.D., "Reliability-Centered Maintenance", IEEE Transactions on Reliability, Vol.R-36, NO.1, IEEE, April 1987.

19. CAMARGO, C.C.B., "Confiabilidade Aplicada a Sistemas de Potência", Livros Técnicos e Científicos Editora, Rio de Janeiro, 1981.

20. CASTILLO, E.; GUTIERREZ, J.M.; HADI, A.S., "Expert Systems and Probabilistic Network Models", Springer-Verlag, New York, 1997.

21. CHERNOFF, H.; MOSES, L.E., "Elementary Decision Theory", Dover Publications, New York, 1959.

22. CHESF, "Relatório Estatístico da Operação – 1991", Divisão de Controle de Qualidade da Operação, Recife, 1992.

23. CHESF, "Sistemática de Dimensionamento de Recursos Humanos", DPM – Departamento de Sistemas de Proteção e Medição, 1991.

24. CLULEY, J.C., "Electronic Equipment Reliability", The MacMillan Press Ltd, London, 1974.

25. DNAEE, "Plano Especial de Melhoria da Eficiência do Setor Elétrico Brasileiro – PMS", Março de 1992.

26. DNAEE, "Portaria DNAEE 163/93", Ministério de Minas e Energia, Brasília, 1993.

27. DORFMAN, R.; SAMUELSON, P. A.; SOLOW, R.M., "Linear Programming and Economic Analysis", The RAND Corporation, 1986.

28. DORNY, C.N., "A Vector Space Approach to Models & Optimization", John Wiley & Sons, New York, 1975.

29. DRESHER, M., "The Mathematics of Games of Strategy – Theory and Applications", Dover Publications, New York, 1981.

30. ELETROBRÁS, "Sistemática para Estatística de Atuação das Proteções e Desligamentos Forçados de Linhas do Sistema Interligado", Relatório SCEL/GTP-S/05/82, Rio de Janeiro, 1982.

31. ELETROBRÁS, "Sistemática para Estatística de Atuação das Proteções e Desligamentos Forçados de Geradores, Transformadores de Potência, Barramentos e Equipamentos de Compensação Reativa do Sistema Interligado", Relatório SCEL/GTP-S/06/82, Rio de Janeiro, 1985.

32. ELETROBRÁS, "Uniformização da Manutenção de Sistemas de Proteção", Grupo Coordenador para Operação Interligada, SCM-051, Novembro, 1990.

33. ELZAS, M.S.; OREN, T.I.; ZEIGLER, B.P., Ed., "Modeling and Simulation Methodology in the Artificial Intelligence Era", North-Holland, Amsterdam, 1986.

34. ENGLISH, J.M., Ed., "Cost-Effectiveness – The Economic Evaluation of Engineered Systems", John Wiley & Sons, 1968.

35. EYKHOFF, P., "System Identification – Parameter and State Estimation", John Wiley & Sons, London, 1974.

36. FEA/USP, "Relatório de Pesquisa sobre Custo de Interrupção no Fornecimento de Energia Elétrica", São Paulo, Março de 1991.

37. FRITZSCHE, H., "Programação Não-Linear – Análise e Métodos", Editora Edgard Blucher Ltda., 1978.

38. GASLENE, A.; FENSTERSEIFER, J.E.; LAMB, R., "Decisões de Investimentos da Empresa", Editora Atlas, São Paulo, 1999.

39. GOLDBERG, J.L.; SCHWARTZ, A.J., "Systems of Ordinary Differential Equations: An Introduction", Harper & Row, Publishers, New York, 1972.

40. GOLDMAN, A.S.; SLTTERY, T.B., "Maintainability: A Major Element of System Effectiveness", Robert E. Krieger Publishing Company, New York, 1977.

41. GROSH, D.L., "A Primer of Reliability Theory", John Wiley & Sons, New York, 1989.

42. GUILE, A., E.; PATERSON, W., "Electrical Power Systems", Pergamon Press, Oxford, 1977.

43. HELLAND, K.L.Jr., "Motivating Management on Maintainability", IEEE 1978 Annual Reliability and Maintainability Symposium, 1978.

44. HENLEY, E.J., “Designing for Reliability and Safety Control”, Prentice Hall, Inc., New Jersey, 1985.
45. HOWARD, R. A. “Dynamic Probabilistic Systems – Volume I: Markov Models”, John Wiley & Sons, New York, 1971.
46. IEC 60300-3-11, “Gestion de la sureté de fonctionnement – Partie 3-11: Guide d’application – Maintenance basée sur la fiabilité”, Commission Electrotechnique Internationale, Geneva, Switzerland.
47. IEEE COMMITTEE REPORT, “Reliability Indices for Use in Bulk Power Supply Adequacy Evaluation”, IEEE Transactions on Power Apparatus and Systems, Vol.PAS-97, No.4, IEEE, July/August, 1978.
48. IEEE PES, “Impact of Maintenance Strategy on Reliability”, Final report by the IEEE/PES Task Force on Impact of Maintenance Strategy on Reliability of the Reliability, Risk and Probability Applications Subcommittee, July, 1999.
49. JENSEN, F.V., “An Introduction to Bayesian Networks”, Springer-Verlag, New York, 1997.
50. KARNOPP, D.; ROSENBERG, R., “System Dynamics: A Unified Approach”, John Wiley & Sons, Inc., New York, 1975.
51. KHAN, N.M., “Availability Analysis of 3-State Systems”, IEEE Transactions on Reliability, Vol.R-34, NO.1, IEEE, April 1985.
52. KHOSHNEVIS, B., “Discrete Systems Simulation”, McGraw-Hill Book Company, New York, 1994.
53. KOHDA, T.; KUMAMOTO, H.; INOUE, K.; HENLEY, E.J., “Optimal Logic for Multi-Channel Protective Systems During On-Line Maintenance”, IEEE Transactions on Reliability, Vol.R-36, NO.1, IEEE, April 1987.
54. LEWIS, E.E., “Introduction to Reliability Engineering”, John Wiley & Sons, New York, 1987.
55. LIMNIOS, N., “Arbres de Defaillance”, Hermes, Paris, 1991.
56. LINDGREN, B.W., “Statistical Theory”, Collier MacMillan Publishers, London, 1976.
57. LYONNET, P., “Maintenance Planning – Methods and Mathematics”, Chapman & Hall, London, 1991.
58. LYONNET, P., “Optimisation d’une Politique de Maintenance”, Technique & Documentation, Paris, 1993.
59. McCORMICK, E.J., “Human Factors in Engineering and Design”, McGraw-Hill Book Company, New York, 1976.
60. MELO, A.G.C.; PEREIRA, M.V.F.; SILVA, A.M.L., “Frequency and Duration Calculations in Composite Generation and Transmission Reliability Evaluation”, IEEE Transactions on Power Systems, Vol.7, No.2, May, 1992.

61. MELSA, J.L.; COHN, D.L., "Decision and Estimation Theory", McGraw-Hill Kogakusha, Ltd., Tokyo, 1978.

62. MILLER, R.; SCHWARZ, E., "Confiabilidade: Tabelas e Nomogramas para Usos Práticos", Livraria Nobel S.A., São Paulo, 1987.

63. MILLER, R.H., "Power System Operation", McGraw-Hill, New York, 1970.

64. MINICUCCI, A., "Técnicas do Trabalho de Grupo", Editora Atlas S. A , São Paulo, 1987.

65. MIYAMOTO, M., "Administração de Congressos Científicos e Técnicos – Assembléia – Convenção – Painel – Seminário e Outros", Editora da Universidade de São Paulo, São Paulo, 1987.

66. MONTICELLI, A.J., "Fluxo de Carga em Redes de Energia Elétrica", Editora Edgard Blucher Ltda, São Paulo, 1983.

67. MOOD, A.M.; GRAYBILL, F.A.; BOES, D.C., "Introduction to the Theory of Statistics", McGraw-Hill Kogakusha, Tokyo, 1974.

68. MOUBRAY, J., "Reliability-Centered Maintenance", Butterworth Heinemann, Oxford, 1994.

69. MUNASINGHE, M., "The Economics Of Power System Reliability And Planning", World Bank Research Publication, 1979.

70. MUNASINGHE, M.; GELLERSON, M., "Economic Criteria for Optimizing Power System Reliability Levels", The Bell Journal of Economics, Vol.10, No.1, Spring 1979.

71. NELSON, B.L., "Stochastic Modeling – Analysis & Simulation", McGraw-Hill, Inc., New York, 1995.

72. NEYLOR, T.H., "Experimentos de Simulación em Computadoras com Modelos de Sistemas Económicos", Editorial Limusa, Mexico, 1977.

73. NIJKAMP, P.; RIETVELD, P.; VOOGD, H., "Multicriteria Evaluation in Physical Planning", North-Holland, Amsterdam, 1990.

74. NORRIS, J.R., "Markov Chains", Cambridge University Press, Cambridge, 1997.

75. NOWLAN, F.S.; HEAP, H.F., "Reliability-Centered Maintenance", IEEE 1978 Annual Reliability and Maintainability Symposium, IEEE, 1978.

76. NOWLAN, F.S.; HEAP, H.F., "Reliability-Centered Maintenance", National Technical Information Service, U.S. Department of Commerce, Springfield, VA, 1978

77. OLIVER, R.M.; MARSHALL, K.T., "Decision Making and Forecasting", McGraw-Hill Book Company, New York, 1995.

78. PARK, K.S., "Human Reliability – Analysis, Prediction and Prevention of Human Errors", Elsevier, Amsterdan, 1987.

79. PEREIRA, M.V.F.; BALU, N.J., "Composite Generation/Transmission Reliability Evaluation", Proceedings of the IEEE, Vol.80, No.4, April 1992.

80. REIBMAN, A.L., "Modeling the Effect of Reliability on Performance", IEEE Transactions on Reliability, Vol.39, NO.3, IEEE, August 1990.

81. ROBICHECK, A.A.; MYERS, S.T., "Otimização das Decisões Financeiras", Editora Atlas, São Paulo, 1981.

82. ROSS, S.M., "Applied Probability Models with Optimization Applications", Dover Publications, New York, 1992.

83. SAATY, T.L., "Método de Análise Hierárquica", Makron Books, Rio de Janeiro, 1991.

84. SAE International, "Evaluation Criteria for Reliability-Centered Maintenance (RCM) Processes", SAE JA1011, Warrendale, PA, USA, 1999.

85. SAE International, "A Guide to the Reliability-Centered Maintenance (RCM) Standard", SAE JA1012, Warrendale, PA, USA, 2002.

86. SAGE, A.P., "Methodology for Large Scale Systems", McGraw-Hill Book Company, New York, 1977.

87. SALIBY, E., "Repensando a Simulação – A Amostragem Descritiva", Editora da UFRJ, Rio de Janeiro, 1988.

88. SCHERER, C.R., "Estimating Electric Power System Marginal Costs", North-Holland, Amsterdam, 1977.

89. SCHWARZ, H., Ed., "Multivariable Technical Control Systems", North-Holland Publishing Company, Amsterdam, 1971.

90. SECURATO, J.R., "Decisões Financeiras em Condições de Risco", Editora Atlas, São Paulo, 1993.

91. SELIVANOV, A.I., "Fundamentos de la Teoria de Envejecimento de Las Maquinas", Editorial Mir, Moscou, 1972.

92. SHIMIZU, T., "Simulação em Computador Digital", Editora Edgard Blucher Ltda, São Paulo, 1975.

93. SIM, S.H., "Reliability of Standby Equipment with Periodic Testing", IEEE Transactions on Reliability, Vol.R-36, NO.1, IEEE, April 1985.

94. SIM, S.H., "Unavailability Analysis of Periodically Tested Components of Dormant Systems", IEEE Transactions on Reliability, Vol.R-34, NO.1, IEEE, April 1985.

95. SIQUEIRA, I.P., "Processos de Decisão Markovianos em Sistemas de Segurança e Proteção", Tese de Mestrado em Engenharia de Produção, UFPE, Recife, 1999.

96. SIQUEIRA, I.P., "Conclusões e Recomendações do I SOMSP", I Seminário de Otimização da Manutenção de Sistemas de Proteção, CHESF/DPM, 1992.

97. SIQUEIRA, I.P., "Detection and Correction of Failures in Static Relays due to Transients in Logic Circuits", Fifty-Third Annual International Conference of Doble Clients, Doble Engineering Company, Boston, 1986.

98. SIQUEIRA, I.P., "Developing and Application of Expert Systems for Diagnosing Faults on Protection Equipment", Fifty-Six Annual International Conference of Doble Clients, Doble Engineering Company, Boston, 1989.

99. SIQUEIRA, I.P., "Fiabilité des Appareillages de Protection et son Impact sur les Performances des Réseaux", Conférence Internationale des Grands Réseaux Electriques, CIGRÉ, Paris, 1996.

100. SIQUEIRA, I.P., "Impact of Protective Apparatus and Maintenance Scheduling on Power System Performance", 4th International Conference on Probabilistic Methods Applied to Power Systems, Rio de Janeiro, ELETROBRAS, Rio de Janeiro, 1994.

101. SIQUEIRA, I.P., "Otimização da Manutenção de Sistemas de Proteção", Seminário Nacional de Geração e Transmissão de Energia, CIGRÉ, Recife.

102. SIQUEIRA, I.P., "Planejamento Estatístico da Manutenção de Sistemas de Proteção – Otimização", XIV Encontro Técnico de Proteção, ELETROBRÁS/GTMI.

103. SIQUEIRA, I.P., "Sistemas Especialistas para Simulação e Diagnóstico de Defeitos em Equipamentos de Automação", XIII Congresso Brasileiro de Automática, Sociedade Brasileira de Automática, Belém, 1990.

104. SIQUEIRA, I.P.; ALMEIDA, A.T., "Escolha de Esquema de Manutenção no Sistema de Proteção da CHESF Baseado em Técnica da Decisão". XIV SNPTEE Seminário Nacional de Produção e Transmissão de Energia Elétrica, CIGRÉ, Belém.

105. SIQUEIRA, I.P.; FERRAZ, R.U.F.; PINTO, S.O., "Aplicação da Metodologia RCM na Manutenção de Sistemas de Proteção", V Seminário Técnico de Proteção e Controle, ELETROBRÁS/GCOI, Curitiba, Paraná, 1995.

106. SIQUEIRA, I.P., "Análise de Riscos de Adiamento de Manutenção em Sistemas Elétricos de Potência", XVI Seminário Nacional de Geração e Transmissão de Energia Elétrica, CIGRÉ, SP, 2001.

107. SIQUEIRA, I.P., "Freqüência Ótima de Manutenção Centrada na Confiabilidade", Seminário Internacional de Mantenimiento Y Servicios Associados, CIER, Cartagena de Índias, Colômbia, 2003.

108. SIQUEIRA, I.P., "Optimum Reliability-Centered Maintenance Task Frequencies of Power System Equipments", 8th International Conference on Probability Methods Applied to Power Systems, Iowa State University, Ames, Iowa, USA, 2004.

109. SMITH, A.M., "Reliability-Centered Maintenance", McGraw Hill, New York, USA.

110. SMITH, A.M.; HINCHCLIFFE, G.R.; WOJTISEK, J.E.; VOEHL, F.W., "Using Reliability-Centered Maintenance to Support Corporate TQM Objectives", IEEE 1991 Annual Reliability and Maintainability Symposium, IEEE, Orlando, Florida, 1991.

111. SMITH, A.M.; VASUDEVAN, R.V.; MATTESON, T.D.; GAERTNER, J.P. "Enhancing Plant Preventive Maintenance Via RCM", IEEE 1986 Annual Reliability and Maintainability Symposium, IEEE, Las Vegas, Nevada, USA, 1986.

112. SOARES, L.F.G., "Modelagem e Simulação Discreta de Sistemas", Editora Campus, São Paulo, 1992.

113. SOLODOVNIKOV, V.V., "Introduction to the Statistical Dynamics of Automatic Control Systems", Dover Publications, New York, 1960.

114. SPECKHART, F.H., "A Guide to Using CSMP – The Continuous System Modeling Program", Prentice-Hall, New Jersey, 1976.

115. STRACK, J., "GPSS – Modelagem e Simulação de Sistemas", Livros Técnicos e Científicos Editora, Rio de Janeiro, 1984.

116. TAGUCHI, G.; ELSAYED, E.A.; HSIANG, T.C., "Taguchi – Engenharia da Qualidade em Sistemas de Produção", McGraw-Hill, Inc., 1990.

117. THOMPSON, Jr., W.A., "Point Process Models with Applications to Safety and Reliability", Chapman and Hall, New York, 1988.

118. ULRICH, E.G.; AGRAWAL, V.D.; ARABIAN, J, H., "Concurrent and Comparative Discrete Event Simulation", Kluwer Academic Publishers, Boston, 1994.

119. VENIKOV, V. A., Ed., "Transient Phenomena in Electrical Power Systems", Pergamon Press, Oxford, 1965.

120. VENIKOV, V., "Transient Processes in Electrical Power Systems", Mir Publishers, Moscow, 1977.

121. VON NEUMANN , J.; MORGENSTERN, O., "Theory of Games and Economic Behaviour", Princeton University Press, Princeton, 1972.

122. WHITE, D. J. "Markov Decision Processes", John Wiley & Sons, New York, 1993.

123. WYMAN, F.P., "Simulation Modeling", John Wiley & Sons, New York, 1970

124. ZEIGLER, B.P., "Theory of Modelling and Simulation", John Wiley & Sons, New York, 1976.

Índice Remissivo

D

E

F

Q

R

S

T

U

V

W

Autor

Iony Patriota de Siqueira é mestre em Engenharia de Produção pela Universidade Federal de Pernambuco (UFPE), onde defendeu tese sobre a Manutenção Centrada na Confiabilidade. É pós-graduado em Informática pela Universidade Católica de Pernambuco, com Especialização em Sistemas de Informações, e bacharelado em Engenharia Elétrica pela UFPE, com curso de extensão em Manutenção Centrada na Confiabilidade, pelo EPRI (*Electric Power Research Institute*) Solutions.

Com quase 30 anos de experiência em planejamento e execução de manutenção, coordenou a implantação da MCC nas áreas de controle, proteção e automação em mais de 80 instalações elétricas de alta e extra-alta tensão. Atualmente gerencia o Departamento de Proteção e Automação da Companhia Hidro Elétrica do São Francisco, ministra cursos *in company*, abertos e fechados, e desenvolve *software* de gerenciamento para Manutenção Centrada na Confiabilidade. Como consultor, pesquisador e docente do GPSID — Grupo de Pesquisa em Sistemas de Informação e Decisão da UFPE, ministra a cadeira de Manutenção Centrada na Confiabilidade do Curso de pós-graduação e Especialização em Gestão da Manutenção, no Departamento de Engenharia de Produção do Centro de Tecnologia e Geociências. É professor das disciplinas de Integração de Dados e Processos, e Modelagem de Negócios e Engenharia de Requisitos da UNIBRATEC — Universidade Brasileira de Tecnologia, e presta consultoria em projetos de pesquisa e desenvolvimento na área de gestão de manutenção.

Palestrante e autor premiado, com vários artigos em congressos nacionais e internacionais, publicou recentemente, em co-autoria com outros professores da UFPE, o livro *Gestão da Manutenção — Na Direção da Competitividade*, ISBN 85-7315-273-7. No ano de 2003, recebeu o prêmio máximo (*hors concurs*) do *Seminário Internacional de Mantenimiento Y Servicios Asociados En Sistemas Eléctricos* — SIMSE 2003, realizado em Cartagena de Índias, Colômbia, pela Comissão de Integração Elétrica Regional — CIER, e o primeiro lugar (menção honrosa) do Grupo de Operações do *Seminário Nacional de Geração e Transmissão de Energia*, promovido pelo International Council on Electric Power Systems — CIGRÉ. Recentemente foi indicado pelo CIGRÉ como Coordenador Geral (*chairman*) do V SIMPASE (Simpósio de Automação de Sistemas Elétricos), realizado em Recife, Pernambuco.

Dados Técnicos:

• Formato:	16 x 23 cm
• Mancha:	12 x 19 cm
• Fonte:	Times New Roman
• Corpo:	11
• Entrelinha:	13
• Total de Páginas:	408
• 1ª Edição:	2005
• 3ª Reimpressão:	2014